川派中医药名家系列丛书

王祚久

主编 ◎ 魏绍斌

西南交通大学出版社
·成都·

图书在版编目（CIP）数据

川派中医药名家系列丛书. 王祚久 / 魏绍斌主编
. -- 成都：西南交通大学出版社，2023.12
ISBN 978-7-5643-9607-7

Ⅰ. ①川… Ⅱ. ①魏… Ⅲ. ①王祚久－生平事迹②中医临床－经验－中国－现代 Ⅳ. ①K826.2②R249.7

中国国家版本馆 CIP 数据核字（2023）第 230887 号

Chuanpai Zhongyiyao Mingjia Xilie Congshu Wang zuojiu
川派中医药名家系列丛书 王祚久

主编 / 魏绍斌

责任编辑 / 刘　昕
助理编辑 / 姜远平
封面设计 / 原谋书装

西南交通大学出版社出版发行
（四川省成都市金牛区二环路北一段 111 号西南交通大学创新大厦 21 楼　610031）
营销部电话：028-87600564　028-87600533
网址：http://www.xnjdcbs.com
印刷：四川煤田地质制图印务有限责任公司

成品尺寸	170 mm×240 mm		
印张	14	插页	2
字数	219 千		
版次	2023 年 12 月第 1 版	印次	2023 年 12 月第 1 次

书号　ISBN 978-7-5643-9607-7
定价　65.00 元

图书如有印装质量问题　本社负责退换
版权所有　盗版必究　举报电话：028-87600562

王祚久标准照

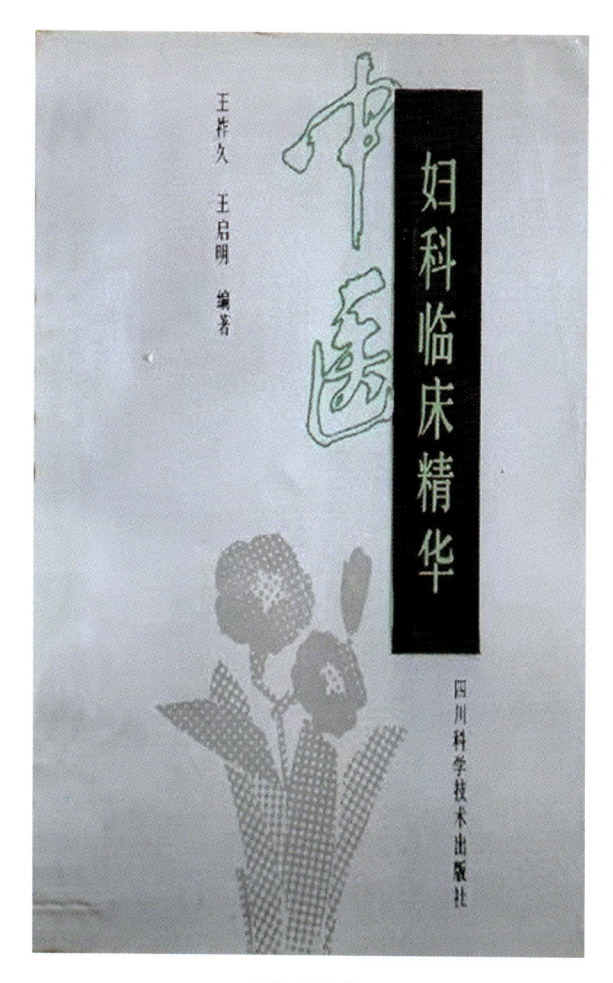

王祚久著作

王祚久自传（部分内容）

王祚久处方笺手稿

编委会

《川派中医药名家系列丛书》编委会

总 主 编：田兴军　　杨殿兴

副总主编：李道丕　　张　毅　　和中浚

总 编 委：尹　莉　　陈　莹

编写秘书：彭　鑫　　贺　飞　　邓　兰

《王祚久》编委会

主　　编：魏绍斌

副主编：王　妍　　李晓黎　　石　玲

编　委：杨成成　　尹小兰　　黄　利　　蔡梦瑶

　　　　刘慧婷　　李姝池　　林雅倩　　李茂雅

　　　　程文秀　　宾城利

总 序 ——加强文化建设，唱响川派中医

四川，雄居我国西南，古称巴蜀，成都平原自古就有天府之国的美誉，天府之土，沃野千里，物华天宝，人杰地灵。

四川号称"中医之乡、中药之库"，巴蜀自古出名医、产中药，据历史文献记载，从汉代至明清，见诸文献记载的四川医家有1000余人，川派中医药影响医坛2000多年，历久弥新；川产道地药材享誉国内外，业内素有"无川（药）不成方"的赞誉。

▍医派纷呈 源远流长

经过特殊的自然、社会、文化的长期浸润和积淀，四川历朝历代名医辈出，学术繁荣，医派纷呈，源远流长。

汉代以涪翁、程高、郭玉为代表的四川医家，奠定了古蜀针灸学派，郭玉为涪翁弟子，曾任汉代太医丞。涪翁为四川绵阳人，曾撰著《针经》，开巴蜀针灸先河，影响深远。1993年，在四川绵阳双包山汉墓出土了最早的汉代针灸经脉漆人；2013年，在成都老官山再次出土了汉代针灸漆人和920支医简，带有"心""肺"等线刻小字的人体经穴髹漆人像是我国考古史上首次发现，应是迄今我国发现的最早、最完整的经穴人体医学模型，其精美程度令人咋舌！又一次证明了针灸学派在巴蜀的渊源和影响。

四川山清水秀，名山大川遍布。道教的发祥地青城山、鹤鸣山就座落在成都市。青城山、鹤鸣山是中国的道教名山，是中国道教的发源地之一，自东汉以来历经2000多年，不仅传授道家的思想，道医的学术思想也因此启蒙产生。道家注重炼丹和养生，历代蜀医多受其影响，一些道家也兼行医术，如晋代蜀医李常在、李八百，宋代皇甫坦，以及明代著名医家韩懋（号飞霞道人）等，可见丹道医学在四川影响深远。

川人好美食，以麻、辣、鲜、香为特色的川菜享誉国内外。川人性喜自在休闲，养生学派也因此产生。长寿之神——彭祖，号称活了800岁，相传他经历了尧舜夏商诸朝，据《华阳国志》载："彭祖本生蜀"，"彭祖家其彭蒙"，由此推断，彭祖不但家在彭山，而且他晚年也落叶归根于此，死后葬于彭祖山。彭祖山座落在成都彭山县，彭祖的长寿经验在于注意养生锻炼，他是我国气功的最早创始人，他的健身法被后人写成《彭祖引导法》；他善烹饪之术，创制的"雉羹之道"被誉为"天下第一羹"，屈原在《楚辞·天问》中写道："彭铿斟雉，帝何飨？受寿永多，夫何久长？"反映了彭祖在推动我国饮食养生方面所做出的贡献。五代、北宋初年，著名的道教学者陈希夷，是四川安岳人，著有《指玄篇》《胎息诀》《观空篇》《阴真君还丹歌注》等。他注重养生，强调内丹修炼法，将黄老的清静无为思想、道教修炼方术和儒家修养、佛教禅观会归一流，被后世尊称为"睡仙""陈抟老祖"。现安岳县有保存完整的明代陈抟墓，有陈抟的《自赞铭》，这是全国独有的实物。

四川医家自古就重视中医脉学，成都老官山2021年冬出土的汉代医简中就有《逆顺五色脉臧验精神》一书，其余几部医简经整理定名为《脉书·上经》《脉书·下经》《刺数》《𤵺理》《治六十病和齐汤法》《疗马书》。学者经初步考证推断极有可能为扁鹊学派已经亡佚的经典书籍。扁鹊是脉学的倡导者，而此次出土的医书中脉学内容占有重要地位，一起出土的还有用于经脉教学的人体模型。唐代杜光庭著有脉学专著《玉函经》三卷，以后王鸿骥的《脉诀采真》、廖平的《脉学辑要评》、许宗正的《脉学启蒙》、张骥的《三世脉法》等，均为脉诊的发展做出了贡献。

昝殷，唐代四川成都人。昝氏精通医理，通晓药物学，擅长妇产科。唐大中年间，他将前人有关经、带、胎、产及产后诸症的经验效方及自己临证验方共378首，编成《经效产宝》三卷，是我国最早的妇产学科专著。加之北宋时期的著名妇产科专家杨子建（四川青神县人）编著的《十产论》等一批妇产科专论，奠定了巴蜀妇产学派的基石。

宋代，以四川成都人唐慎微为代表撰著的《经史证类备急本草》，集宋代本草之大成，促进了本草学派的发展。宋代是巴蜀本草学派的繁荣发展时期，陈承的《补注神农本草并图经》，孟昶、韩保昇的《蜀本草》等，丰富、发展了本草学说，明代李时珍的《本草纲目》正是在此基础上产生的。

宋代也是巴蜀医家学术发展最活跃的时期。四川成都人、著名医家史崧献出了家藏的《灵枢》，校正并音释，名为《黄帝素问灵枢经》由朝廷刊印颁行，为中医学发展做出了不可估量的贡献，可以说，没有史崧的奉献就没有完整的《黄帝内经》。虞庶撰著的《难经注》、杨康侯的《难经续演》，为医经学派的发展奠定了基础。

史堪，四川眉山人，为宋代政和年间进士，官至郡守，是宋代士人而医的代表人物之一，与当时的名医许叔微齐名，其著作《史载之方》为宋代重要的名家方书之一。同为四川眉山人的宋代大文豪苏东坡，也有《苏沈内翰良方》（又名《苏沈良方》）传世，是宋人根据苏轼所撰《苏学士方》和沈括所撰《良方》合编而成的中医方书。加之明代韩懋的《韩氏医通》等方书，一起成为巴蜀医方学派的代表。

四川盛产中药，川产道地药材久负盛名，以回阳救逆、破阴除寒的附子为代表的川产道地药材，既为中医治病提供了优良的药材，也孕育了以附子温阳为大法的扶阳学派。清末四川邛崃人郑钦安提出了中医扶阳理论，他的《医理真传》《医法圆通》《伤寒恒论》为奠基之作，开创了以运用附、姜、桂为重点药物的温阳学派。

清代西学东进，受西学影响，中西汇通学说开始萌芽，四川成都人唐宗海以敏锐的目光捕捉西学之长，融汇中西，撰著了《血证论》《医经精义》《本草问答》《金匮要略浅注补正》《伤寒论浅注补正》，后人汇为《中西汇通医书五种》，成为"中西汇通"的第一种著作，也是后来人们将主张中西医兼容思想的医家称为"中西医汇通派"的由来。

▍名医辈出 学术繁荣

新中国成立后，历经沧桑的中医药，受到党和国家的高度重视，在教育、医疗、科研等方面齐头并进，一大批中医药大家焕发青春，在各自的领域里大显神通，中医药事业欣欣向荣。

四川中医教育的奠基人——李斯炽先生，在1936年创办的"中央国医馆四川分馆医学院"（简称"四川国医学院"）中，先后担任过副院长、院长，担当大任，艰难办学，为近现代中医药人才的培养立下了汗马功劳。该院为国家批准的办学机构，虽属民办但带有官方性质。四川国医学院也是成都中医学院（现成都中医药大学）的前身，当时汇集了一大批中医药的仁人志士，如内科专家李斯炽、伤寒专家邓绍先、中药专家凌一揆等，还有何伯勋、杨白鹿、易上达、王景虞、周禹锡、肖达因等一批蜀中名医，可谓群贤毕集，盛极一时。共招生13期，培养高等中医药人才1000余人，这些人后来大多数都成为新中国成立后的中医药领军人物，成了四川中医药发展的功臣。

1955年国家在北京成立了中医研究院，1956年在全国西、北、东、南各建立了一所中医学院，即成都、北京、上海、广州中医学院。成都中医学院第一任院长由周恩来总理亲自任命。李斯炽先生继担任四川国医学院院长之后又成为成都中医学院的第一任院长。成都中医学院成立后，在原国医学院的基础上，又汇集了一大批有造诣的专家学者，如内科专家彭履祥、冉品珍、彭宪章、傅灿冰、陆干甫，伤寒专家戴佛延；医经专家吴棹仙、李克光、郭仲夫；中药专家雷载权、徐楚江；妇科专家卓雨农、曾敬光、唐伯渊、王祚久、王渭川；温病专家宋鹭冰，外科专家文琢之，骨、外科专家罗禹田，眼科专家陈达夫、刘松元；方剂专家陈潮祖，医古文专家郑孝昌；儿科专家胡伯安、曾应台、肖正安、吴康衡；针灸专家余仲权、薛鉴明、李仲愚、蒲湘澄、关吉多、杨介宾；医史专家孔健民、李介民；中医发展战略专家侯占元等。真可谓人才济济，群星灿烂。

北京成立中医高等院校、科研院所后，为了充实首都中医药人才的力量，四川一大批中医名家进驻北京，为国家中医药的发展做出了巨大贡献，也展现了四川中医的风采！如蒲辅周、任应秋、王文鼎、王朴诚、王伯岳、冉雪峰、杜自明、李重人、叶心清、龚志贤、方药中、沈仲圭等，各有精专、影响广泛，功勋卓著。

北京四大名医之首的萧龙友先生，为四川三台人，是中医界最早的学部委员（院士，1955年）、中央文史馆馆员（1951年），集医道、文史、书法、收藏等为一身，是中医界难得的全才！其厚重的人文功底、精湛的医术、精美的书法、高尚的品德，可谓"厚德载物"的典范。2010年9月9日，故宫博物院在北京为萧龙友先生诞辰140周年、逝世50周年，隆重举办了"萧龙友先生捐赠文物精品展"，以缅怀和表彰先生的收藏鉴赏水平和拳拳爱国情怀。萧龙友先生是一代举子、一代儒医，精通文史，书法绝伦，是中国近代史上中医界的泰斗、国学家、教育家、临床大家，是四川的骄傲，也是我辈的楷模！

▎追源溯流 振兴川派

时间飞转，掐指一算，我自1974年赤脚医生的"红医班"始，到1977年大学学习、留校任教、临床实践、跟师学习、中医管理，入中医医道已40年，真可谓弹指一挥间。俗曰：四十而不惑，在中医医道的学习、实践、历练、管理、推进中，我常常心怀感激，心存敬仰，常有激情冲动，其中最想做的一件事就是将这些中医药实践的伟大先驱者，用笔记录下来，为他们树碑立传、歌功颂德！缅怀中医先辈的丰功伟绩，分享他们的学术成果，继承不泥古，发扬不离宗，认祖归宗，又学有源头，师古不泥，薪火相传，使中医药源远流长，代代相传，永续发展。

今天，时机已经成熟，四川省中医药管理局组织专家学者，编著了大型中医专著《川派中医药源流与发展》，横跨2000年的历史，梳理中医药历史人物、著作，以四川籍（或主要在四川业医）有影响的历史医家和著作为线索，理清历史源流和传承脉络，突出地方中医药学术特点，认祖归宗，发扬传统，正本清源，继承创新，唱响川派中医药。其中，"医道溯源"是以"民国"前的川籍或在川行医的中医药历史人物为线索，介绍医家的医学成就和学术精华，作为各学科发展的学术源头。"医派医家"是以近现代著名医家为代表，重在学术流派的传承与发展，厘清流派源流，一脉相承，代代相传，源远流长。《川派中医药源流与发展》一书，填补了川派中医药发展整理的空白，是集四川中医药文化历史和发展现状之大成，理清了川派学术源流，为后世川派的研究和发展奠定了坚实的基础。

我们在此基础上，还编著了《川派中医药名家系列丛书》，汇集了一大批近现代四川中医药名家，遴选他们的后人、学生等整理其临床经验、学术思想编辑成册。预计编著一百人，这是一批四川中医药的代表人物，也是难得的宝贵文化遗产，今天，经过大家的齐心努力终于得以付梓。在此，对为本系列书籍付出心血的各位作者、出版社编辑人员一并致谢！

由于历史久远，加之编撰者学识水平有限，书中镩、漏、舛、谬在所难免，敬望各位同仁、学者，提出宝贵意见，以便再版时修订提高。

     中华中医药学会   副会长

     四川省中医药学会 会长

     四川省中医药管理局 原局长

     成都中医药大学 教授 博士生导师

     2015年春初稿

     2022年春修定于蓉城雅兴轩

编写说明

本书根据王祚久原著《中医妇科临床精华》一书及相关论文编写，以王氏学术经验为核心内容，根据其著作、论文、临证经验等史料，对王氏临床经验和学术思想进行了系统的整理总结。全书对王氏临床擅治的妇产科疾病从疾病概述、病因病机、辨治思路进行了系统的分析，对疾病证治、方药、方义分析、临证加减、诊治心得等方面作了较为翔实的论述，对王氏"肝脾肾"同治，临证尤重湿、热、瘀，重视内外合治及多途径给药治疗妇科疾病的学术经验进行了较系统的归纳总结。

本书为川派中医药名家系列丛书之一，系四川省中医药管理局老中医药专家学术经验传承研究项目，由项目负责人魏绍斌教授及弟子执笔，由四川中医专家共同审定形成。本书旨在系统总结传承川派中医妇科名家王祚久的学术思想与临床经验，使其得以不断传承发展和创新。

由于王祚久一生兢兢业业，济世救人，淡于著书立说，生平仅有《中医妇科临床精华》一书流传于世，其他文献和影像资料留存于世的寥寥无几，本书仅收集王氏的个别医案，实属遗憾。

由于编者水平有限，书中不足之处在所难免，希望读者提出宝贵意见，以使本书日臻完善。

魏绍斌

2022月6月

目录

001	**生平简介**
007	**临床经验**
008	一、对月经失调的认识和治疗经验
008	（一）闭经
016	（二）痛经
020	（三）崩漏
031	（四）月经前后诸症
035	（五）绝经前后诸症
039	二、对女性生殖器官炎症的认识和治疗经验
039	（一）阴道炎
042	（二）前庭大腺炎
044	（三）宫颈炎
048	（四）急性盆腔炎
053	（五）慢性盆腔炎
059	三、对女性生殖器官肿瘤的认识和治疗经验
059	（一）卵巢肿瘤
063	（二）子宫肌瘤
067	（三）子宫颈癌
074	四、对外阴皮肤黏膜疾病的认识和治疗经验
074	（一）外阴白色病变

078	（二）外阴瘙痒
082	（三）白塞氏综合征（眼－口－生殖器综合征）
084	**五、对乳腺疾病的认识和治疗经验**
084	（一）乳腺纤维瘤
086	（二）乳腺囊性增生病
088	（三）乳腺癌
091	**六、对不孕症的认识和治疗经验**
091	（一）审证求因论不孕
093	（二）治疗不孕症四法
096	**七、对妇科杂病的认识和治疗经验**
096	（一）面部黄褐斑
100	（二）多毛症
105	（三）肥胖病
110	**八、对妊娠期疾病的认识和治疗经验**
110	（一）妊娠中毒症
121	（二）流产
127	（三）异位妊娠
131	（四）葡萄胎
134	（五）绒毛膜上皮癌
137	（六）羊水过多
140	（七）产力异常
144	（八）胎位异常
147	**九、对产后病的中医诊治**
147	（一）产后出血
152	（二）产后小便异常
155	（三）产后便秘
156	（四）产后发热
164	（五）缺乳
167	（六）乳腺炎
171	（七）阴道瘘
174	（八）子宫脱垂

179　学术思想

- 180　一、强调肝脾肾同治
  - 180　（一）治肝之法
  - 183　（二）治脾之法
  - 183　（三）治肾之法
- 184　二、临证尤重湿、热、瘀
  - 185　（一）形成瘀血的病因病机及治则
  - 185　（二）形成湿热的病因病机及治则
- 186　三、善用古方化裁，巧施药对加减
  - 186　（一）化裁古方，创制新方
  - 186　（二）巧施药对，选药精炼
- 187　四、重视内外合治及多途径给药

189　学术传承

191　论著提要

- 192　一、论文
- 192　二、著作

195　学术年谱

199　附录　王祚久自拟方

210　参考文献

生平简介

川派中医药名家系列丛书

王祚久

王祚久（1914—1998），男，重庆市丰都县人。于1942年毕业于四川国医学院，到丰都中学任校医，从事中医内科、妇科教学和科研工作。后自设诊所，主治内、妇、儿等科疾病。参与发起成立丰都中医师公会，任主任学术委员。中华人民共和国成立后，历任丰都各界人民代表会议常务委员、丰都城关镇联合诊所主任、丰都县卫生科副科长等职。1956年调至成都中医进修学校任教，1957年调入成都中医学院附属医院妇科，从事临床、教学工作。1975～1982年，任成都市政协常委。1987年晋升主任医师。从事中医临床、教学工作50多年，擅长中医内科、妇科疾病的诊治。特别是对妇科经、带、胎、产诸病的诊治，善于将辨病与辨证相结合以指导临床遣方用药，并取得较好的临床疗效。经过长期的实践，形成了其独特的治疗经验。著有《中医妇科临床精华》（四川科学技术出版社，1989）。

临床方面，王祚久认为肾、肝、脾三脏功能失调在妇产科疾病发生和发展机制上具有重要地位。脏腑功能失调时，常常又是肝肾同病或脾肾同病或肝脾同病，因而又有肝肾同治，脾肾同治，肝脾同治。王老认为肾的主要功能表现是真阴真阳，而真阴真阳之间保持着平衡，所谓"水火既济"，也就是阴阳互根，才能使机体保持正常的功能。因此肾水命火，对人体的内脏功能和生长、发育、衰老及生殖关系极为重大。气血作为人体重要的物质基础，妇女经、带、胎、产、乳无不以精血为本，因而妇女以血为主，肝为血脏，与血海相关，若肝经气血不能舒畅，最终可影响冲任，引起经、带、胎、产诸病。正如叶天士所云："女子以肝为先天，阴性凝结，易于怫郁，郁则气滞血亦滞。"因此气病及血，血病及气，气血又相依相存，所以又常气血同治。脾为后天之本，气血生化之源，脾藏意与志并主统摄，脾与五脏六腑的相互关系及发生的病变，以及与生殖系统的生理和病理均有密切的关系。

王老在病因方面临证尤重湿、热、瘀。由于四川地区特有的气候特点及饮食因素，王祚久妇科临证尤重湿、热、瘀三个病因致病，认为三者之间常交错缠绵，形成兼夹证。对妇科疾病瘀血、湿热形成的病因病机有较深入的认识，且提出了相应的治则治法，临床行之有效。

王老认为瘀血为妇产科常见病因之一。瘀血的成因，一为外界因素，如寒邪内侵，血得寒则凝；如湿热下注，影响气血的运行，血受湿热，久必凝浊。所以，寒与热太过，均可致气血运行障碍，出现气滞血瘀证。另一则为内在因素，与心、肝、脾关系密切。血生化于脾胃，藏于肝，统于心。所以，心阳不足，血运即滞；脾虚气弱，统摄无权，特别是情志因素所致肝失条达，疏泄失职，则可直接滞气伤血，而致瘀血发生。所以，气滞血瘀为不少妇产科疾病所共有的证候，但亦因体质、病程、病位等个体差异而治疗各殊。治疗瘀血，在审证求因的基础上，应分清寒、热、虚、实。病程较长者，多寒多虚，或虚中夹实及寒中夹热；病程较短者，多热多实，或实中夹虚及热中夹寒。非炎性（寒性）肿块，如卵巢囊肿、子宫肌瘤、乳房囊性增生症等，多寒多郁；炎性（热性）肿块，如炎性包块、子宫颈癌及子宫肌瘤合并感染等，多热多实。急性炎症期为热为实；慢性炎症期为寒为虚。气滞是因，血瘀是果。所以治疗瘀血，要注意到行气理气治法的配合应用。另外，还必须从整体观念出发，在辨证的基础上，既要掌握整体与局部，主证与兼证的情况，又要掌握邪正力量的对比和消长的变化，疾病的属性及发病的久暂，根据其病证适当配合理气、散寒、清热、解毒、养阴等法。只有这样，才能更有效地发挥活血化瘀法的作用。

王老曾论述湿热的病因病机及治则。妇科湿热的产生，一方面是直接感染外界湿热湿毒之邪。由于阴道胞宫与外界相通，温暖湿润，是感染病邪和助邪生长的适当环境，易于细菌繁殖生长；胞宫阴道的邻近器官有尿道、肛门排泄物的污染，若不注意经期、产后卫生及妇科检查消毒不严，均易致胞宫损伤，湿热毒邪入侵。另一方面，"邪之所凑，其气必虚"。由于脏腑的功能失调，湿自内生。如脾气虚弱，运化失常，聚而为湿，流注下焦；或房事过度，多产忧思，以致肝肾暗伤，亦可导致湿热毒邪乘虚而入。对妇产科湿热证的治疗，王老认为当首分虚实，大抵初病多实，久病多虚中夹实；病来之骤多实，病来之缓多虚或虚中夹实；再应分辨是湿重于热还是热重于湿。初病宜清宜泄，久病宜补宜涩。用药要有主次，才能收到良好效果。清利湿热法，是治疗妇产科炎症的一大法，但临床上还必须注意，湿热是这类疾病的共性，由于个体差异及病程长短轻重，又存在着不同的个性，如体质因素、病程、房事不节等常耗损肾阴，以致虚火妄动，"至虚之处，便是容病之所"，所以必须注意除湿与养阴并举。又如脾气本虚，湿已郁滞，再感邪毒，也非单一清利湿热法所能收功，必须健脾除湿，清热解毒，才能有相辅相成之效。

　　王老认为闭经分虚实两类，辨证当分五型。虚者当责之于肝肾气血；实者当责之于气滞血瘀及痰阻。虚者不足宜滋补，实者有余宜疏泄。王老将闭经分为五种证型，包括：气血不足型、肝肾虚亏型、痰湿阻滞型、肝郁气滞型、气滞血瘀型。气血不足型治以益气扶脾，养血调经，方用新拟阿胶四物汤加减或加味八珍汤；肝肾虚亏型治以补益肝肾，填补奇经，方用加味内补丸或加味归肾丸；痰湿阻滞型治以除湿化痰，健脾益肾，方用加味苍附导痰丸；肝郁气滞型治以疏肝健脾，活血行气，方用加味逍遥散或疏肝散；气滞血瘀型治以行气活血，通经逐瘀，方用血府逐瘀汤或温经汤加减。

　　王老认为崩漏的常见原因有七情太过，肝不藏血；冲任虚损，固摄失权；脾不统血，致血妄行；瘀血内阻，血不归经。治疗崩漏出血，一般分为两个步骤，首先控制出血以治标，血止后调整月经周期及阴阳平衡、恢复卵巢功能以治本。补肾是调整肾阴肾阳平衡的关键，补肾以补肾阳为主，使阳气温煦，真阴充实，冲任通盛，以达到调经排卵的目的。至于控制出血的方法则有清热固经、补气摄血、活血化瘀、滋肾调肝等。治疗则当本疏肝、补脾、固肾之法，以调理恢复肝、脾、肾的正常功能，则崩漏之症即可痊愈。

　　王老论治先兆流产，多以补脾肾为主要治疗方法，因脾能载胎，肾主蛰藏能举胎，脾肾不足，故病先兆流产。经长期实践，自拟治先兆流产方：黄芪、党参、阿胶、白术、续断、杜仲、菟丝子、熟地黄、桑寄生，连服一月，效果甚佳。血热者，加地榆、黄芩；胞寒者，加吴茱萸、焦艾。如果保胎无效，胎死腹中，则当行气活血引胎自坠，以保母体安全，用《景岳全书》脱花煎下胎益母。

　　对于不孕症，王老认为应先查清病因，再辨证施治。其病因可分为全身（五劳七伤、虚羸百病、闭经、气血不足等）及局部（癥瘕、带下、宫寒等）两大类。不少医家多因思肾为生殖之本，故治疗多从补肾入手，但不孕亦有属实者，如患附件炎导致输卵管不通，属于肝郁气滞血瘀者，则应予疏肝化瘀治之。不孕症临床常分四种证型：肝肾不足型、痰湿阻滞型、肝郁气滞型、气滞血瘀型。肝肾不足型治以温肾养肝，调补冲任，方用加减左归丸或加减温肾丸；痰湿阻滞型治以燥湿化痰，理气益肾，方用加味苍附导痰丸或加味启宫丸；肝郁气滞型治以调肝理气，活血调经，方用加味逍遥散或加减柴胡疏肝散；气滞血瘀型治以活血化瘀，理气通络，方用加减少腹逐瘀汤。

对于妇科常见的阴道炎、前庭大腺炎、子宫颈炎、急性盆腔炎、慢性盆腔炎等妇科炎症性疾病，王老也多有自己的认识。王老认为阴道炎青年妇女多由脾虚肝郁，湿邪内生，郁久化热，湿热蕴结，流注下焦而发病；老年妇女，则常由冲任虚衰，湿热湿毒内侵所致。本病以外治为主，如感染严重，侵及泌尿系统者，酌情配合内服药，以清热除湿、解毒消炎为主，方用加减龙胆泻肝汤。老年性阴道炎适用滋肾固涩或配合雌激素，常能缩短疗程，收效较速。

王老诊治急性盆腔炎性疾病时分为三期，包括发热期、蕴毒期及癥瘕期，发热期治以清热解毒、活血化瘀，方用银翘红酱解毒汤；蕴毒期治以清热解毒、活血排脓，方用加味五味消毒饮；癥瘕期治以破瘀散结、解毒排脓，方用加味棱莪消积汤。外治法包括中药保留灌肠法及中药外敷疗法，保留灌肠时常选用赤芍 9 g，大血藤 30 g，蒲公英 30 g，桃仁 9 g，败酱草 30 g。中药外敷疗法常选用木芙蓉叶、生大黄各 300 g，冰片 9 g，黄芩、黄连、黄柏、虎杖各 240 g 共研细末备用。用法：用黄酒或葱泡酒调敷。

王老认为慢性盆腔炎（现称盆腔炎性疾病后遗症）由急性盆腔炎治不彻底而渐成，缠绵日久，由于湿热、瘀血、正虚等因素，而致肝气失调，气郁而血滞，气血滞郁日久，则癥结生。又由于下腹疼痛、白带淋漓、月经量多及痛经等因素，给患者机体带来反复不良刺激，形成恶性循环，终成慢性迁延性疾病。治以活血化瘀为主，其作用在促进组织血液循环，促进炎症及增生组织的吸收和软化消散。为消除余邪，当佐以清热利湿药物为辅。对本病的治疗，王老临证常分为湿热瘀阻型、寒湿瘀结型及癥瘕瘀结型。

川派中医药名家系列丛书　王祚久

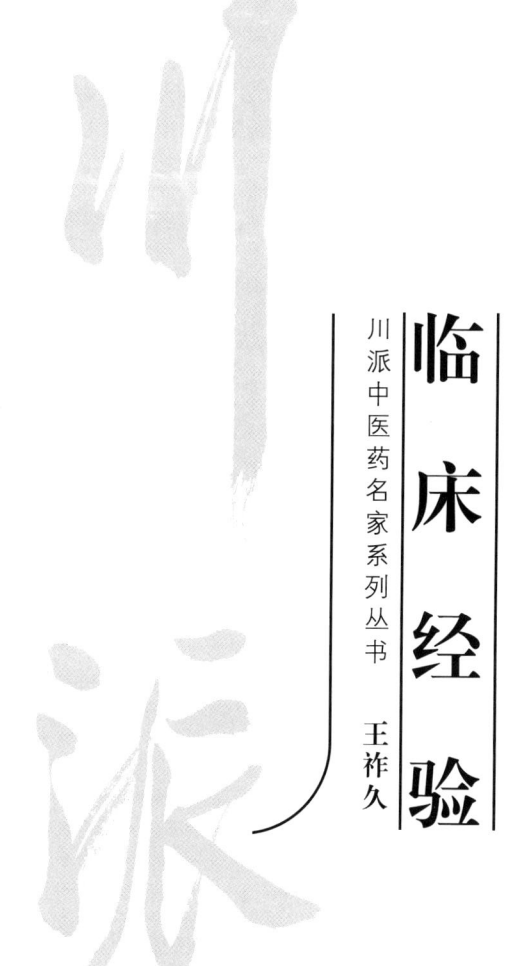

临床经验

一、对月经失调的认识和治疗经验

（一）闭 经

女子年满16周岁月经尚未来潮，或已建立起规律月经周期后又停止6个月以上（或根据自身月经周期计算停经3个周期以上）者，称为闭经。前者称原发性闭经，后者称继发性闭经。月经不行，除四五十岁更年期月经停止和怀孕期间月经不行，为正常生理现象外，余皆为病。然先天生殖器官缺如，或后天器质性损伤致月经不行者，非药物所能奏效。

闭经原因很多，概括为七情太过，气血虚弱，痰湿阻滞，瘀血内停，肝肾不足等原因。女子月经正常与否，与冲任二脉的关系密切，而冲任隶属肝肾，肝肾不足及失调，可直接影响冲任二脉的正常生理功能而致闭经。若七情太过，气机阻滞，瘀血内停也可导致闭经。气血不足，阴阳失调，血海空虚，冲任失养，无血可下也常致闭经。肥胖之人，多痰多湿，肾阳不足，脾虚失运，痰湿壅滞，经络受阻，胞脉不通均可导致闭经。闭经常是多种疾病所出现的一种症状，而非独立性疾病，所以肖慎斋说："如先因病而后经不调，当先治病，病去则经自调。"因而首先应尽力找出导致闭经的原因。治疗上，王老将闭经分虚实二类，虚者当责之于肝肾气血；实者当责之于气滞血瘀及痰阻。虚者在于不足宜滋补，实者在于有余宜疏泄。总之，无论何种原因引起的功能性闭经，必须影响冲任二脉，方可出现闭经。在治疗闭经中，常配合应用活血通经药物，但必须排除受孕情况，以免引起流产。

【辨证施治】

1. 气血不足型

初由经量少色淡而至闭经，面色苍白而黄，形体枯瘦，皮肤干燥，头晕目眩，时而头痛，神少无力，心悸怔忡，食少不化，大便秘结，舌质淡，苔光剥或花剥，脉象虚细。王老认为此型多见于严重的营养不良，或由各种原因引起的大量失血，以及慢性消耗性疾病（如钩虫病及血吸虫病），常致贫血，引起机体代谢及内分泌系统功能障碍而致闭经。

治法：益气养血调经。

方剂：新拟阿胶四物汤或加味八珍汤。

药物：新拟阿胶四物汤：

阿胶^(化服) 9 g　熟地黄 15 g　白芍 9 g　当归 12 g　川芎 5 g

川芎 5 g　党参 30 g　香附 9 g　黄芪 18 g　茺蔚子 9 g

菟丝子 15 g　丹参 24 g　鸡血藤 15 g

方义分析：方中四物汤以养血调经；丹参活血养血安神；香附行气解郁；茺蔚子活血调经；阿胶养血补血；党参、黄芪益气养血，合菟丝子补肾填精；鸡血藤活血养血；全方共奏益气养血调经之功。

加味八珍汤：

熟地黄 15 g　白芍 9 g　当归 12 g　川芎 3 g　白术 9 g

党参 18 g　茯苓 9 g　甘草 3 g　枸杞子 12 g　菟丝子 12 g

方义分析：方中四物汤补血调经，四君子汤益气健脾以资生化之源，脾土健运，吸收精微，化赤为血，两方合用收相辅相成之效。更增枸杞子、菟丝子益肾填精，助先天之源，则先天之肾能补，后天之脾能健，更有养血调经之四物，则闭经可望复潮，并应时而下。

2. 肝肾虚亏型

闭经而有面色苍白暗滞，或面额有黯斑，腰酸膝软，目眩耳鸣，心悸，阴道分泌物减少，性欲淡漠，甚或矮小，瘦弱，唇舌淡黯，脉细弱或沉涩。王老认为此型多见于内分泌性闭经。如垂体、卵巢功能不足，影响促性腺激素的分泌及不能使子宫内膜发生周期性改变。又如甲状腺功能亢进或减退，肾上腺功能亢进或低下等。常见于席汉氏综合征、幼稚子宫或炎症、创伤使卵巢组织遭破坏所致的闭经。

治法：补益肝肾，填补奇经。

方剂：加味内补丸或加味归肾丸。

药物：加味内补丸：

鹿茸 10 g　菟丝子 30 g　沙苑子 30 g　枸杞子 30 g

肉桂 15 g　黄芪 30 g　桑螵蛸 30 g　肉苁蓉 30 g

制香附 30 g　　紫河车 30 g　　当归 30 g　　淫羊藿 30 g

熟地黄 60 g

研细末加蜜成丸，每丸重 10 g，日服 2～3 次，每次 1 丸。

方义分析：方中鹿茸、菟丝子、沙苑子、肉苁蓉、紫河车、枸杞子、淫羊藿、桑螵蛸等大补肾阳而壮冲任；肉桂温肾而去下焦虚寒；黄芪、当归益气养血；熟地黄以滋肝益肾；制香附调经解郁行气；合为大补肝肾之峻剂，使肾气盛、气血足而冲任旺，则月事可应时而至。现代研究证明，鹿茸含有雄性内分泌素及雌酮，紫河车含有内生殖腺激素、动情素、助孕素等及促使妇女乳腺发育的泌乳素及生长激素等。淫羊藿水浸剂经动物口服后，具有促进精液分泌作用，黄芪有类性激素作用。

加味归肾丸：

熟地黄 30 g　　杜仲 30 g　　续断 30 g　　菟丝子 30 g

当归 30 g　　枸杞子 30 g　　山茱萸 30 g　　山药 30 g

肉苁蓉 30 g　　淫羊藿 30 g　　羊膝 30 g　　鹿角胶 30 g

研细末加蜜成丸，每丸重 9 g，日服 3 次，每次 1 丸。

方义分析：方中熟地黄、枸杞子、山茱萸、淫羊藿、肉苁蓉、鹿角胶、杜仲、菟丝子等补肝肾而益精气；当归养血调经；山药健脾而含有肾上腺激素类物质。

3. 痰湿阻滞型

闭经而体态肥胖，面色浮黄，胸闷腰胀，纳少痰多，时易呕恶，好逸恶劳，白带常多，口中淡腻，经期屡愆，经水淡而反多，渐至闭止，年龄常在 35 岁以上，舌苔白腻，舌体胖大，脉弦滑而无力。王老认为此型可能系垂体机能减退，而致甲状腺机能不足，引起内分泌失调，造成体液代谢障碍所致。

治法：除湿化痰，健脾益肾。

方剂：加味苍附导痰丸。

药物：茯苓 12 g　　半夏 9 g　　陈皮 6 g　　甘草 3 g　　香附 9 g

苍术 9 g　　制南星 9 g　　枳壳 9 g　　党参 12 g　　生姜 9 g

巴戟天 12 g　　淫羊藿 15 g　　鹿茸粉$^{(吞服)}$ 1 g

方义分析：方中半夏、茯苓、苍术、南星燥湿健脾化痰；陈皮、枳壳、香附行气开郁；党参益气；生姜、甘草和中；用巴戟天、淫羊藿、鹿茸以益肾助阳，"益火之源，以消阴翳"，使脾气更旺，痰湿自除。且巴戟天、淫羊藿、鹿茸等能增强内分泌功能，使"肾气盛，任脉通，太冲脉盛，月事以时下"。如党参改用人参，则效果更好。因人参对中枢神经系统有兴奋作用，能兴奋垂体－肾上腺皮质，引起皮质激素分泌增加，且有促性腺激素作用。因此有人用人参、甘草治疗垂体功能减退而获效。

4. 肝郁气滞型

闭经而有精神抑郁，胸胁胀痛，腹胀时痛，腰酸带下，胸闷纳少，月经每由乱期而至闭止，舌苔薄白，脉弦涩。王老认为此型往往因精神因素或下丘脑病变所致。

治法：疏肝解郁，活血行气。

方剂：加味逍遥散或舒肝散。

药物：加味逍遥散：

| 柴胡 9g | 白芍 15g | 白术 9g | 当归 9g |
| 茯苓 9g | 郁金 9g | 合欢皮 15g | 夜交藤 30g |

方义分析：方中柴胡、郁金疏肝解郁；当归、白芍和营养血而柔肝；白术、茯苓健脾和胃；合欢皮活血而调心神；夜交藤安神而镇静，有人临床观察，其镇静安眠作用优于眠尔通。全方共奏气血双调，肝脾同治之效。本方对神经系统有调节作用，使人心情舒畅。

舒肝散：

香附 9g	郁金 9g	合欢皮 15g	白术 9g
枳壳 9g	乌药 9g	赤芍 9g	柴胡 9g
路路通 9g	青橘叶 9g		

方义分析：方中柴胡、合欢皮、郁金、香附、枳壳、乌药理气解郁，以调肝气横逆；白术健脾；赤芍活血柔肝，以反制木克土；路路通、青橘叶以活血理气通经。气滞得解，肝气条达，则经自下行。

5. 气滞血瘀型

闭经少腹疼痛，或有带下，面色青白，腰胀酸痛，精神抑郁，胸胁胀痛，舌质紫黯，或舌边有瘀点，脉沉涩或沉弦。王老认为此型乃气滞血瘀胞宫，络脉瘀阻，如刮宫过度及长期子宫内膜慢性炎症，致子宫内膜破坏而致闭经，又称子宫性闭经。

治法：行气活血，通经逐瘀。

方剂：血府逐瘀汤或温经汤。

药物：血府逐瘀汤：

红花 9 g	桃仁 9 g	生地黄 12 g	赤芍 12 g
当归 9 g	川芎 6 g	枳壳 9 g	柴胡 9 g
甘草 6 g	桔梗 6 g	牛膝 9 g	

方义分析：方以桃红四物汤合四逆散为方，用前者以养血行瘀调经，后者以疏肝解郁。增牛膝以通经逐瘀，桔梗开胸膈之气，一降一升，共配成方，可通治一切气滞血瘀证。

温经汤：

吴茱萸 3 g	当归 9 g	川芎 6 g	白芍 12 g
党参 12 g	桂枝 6 g	阿胶（化服）6 g	牡丹皮 9 g
生姜 5 g	炙甘草 3 g	法半夏 6 g	麦冬 9 g

方义分析：方中吴茱萸、桂枝、生姜温经暖宫；当归、川芎、白芍活血化瘀且能养血；牡丹皮化瘀通经；阿胶养血；党参、甘草、半夏、麦冬补脾和胃，以助生化之源。因此本方用于胞宫虚寒，瘀血停留，使瘀血去，新血生，血闭能通，血漏能止。

加减：子宫寒冷甚者，桂枝改为肉桂；气滞甚者，加香附、乌药；少腹寒冷，腹痛显著，加艾叶、紫石英、小茴香以增强暖宫之力，减麦冬。

【单方验方】

王老还根据不同证型的闭经拟定了系列单方验方：

（1）鸡血藤 30 g，棉花根 30 g，水煎服，用于气血虚闭经。

（2）红花 3 g，枸杞子 15 g，水煎服，用于血虚闭经。

（3）参茸卫生丸（成品）：功能培补肝肾，益气养血，健脾益胃，适用于肝肾亏虚闭经，每服 1 丸，日服 2 次。

（4）益母草 30 g，马鞭草 30 g，红糖适量，水煎服，适用于血瘀闭经。

【针刺疗法】

取穴：关元、三阴交、中极、血海、阴陵泉、足三里。

针法：每次取 2～4 穴，用中、强度刺激，留针 15～20 min，每日针治 1 次。

【穴位注射疗法】

取穴：①中极、大赫；②归来；③关元、血海；④三阴交、子宫。

方法：每天用 1 组穴位，每穴每次注射 0.1～0.2 mL 己烯雌酚、黄体酮混合液。4 天为 1 疗程。

【闭经验案二例】

案例 1

徐某，39 岁，教师。

主诉：人工流产术后停经 7 月余。

病史：病员于 1978 年 9 月行人工流产术，术中及术后经过顺利，术后即经闭，但每月自觉白带量有周期性变化，并小腹周期性掣痛，阵发加剧，矢气后略减，持续 4～5 天，曾经妇科双合诊检查，未发现器质性病变，经中药及人工周期治疗（二疗程），均未效，故于 1979 年 3 月 31 日来我院门诊。

妇科双合诊检查：外阴阴道经产式。宫颈光滑，子宫前位，常大，外形规则、活动。附件：软。宫腔 6.5 cm。舌质红，脉弦。

诊断：继发闭经。

辨证：肾虚肝郁，冲任亏损。

治法：补肾、疏肝、化瘀、调补冲任。

方药：菟丝子 30 g　当归 10 g　枸杞子 20 g　山楂 10 g
　　　党参 10 g　　怀牛膝 20 g　覆盆子 15 g　丹参 10 g
　　　淫羊藿 30 g　怀山药 30 g　路路通 10 g　泽兰 10 g
　　　　　　　　　　　　　　　　　　　　　　服 6 剂。

二诊（1979 年 4 月 10 日）：服上方 6 剂，本月 2 日腹痛仍如前，舌脉无异。

前方加黄芪10g，续断20g，4剂。

三诊（1979年5月12日）：小腹仍痛，月经仍不行，形体尚可，舌常，脉平。拟活血通经。

方药：当归20g　　川芎10g　　赤芍10g　　肉桂10g
　　　怀牛膝20g　　桃仁10g　　瞿麦20g　　茜草10g
　　　　　　　　　　　　　　　　　　　服3剂。

四诊（1979年5月22日）：经仍未至，取子宫内膜活检结果"呈分期改变"。继服上方。

五诊（1979年5月26日）：阴道流血1天，量少，色暗褐色，腰微胀，心烦。舌、脉正常。

方药：当归10g　　白芍10g　　怀牛膝15g　　菟丝子15g
　　　覆盆子15g　　泽兰10g　　茺蔚子12g　　丹参10g
　　　炒川楝子10g　赤芍10g　　续断20g
　　　　　　　　　　　　　　　　　　　服2～6剂。

六诊（1979年6月2日）：此次月经5天净，量中等，用纸1+包，经期第三天觉小腹胀痛，约十分钟后自行缓解，舌尖红，苔白，脉弦。继上法治疗。

方药：菟丝子20g　　当归10g　　黄芩10g　　香附10g
　　　陈皮10g　　　生地黄15g　白芍10g　　益母草20g
　　　甘草10g

1979年6月23日，随访病员：基础体温（BBT）上升12天。

按：王老认为，人工流产手术历史，继之经闭（有的是术后经潮一次后继发闭经），并有周期性白带增加和小腹痛，经妇科双合诊检查，未发现器质性病变。从病史和临床表现辨证，此类经闭当属冲任损伤，肾虚挟瘀所致，据"损者益之"的道理，既有损则应先益，故采用补肾、疏肝、化瘀、调补冲任，使肾气足、冲任通盛，肝气条达，疏泄无间，气畅血行，才能使月经得以复至。因而选用补肾药物为主，通经之品寓于方中，否则单用通经之法是不能获效的。曾治一例即如此。第一次就诊时为不全流产清宫术后停经三月，即以活血通经法治疗1月无效，改用补肾、疏肝化瘀法治疗15天经至。若一见经闭，便徒事攻破，岂不犯虚虚之戒乎！虚中挟瘀，寓攻于补，此案是其法也。

案例 2

郭某，女，36岁，住本市。

主诉：停经85天。

病史：1977年8月29日初诊，停经85天。病员于85天前行人工流产术后，一直月事未行。自觉小腹坠痛，左少腹疼痛；白带多、色白、质稠。约20天前曾往本市计划生育指导所就诊，给服"疏经片"每次二片、一日三次、共三天；嘱停药后一周如月经未至再复诊。停药后因月经未至，故来我院就诊。舌常，脉沉迟。

诊断：月经愆期。

辨证：湿热阻滞胞络。

治法：清热除湿，通络行滞。

方剂：三妙散加味。

药物：苍术 9 g　　黄柏 9 g　　薏苡仁 15 g　　香附 9 g
　　　续断 15 g　　炒川楝子 12 g　　白芍 18 g　　川牛膝 9 g
　　　甘草 6 g　　椿皮 12 g　　海螵蛸 12 g　　桑寄生 15 g
　　　王不留行 12 g

　　　　　　　　　　　　　　　　　　　　　　　　服 4 剂。

二诊（1977年9月5日）：症同前。口干，喜饮，大便结并且 2～3 日一行，小便常。脉沉迟，舌常。

辨证：病员小腹坠痛，大便结燥、小便自利、月事不行，系湿热蕴结下焦，导致下焦蓄血；更兼病员有新近手术史，形成瘀血经闭。

治法：破血下瘀、通经。

方剂：桃仁承气汤加味。

药物：桃仁 9 g　　酒大黄 3 g　　芒硝 6 g　　桂枝 6 g
　　　茜草 9 g　　柴胡 9 g　　当归 9 g　　莪术 9 g
　　　香附 6 g　　茺蔚子 9 g

三诊（1977年9月12日）：服上方二剂后经至，量少共用纸三张；经期二天净。左少腹仍痛，大便结燥较前减轻外，余痊愈。

按：妇人经闭大致可分为血枯与血滞。血滞宜破，即推陈出新之法。桃仁承气汤本系仲景用于治疗热结膀胱，其人如狂，少腹急痛，小便自利，大便色黑的蓄血症，后世医家又用来治疗瘀血停蓄诸症。本例患者初诊证属湿热蕴结下焦，经清热除湿，行滞通络之法治疗未效；二诊症见少腹坠痛，大便结燥，小便自利，月事三月未行。证类仲景所云"下焦蓄血"引起之血经闭。故选用桃仁承气汤加减：以桃仁活血、祛瘀、润肠；大黄、芒硝荡热去实；配以桂枝、茜草、当归活血；柴胡、莪术、香附、茺蔚子调气。收到了热祛瘀消，经水自通的效果。

（二）痛 经

凡在经期前后或在经期中发生周期性小腹疼痛，或痛引腰骶，甚至剧痛晕厥，以致影响工作和生活者，均可称为痛经。西医妇产科学将痛经划分为原发性痛经和继发性痛经。原发性痛经又称功能性痛经，是指生殖器官无器质性病变者。由于盆腔器质性疾病如子宫内膜异位症、子宫腺肌病、盆腔炎或宫颈狭窄等引起的属继发性痛经。原发性痛经以青少年女性多见，继发性痛经则常见于育龄期妇女。

本病总由感受寒湿，情志抑郁，内伤气血所造成。无论何种原因引起的痛经，均主要由于气血运行障碍所致。气为血帅，气行则血行，气滞则血滞。因气滞血，则多胀满；因血滞气，则多疼痛。王老认为治疗痛经，必先辨明寒热虚实。可从疼痛的时间、部位、性质、经色等作为鉴别痛经证型的参考。痛的时间为经前痛，多为实证；经期痛，或实或虚；经后痛，多为虚证。痛的部位为小腹正中痛，多为寒湿凝滞；小腹两侧或一侧痛，有时牵连胸胁背部，多为气滞血瘀。痛的性质为刺痛为血瘀；隐隐作痛，喜按为虚；持续作痛，痛重于胀，拒按为血瘀；时痛时止，胀重于痛为气滞；绞痛，得热痛减，为寒；得热痛甚，为热。经色淡为虚，经色紫为痛、为寒。无论何种证型的痛经，气滞血瘀是痛经发生的关键。因而理气活血化瘀，是治疗痛经不可少的法则。其次，寒气客于胞宫，血为寒滞，运行不畅而痛经者不少见，少腹冷痛，常为必有症，因而温化散寒的法则，常属必要。

【辨证施治】

1. 气滞血瘀型

经前或行经时小腹胀痛，经量少或经行不畅，经色紫黯有血块，血块排出后痛减，或经行淋漓断续，多日不止，经量多少不一，舌质紫黯，或有瘀点，脉沉弦或沉涩。王老认为此型多见于生殖系统炎症，如慢性子宫内膜炎、子宫内膜异位症及子宫肌瘤；亦可由于子宫发育不良、子宫颈狭窄、子宫过度屈曲等情况影响经血畅行而致；或因寒冷等物理因素致血液循环不畅或子宫过强收缩而痛经。

治法：行气活血，祛瘀止痛。

方剂：痛经散或少腹逐瘀汤。

药物：痛经散：

当归 12g	川芎 6g	丹参 15g	五灵脂 6g
香附 9g	蒲黄 9g	白芍 12g	桃仁 9g
九香虫 4g			

方义分析：本方具有活血化瘀，行气止痛之功。当归、川芎、丹参、五灵脂、蒲黄、桃仁活血化瘀止痛；香附、川芎、九香虫理气止痛；白芍和营柔肝止痛。据动物实验，当归所含挥发油能抑制子宫使之弛缓，而所含水溶性非挥发性成分对子宫及肠管、膀胱等平滑肌有兴奋作用，所以能调节子宫机能状态，促进血液循环，故为痛经要药。五灵脂又有缓解平滑肌痉挛作用。香附能抑制子宫收缩，缓解其肌紧张，解除子宫痉挛性收缩。所以本方治疗痛经，常获良好效果。

少腹逐瘀汤：

小茴香 6g	干姜 3g	延胡索 6g	没药 6g
当归 12g	川芎 6g	桂心 5g	赤芍 12g
蒲黄 9g	五灵脂 6g		

方义分析：方中延胡索所含延胡素乙素和延胡索丑素有显著镇痛作用，并有镇静催眠作用。合五灵脂、蒲黄、川芎、没药、赤芍、当归等活血化瘀，行气止痛。因血得温则行，所以又用桂心、干姜温经散寒。小茴香祛寒理气，既引药下行，又能行气以活血。故本方有消瘀止痛，散寒理气作用。

加减：①炎症，加蒲公英、金银花；②子宫发育不良，加紫河车、鹿角胶，并重视非痛经期长期治疗；③宫颈狭窄，可行宫颈扩张术；④气血虚弱而致疼痛绵绵不休者，加党参、阿胶、熟地黄；⑤腹痛拒按，月经量多，心烦口干，尿黄便秘，苔黄脉弦数者，去干姜、桂心，加黄芩；⑥经行不畅，色紫有块，舌红尖紫，脉沉涩者，加桃仁、红花；⑦肝郁气滞，胸胁满闷者，加柴胡、青皮、郁金；⑧腰酸重者，加杜仲、巴戟天；⑨白带多者，加茯苓、墓头回。

2. 肝郁气滞型

经前一两天或经行第一天和第二天少腹胀痛较重，甚至四肢逆冷、冷汗淋漓而致休克，经期不调，经量或少或多，色紫而黯，胸胁胀满，或乳房胀痛，精神郁闷，食少泛恶，舌苔白，脉弦。王老认为此型多见于初潮即有痛经或未婚的青年妇女，与自主神经功能紊乱、子宫痉挛性收缩有关。有人认为体内雌激素过高或黄体素过低，使子宫肌层易受激惹而引起痛经；或者认为系雌激素及黄体素二者之间存在某种程度的不平衡所致。

治法：疏肝理气，活血化瘀。

方剂：加减柴胡疏肝汤或加味逍遥散。

药物：加减柴胡疏肝汤：

柴胡9g	白芍15g	香附12g	川芎6g
当归9g	延胡索9g	枳实9g	艾叶6g
肉桂6g	甘草3g		

方义分析：方中四逆散疏肝理气，和营止痛；加艾叶、肉桂散寒暖宫；加当归、川芎、香附、延胡索，既增强疏肝理气力量，又有活血止痛作用。

加减逍遥散：

柴胡9g	白术9g	白芍15g	当归12g
香附12g	五灵脂9g	蒲黄9g	茯苓9g
延胡索12g	合欢皮15g		

方义分析：方中逍遥散疏肝解郁，养血健脾。肝血充足，肝气舒畅，脾胃功能健运，使自主神经功能恢复正常。加香附、五灵脂、蒲黄、延胡索活血化瘀，理气止痛；延胡索还有镇静安神之功。

加减：①血结瘀阻较甚，腹胀痛而经迟迟不下者，加桃仁、红花、川牛膝；②肝郁化火者，加龙胆草、牡丹皮、山栀；③肝阴不足，肝阳偏亢者，应减柴胡用量，加夏枯草、女贞子、墨旱莲；④气血两亏者，加党参、黄芪；⑤下元阳虚，冲任不足者，加巴戟天、菟丝子、紫河车；⑥月经延后，少腹拘急者，加艾叶、肉桂。

3. 气血虚弱型

月经量少色淡，经行将尽或经后，少腹绵绵隐痛，神疲乏力，面色苍白，头晕耳鸣，腰酸，舌质淡，脉虚细。王老认为痛经与高级神经活动及神经类型有关。精神或体力过劳，全身情况极度衰弱，都可致大脑皮质功能失调，对皮质下传来的刺激的分析调节能力受到影响，痛阈降低，原来不致疼痛的刺激即能引起痛觉。

治法：益气养血，调补肝肾。

方剂：加减温经汤或调肝汤。

药物：加减温经汤：

吴茱萸 3 g	桂枝 3 g	当归 12 g	白芍 12 g
川芎 6 g	阿胶^(化服) 6 g	党参 15 g	丹参 12 g
麦冬 9 g	续断 12 g	桑寄生 15 g	艾叶 6 g
鸡血藤 15 g	枸杞子 15 g		

方义分析：方中艾叶、吴茱萸温经暖宫；当归、阿胶、党参益气养血；丹参、鸡血藤养血活血，合当归、川芎活血化瘀，取"通则不痛"之意；麦冬、白芍养阴敛肝以制吴茱萸、桂枝之温热；续断、桑寄生、枸杞子养肝益肾。

调肝汤：

阿胶^(化服) 9 g	当归 9 g	白芍 9 g	山药 15 g
山茱萸 9 g	巴戟天 12 g	甘草 3 g	

方义分析：方中当归、白芍养血柔肝；山药、阿胶补肾滋阴养血；山茱萸补肝肾，益精气；巴戟天温肾固冲任；合为强劲有力的养肝益肾方剂。

【单方验方】

（1）温化汤：红花 9 g，广木香 3 g，吴茱萸 3 g，当归 9 g，乌药 9 g，延胡索 9 g，川牛膝 9 g，香附 9 g，失笑散 12 g，丹参 15 g，肉桂 6 g，适用于寒凝血瘀痛经者。

（2）脱膜散：三七粉、莪术粉、五灵脂粉各 3 份，肉桂粉 1 份。共配成 66 g，1 日 2 次，每次 3 g。经前 5~7 天起服，经期时改为 1 日 3 次，每次 3 g，吞服。并同时服温化汤煎剂，1 日 1 剂，煎后 2 次分服，煎剂中去失笑散及肉桂。适用于膜样痛经者，亦可用于子宫内膜异位症痛经。

(3) 女金丹（成品）：功效为调经养血，温暖子宫，适用于寒凝血瘀痛经者。日服2次，每次1丸。

(4) 经期腹痛丸（成品）：功效为调经养血，散寒止痛，适用于寒凝气滞血瘀痛经者。日服2～3次，每次1丸。

(5) 血府逐瘀丸（成品）：功效为逐瘀生新，活血调经，适用于慢性盆腔炎血瘀气滞的痛经者。日服2～3次，每次1丸。

【针刺疗法】

取穴：中极、三阴交（主穴）

关元、十七椎下（第五腰椎棘突下）（备穴）

针法：月经前2～3天开始针治，月经后再针治3～6天，中间不间断。经期疼痛发作时，针十七椎下穴，深度1～1.5寸。先针三阴交，双侧同时捻转提插；刺关元时，宜使针感放射到外阴部，留针至痛消失后起针。

(三) 崩 漏

崩漏是月经的周期、经期、经量发生严重失常的病证，崩是指经水忽然大下，好像山岳之崩颓；漏是月经淋漓不断，像屋顶漏水。前者是急性出血，而后者是慢性出血症状。两者之间，可以互相转化，不能划出明显界线。古人早就认识到这一点，严用和说："崩漏之疾，本乎一症，轻者谓之漏下，甚者谓之崩中。"万密斋亦说："崩久不止，遂成漏下。"崩漏可发生于从月经初潮后至绝经的任何年龄，是妇科常见病，亦是疑难急重病证。

崩漏的病因很多，可概括为 ①七情太过，肝不藏血。《素问》曰："悲哀太过则胞络绝，胞络绝则阳气内动，发为心下崩。"张洁古说："喜怒不常，大伤于肝，肝为血府，伤则不能藏血，而为崩中。"这与现代医学认为精神刺激，将会引起人体内分泌失调的论点是一致的。②冲任虚损，固摄失权。朱丹溪说："二脉为经脉之海，血气之行，外循经络，内荣脏腑，若劳伤过极，冲任气虚，不能抑制经血，故忽然而下，谓之崩中暴下。"由上可知，崩漏与冲任有直接关系，而肾司二阴，人体的生长、发育、孕育等都与肾有关。③脾不统血，致血妄行。李东垣说："脾统血，肝藏血，妇人血崩，多因脾胃虚损，不能摄血归经。"忧

"思伤脾，不能摄血。"这些论点，认为脾有统摄血液的生理功能，当脾经有疾病，失去其控制能力，可以引起崩漏。④瘀血阻胞，血不归经。《千金要方》说："瘀血占据血室，而致血不归经。"《圣济总录》说："妇人崩漏病，经血淋漓不断是也……盖由血虚气衰而不能约制，又有瘀血在内。"所以瘀血郁滞胞宫，亦为崩漏之成因。肾虚是崩漏发病的主要因素。因为伤肝、损脾必影响及肾，而瘀血乃肾虚之果，所以肝不藏血，脾不统血，瘀血阻胞，是发病过程中的必然联系，而绝非发病的本质和矛盾的主要方面。因此，王老认为崩漏的病机应该是：肾阴不足则水不涵木，肝阳偏旺而致肝不藏血；或因水不柔肝，刚强之气不得疏泄，故肝郁血溢；肾阴不足，又因水不济火，引起心火上炎而致血热妄行。在肾阴不足波及心肝二经的三种类型中，都可致冲任不调而致崩漏。由于阴阳互根，故当肾阴不足时，亦使肾阳不足。由于不足的偏多偏少的差异，故临床上有肾阴虚、肾阳虚或肾阴阳两虚之分。肾阳不足，火不生土，而致脾阳不振，脾不统血而发为崩漏。这充分说明肾在发病上的重要地位。崩漏的主要病机，在于肾的阴阳失调，但在出血阶段，因病因、体质、年龄、病程等不同因素，往往出现瘀滞、血热、脾虚等不同兼证，有的占次要地位，有的占主要地位。不过，这种表现仅仅在出血阶段，随着血止就让位于肾的调治。因此在一定程度上，要能针对上述兼证灵活运用，以及时达到治标止血的目的。王老认为治疗崩漏出血，一般分两个步骤：首先控制出血以治标，其次调整月经周期及阴阳平衡、恢复卵巢功能以治本。后一疗程一般比前一疗程长。虽然个别患者，在控制出血后，凭借机体的自然恢复功能可达到周期调整，但绝大多数患者需要给予治疗，才能恢复排卵功能。有效调整月经周期及促进排卵，还必须注意月经周期中，卵巢处于卵泡发育、排卵及黄体形成和退化几个阶段的变化，配合用药，可以更好地调整月经周期至正常及促进排卵，防止崩漏再度发生。通常当月经至13天左右，经血排出后，基础体温呈低温相，即卵泡发育阶段，此时治疗该病在补肾的基础上，还应适当增加健脾、益气血之品，如党参、黄芪、当归、白术之类，帮助子宫内膜修复及促进卵泡发育。月经第13~16天，进入排卵期，基础体温最低或不变，此时除补肾外，还应适当增加活血化瘀、疏肝理气药，如红花、桃仁、柴胡、牛膝、香附、青皮、益母草之类，促进排卵。接着进入黄体期，即月经前期，基础体温呈高温相或不变，此时除补肾治疗外，还应适当加活血调经药，如当归、川芎、香附、泽兰、牛膝、刘寄奴、益母草之类，促使月经来潮。补肾是调整肾阴肾阳的平衡。临床虽分肾阴虚和肾阳虚两型用药，而"阴"是"阳"的物质基础，"阳"是"阴"的功能表现，二者互相依赖，又互相促进。临床在补肾时应以助"阳"来激发"阴"的功能，如补肾阳药巴戟天、菟丝子、肉苁蓉等。实验证明，上述药物能增加大白鼠的垂体和卵巢质量，又能使卵泡活跃。续断可使去卵巢小鼠子宫质量明显增加，而补肾阴药则不明显。因此，补肾以补肾阳为主，使阳气温煦，真阴充实，冲任通盛，以达到调经排卵的目的。至于控制出血的方法，目前常用法则有清热固经、补气摄血、活血化瘀、滋肾调肝等。临床上按出血的程度不同，宜加用适当止血药。止血药一般分四类：①收涩止血药：具有收敛作用，能促进破裂的血管收敛，从而止血。如花蕊石、侧柏叶、地榆、棕榈、海螵蛸、仙鹤草等。②炭剂止血药：习惯上认为止血药炒用，能增加收涩作用。如十灰散、侧柏叶炭、血余炭、荆芥炭、白草霜等。③含胶止血药：最常用的有阿胶，其次为龟胶、鱼鳔胶等。因阿胶富于胶黏性，破裂血管易于闭合，增加血液凝固，具有补血、养阴、润燥作用。用于亡血者，实有一举三得之功。④缩宫止血药：作用在于收缩子宫而达到止血作用。如益母草、贯众、重楼等。必须指出，崩漏出血过多，或日久不止，以止血为急务，但出血原因很多，单纯用止血药而不除去其引起出血的原因，血也不易止，即便暂时出血量减少，也易复发，故应以除去原始病因为主，止血为辅。有热者合清热法；虚损者合补益法；瘀滞者合化瘀法。配合应用，相得益彰，方能达到止血目的。

【止血治标】

(一) 针刺疗法

（1）取穴：隐白、合谷、三阴交。针法：用中、强刺激，留针 30 min，留针中每隔 10 min 捻转刺激，每穴 1 min。

（2）取穴：气海、关元、血海、三阴交。针法：气海透关元，使针感扩散至外阴或下腹，再针血海、三阴交，中等刺激，留针 30 min。

（二）单方验方

（1）止血丸：棕榈子若干，研成粉末过筛（40目），用95%酒精渗滤，渗滤液浓缩干燥成粉，装入胶囊中，即成止血丸。每次服1～3g，每日3次，5～7日为一疗程。动物实验证明，棕榈子可使小白鼠子宫紧张度增高，收缩频率增加，其至呈强直收缩。其中d-儿茶素尚有较好的凝血作用。

（2）断血流：为唇形科植物风轮菜属荫风轮的干燥地上部分。日量30g，水煎分3次服，一般连服3～5天。可在月经刚来或将来之前开始服药。本品含有皂苷类物质，动物实验有使蟾蜍血管和大白鼠离体子宫收缩作用。本品对宫外孕亦有良好止血及治疗作用。

（3）血见愁片（成品）：功效为止血，适用于月经过多及血崩。每日2～3次，每次10～15片。

（4）九炭方：当归炭9g，牡丹皮炭9g，地榆炭9g，艾叶炭1.5g，藕节炭9g，制香附9g，阿胶珠9g，陈皮炭9g，续断15g，陈棕炭2.5g，蒲黄炭9g，生地黄炭9g，贯众炭2.5g，煎服，日服1剂，一般3～6剂服后，即有明显止血效果。

【辨证施治】

1. 血热型

月经过多如崩，血色深红稠黏，面赤口干，心烦多梦，鼻干气热或齿鼻常有出血，四肢发热，便秘尿赤，口渴引冷，舌质红，苔黄或少苔，脉洪大或弦数有力。王老认为此型乃素体阳盛，似自主神经功能亢进致内分泌失调而发生的崩漏。亦可见于少数血小板减少而致崩漏，表现为血热者。

治法：养阴清热，凉血止血。

方剂：两地汤或清热固经汤。

药物：两地汤：

| 生地黄15g | 地骨皮18g | 玄参18g | 白芍12g |
| 麦冬12g | 阿胶^(化服)9g | | |

方义分析：方用生地黄、地骨皮清热凉血泻火，是血得寒则凝之意；白芍、

阿胶柔肝养阴，止血益血；玄参、麦冬养阴生津；合为清热泻火，养血凉血、柔肝止血之剂。

清热固经汤：

地骨皮 15 g	生地黄 15 g	炙龟板 24 g	阿胶（化服）9 g
煅牡蛎 24 g	炒栀子 9 g	炒地榆 30 g	黄芩 9 g
棕榈炭 15 g	藕节 9 g	甘草 3 g	

方义分析：方中生地黄、地骨皮清热凉血；山栀、黄芩清热泻火，是血得寒则凝之意；龟板、牡蛎滋阴潜阳固涩；地榆、棕榈炭、藕节、阿胶止血益阴益血；甘草以和诸药。

2. 血瘀型

崩漏日久不止，淋漓不断，血色紫黑有块，少腹疼痛拒按，服益气、止血、养阴药效差，舌紫黯或舌尖、舌边有暗紫色斑点，脉沉涩或弦紧。王老认为此型类似无排卵型功能性子宫出血，子宫内膜增生过长；或排卵型功能性子宫出血的子宫内膜发生不规则剥脱，致有血瘀而不生新的情况，因而经期延长或不规则出血，久不净而腹痛。

治法：活血化瘀，理气止痛。

方剂：加减血府逐瘀汤或加味桃红四物汤。

药物：加减血府逐瘀汤：

赤芍 9 g	桃仁 9 g	川芎 6 g	红花 9 g
当归 9 g	枳实 12 g	五灵脂 9 g	炒蒲黄 9 g
牛膝 15 g	马鞭草 30 g	三七（吞服）3 g	

方义分析：方中失笑散之蒲黄破血行血止血，五灵脂散血通闭，都入足厥阴肝经，祛瘀而止腹痛；赤芍、当归、桃仁、红花、马鞭草活血化瘀；三七化瘀止血；牛膝活血通经；枳实破气散结，对子宫有显著兴奋作用，使子宫收缩有力，肌张力增强，合其他活血化瘀药，则更能促进活血化瘀效果，以利子宫内膜早期剥离。

加味桃红四物汤：

红花 9 g	川芎 6 g	桃仁 9 g	当归 9 g
五灵脂 9 g	赤芍 9 g	生地黄 9 g	三七（吞服）3 g
牛膝 15 g	血竭（吞服）1.5 g	蒲黄 9 g	丹参 18 g

方义分析：方用失笑散化瘀止痛；桃红四物汤合丹参以化瘀调经；牛膝引药力下行而化瘀；三七、血竭化瘀止血。

3. **脾虚型**

出血量多或淋漓不断，血色淡，面色无华，气短懒言，肢体倦怠，四肢不温，食少脘闷，心悸失眠，头眩目花，舌质淡，苔薄白，脉细弱。此型往往在反复多次或大出血之后，身体衰弱，贫血显著，大脑皮质功能处于紊乱状态时出现。

治法：补脾摄血，引血归经。

方剂：归脾汤。

药物：人参9 g（或党参15 g代） 白术9 g 远志9 g
龙眼肉9 g 当归9 g 黄芪30 g 酸枣仁24 g
茯神9 g 大枣9 g 甘草3 g 广木香3 g
生姜3 g

方义分析：方中人参、白术、甘草、广木香、生姜、大枣以健脾益气；加当归、黄芪以增强益气养血之力；枣仁、龙眼肉、远志、茯神养心安神；合方使气血双补，心脾同治。本方对心脾两虚型功能性子宫出血，常有良好止血作用。方中人参对大脑皮质有兴奋作用；而枣仁抑制中枢神经系统，有镇静催眠作用。二药合用有助于中枢神经系统功能恢复正常，以兴奋或以抑制为优势而剂量上有所偏重，一般枣仁量2～3倍于人参。人参还有促进性腺及肾上腺机能作用；黄芪亦有性激素样作用，因而也直接补冲任。所以本方不但有调节高级神经中枢的功能，且有增进内分泌功能的作用，故能收到止血的效果。本方总为治标之剂，应进一步调整肾阴肾阳，恢复排卵。

4. **肾虚型**

（1）偏肾阴虚型。

崩漏兼见眩晕耳鸣，咽干舌燥，入夜为甚，五心烦热，潮热颧红，形体瘦削，腰膝酸软，舌红苔少，脉细数。

治法：滋肾调肝止血。

药物：女贞子20 g 墨旱莲30 g 玄参15 g 生地榆20 g
生地炭30 g 白芍20 g 阿胶（烊服）12 g 地骨皮15 g
益母草15 g

方义分析：方用女贞子、墨旱莲滋补肝肾；玄参、生地黄、白芍、地骨皮清虚热而养阴；阿胶、地榆、益母草养阴止血。

（2）偏肾阳虚型。

崩漏兼见面色㿠白，形寒肢冷，体倦乏力，腰膝酸冷，或阴冷不育，舌淡苔白，脉沉细无力而两尺部尤甚。

治法：温肾扶阳止血。

药物：炒党参 30 g　　　黄芪 30 g　　　补骨脂 30 g

熟地黄炭 30 g　　　鹿角胶(化服) 10 g　　　阿胶(化服) 15 g

赤石脂 15 g　　　山茱萸 15 g　　　艾叶炭 6 g

续断 15 g　　　肉苁蓉 10 g　　　三七粉 3 g

方义分析：方中党参、黄芪虽属益气补中之品，但党参能使家兔血浆再钙化时间显著缩短，可促进凝血，临床证明对各种内出血有效；黄芪有类似性激素作用，能延长大鼠动情期，并有增强子宫收缩作用，对出血有确效；补骨脂有雌激素样作用，可促进雌鼠阴道上皮细胞角化，可使未成熟雌鼠阴道开放，亦为临床有效止血药；肉苁蓉能刺激正常动物的肾上腺皮质激素的释放，可纠正肾上腺皮质功能减退所造成的病理状态；续断可使去卵巢小鼠子宫重量明显增加；熟地黄、鹿角胶、阿胶、山茱萸滋补肝肾，扶阴配阳；艾叶、三七止血效宏。本方对于非排卵型功血，雌激素水平偏低者，实有标本兼治之妙。

【益肾治本】

1. 肾阴不足型

腰膝酸软，足跟疼痛，头眩耳鸣，潮热盗汗，心悸善惊，手足心热，口干不欲饮，夜寐不安，颧赤体瘦，皮肤干枯，便燥尿黄，舌质红有裂纹，舌苔花剥，脉象弦细或弦细数，寸脉较大，两尺无力。

治法：滋补肝肾，固益冲任。

方剂：加减六味地黄汤或加减清海丸或加减左归丸。

药物：加减六味地黄汤：

熟地黄 30 g　　　山药 24 g　　　山茱萸 10 g

制何首乌 18 g　　续断 15 g　　桑寄生 15 g

枸杞子 15 g　　菟丝子 15 g　　女贞子 15 g

墨旱莲 15 g

方义分析：方中熟地黄、首乌补肝肾，填精益髓而生血；山茱萸温补肝肾，收涩精气；山药补脾；续断、寄生补肝肾而壮腰膝，固冲任而益带脉；二至丸益肝肾，补阴血；枸杞子、菟丝子补肾填精而益冲任。本方乃扶阴以配阳，以达壮水制火而血不妄行的作用。

加减清海丸：

熟地黄 30 g　　山药 18 g　　山茱萸 10 g　　牡丹皮 9 g

阿胶^(化服) 10 g　　麦冬 12 g　　沙参 12 g　　白术 9 g

白芍 12 g　　石斛 12 g　　龙骨 15 g　　女贞子 12 g

墨旱莲 15 g

方义分析：方中熟地黄、麦冬、沙参、阿胶、白芍、石斛养阴补血，柔肝清热；山药、白术健脾以滋化源；龙骨合阿胶潜阳而固涩止血；二至丸合山茱萸滋肝益肾；牡丹皮凉血而化瘀。本方用于阴虚阳亢，脾弱津枯而血热妄行者。

加减左归丸：

熟地黄 30 g　　山药 24 g　　枸杞子 15 g　　菟丝子 15 g

山茱萸 9 g　　鹿角胶 5 g　　龟胶^(化服) 6 g　　制何首乌 15 g

女贞子 15 g　　墨旱莲 15 g

方义分析：方中熟地黄、首乌、山茱萸、山药补益肾阴，健脾摄精；枸杞子、鹿角胶、菟丝子益肝肾而壮冲任；女贞子、墨旱莲、龟胶补肝肾而固精。合方共达育阳益肝肾、扶阳配阴之效，使肝得养，肾得固，血得藏。

2. 肾阳不足型

面色灰黯或苍白，头眩目花，腰酸腿软，畏寒怕冷，四肢欠温，精力疲乏，小便频数而夜尤甚，面浮肢肿，食少便溏，性欲减退。舌质淡，体胖有齿痕，苔白，脉沉细，尺脉尤甚。

治法：温补肾阳，固益冲任。

方剂：加味右归丸或加味八味地黄丸或活血排卵滋肾汤。

药物：加味右归丸：

熟地黄 24 g　　山茱萸 9 g　　山药 24 g　　枸杞子 15 g

杜仲 9 g　　鹿角胶^(化服) 5 g　　菟丝子 15 g　　黄芪 15 g

肉桂 3 g　　附片^(先煎) 6 g　　当归 10 g

方义分析： 方中熟地黄、当归、黄芪养血益气；山药、山茱萸、枸杞子、杜仲、菟丝子、鹿角胶益肝肾而滋冲任；肉桂、附片以壮元阳；且黄芪有性激素样作用，鹿角胶含雌酮，可直补冲任，以达益火之源，以消阴翳的目的。

加味八味地黄丸：

熟地黄 30 g　　牡丹皮 9 g　　山茱萸 9 g　　山药 30 g

泽泻 6 g　　茯苓 9 g　　附片^(先煎) 6 g　　肉桂 3 g

制首乌 24 g　　鹿角胶^(化服) 5 g　　淫羊藿 12 g

方义分析： 方中六味地黄丸以补肝肾之阴，配肉桂、附片以温补肾阳，这是"阴阳互根""善补阳者，必于阴中求阳"之意。更增首乌以养肝肾；加淫羊藿、鹿角胶补肾阳，填精气而旺冲任。

活血排卵滋肾汤：

淫羊藿 10 g　　仙茅 10 g　　沙苑子 15 g　　杭巴戟 10 g

菟丝子 10 g　　枸杞子 12 g　　山茱萸 10 g　　熟地黄 15 g

杜仲 12 g　　广木香 6 g　　黄芪 15 g　　制何首乌 15 g

丹参 15 g　　牡丹皮 10 g　　当归 10 g

方义分析： 方中淫羊藿、熟地黄、杭巴戟、沙苑子、菟丝子、杜仲、仙茅、枸杞子益肝肾而补冲任；广木香调畅气机；黄芪益气健中，且可益肾固冲；丹参、牡丹皮、当归活血化瘀，促进排卵。本方用于肾阳不足而无排卵者，尤适用于在经后服用促进卵泡发育成熟，并促进排卵。

【针刺及埋线疗法】

1. 埋线疗法

针刺有良好的治疗作用，尤其在促进排卵方面，效果尤为明显。可以单独应用，或与药物治疗配合应用。

（1）取穴：三阴交（双）。

（2）埋线方法：于月经干净后 3～7 天，月经闭止者，不拘时间，用带针芯的穿刺针，抽出针芯约 2 cm，用"0"号羊肠线 2 cm 插入穿刺针内（从针尖插入）。局部消毒后，穿刺针直刺三阴交（不需局部麻醉），深约一寸，得气后推针芯将羊肠线埋入其内，取出穿刺针。

埋线后基础体温双相而显示黄体功能不足者（黄体期少于 12 天），于下次月经后用绒毛膜促性腺素（HCG）1 000U 肌注，1 周 2 次，基础体温上升后，每日用 HCG 1 000U，共 4 天，以维持黄体功能。如不注射 HCG，服用益肾调肝之剂亦可。若埋线后 6 个月，基础体温仍为单相，可进行第二次埋线。

2. 针刺疗法

取穴：三阴交（双）、子宫、关元、中极。

针法：于每次月经净后 3～7 天，针刺上列穴位，针刺时关元透中极，中等刺激，留针 15 min。

【崩漏验案二例】

案例 1

陶某，38 岁，某工厂员工。

主诉：阴道持续流血 15 天。

病史：病员停经 110 天后，阴道于 1977 年 4 月 19 日开始流血，量多，色紫红，淋漓不止。觉左下腹牵扯样胀痛。于 1977 年 5 月 3 日第一次来我院就诊，脉平、舌质薄白。按痛经治疗二诊未效。于 1977 年 5 月 16 日来院第三诊，症同前，脉平、舌质淡、苔根部黄。

诊断：崩漏。

辨证：瘀血。

治法：活血祛瘀。

方药：备金散加味。

| 当归 12 g | 炒五灵脂 12 g | 香附 12 g | 吴茱萸 6 g |
| 炮姜炭 9 g | 炒艾叶 9 g | | |

服 2 剂。

四诊（1977年5月18日）：服备金散第一剂后小腹疼痛。第二剂服完次晨自阴道掉出一鸡蛋大一块如瘦肉样物，质硬（患者自弃，未送医院病检），自脱出物后，阴道流血如血性水样分泌物，量少，腹痛减轻。脉弱，舌质微红、苔薄白。

诊断：同前。

辨证：瘀已去，以补气善后。

治法：益气养阴。

方药：补中益气汤加减。

黄芪9g	升麻9g	党参9g	柴胡3g
甘草9g	黄精9g	枸杞子9g	石斛9g
地榆9g	金樱子9g		

服4剂。

五诊（1977年5月21日）：服上方后，血止，精神增进，口干，便结。继以益气养阴善后。

案例2：

张某，38岁，某厂员工。

主诉：阴道淋漓出血1月余，量多8天。

病史：1977年7月6日初诊，病员于一月前月经届时来潮，量多，约7～8天后量减，但淋漓不尽，时为血性黏液，时为褐色分泌物。8日前阴道流血量增多如注，经注射"益母草针""仙鹤草针"及服调经中药后量减，但仍不尽。自觉全身违和，身痒心烦，少腹胀痛，少寐。脉平，舌苔薄黄。

诊断：崩漏。

辨证：古人称"旧血不去，新血不生"，血不归经。

治法：祛瘀生新。

方药：备金散加味。

当归9g	炒五灵脂9g	香附3g	青皮6g
山楂6g	血余炭9g	乌梅5枚	棕榈炭6g
小茴香9g			

服3剂。

二诊（1977年7月8日）：服上方二剂后血止。现白带多，色黄，无臭。觉人软乏力，头昏，心悸易惊，项强，胁痛，少腹胀，口干思饮，尿少而黄。脉缓，舌尖红，中心黄苔。

诊断：同前。

以健脾除湿、固冲，调理而愈。

按：导致冲任不固，崩漏而下的原因颇多，可为血热、气虚、气郁、血瘀等。在治疗上不宜见血止血，当审证求因，审因施治。以上二例均有阴道淋漓出血，量多，小腹疼痛，为瘀血不去，血不归经所致之血瘀崩漏。用圣惠方备金散，以理气、活血、祛瘀，取得瘀去血止之效。

（四）月经前后诸症

月经前后诸症，是一组症候群，每于行经前后或行经期间，周期性地出现明显不适的全身或局部症状者，以经前2～7天和经期多见。主要表现为乳头或乳房胀痛，或乳房有硬结，月经失调，头晕目眩，头痛，口渴欲饮或不欲饮，兴奋激动，失眠或嗜睡，倦怠无力，胁肋作痛，中脘痞闷，痉挛性腹痛，有的出现口腔溃疡，腰部酸楚，四肢面目浮肿，便溏，甚至不孕等症。古代医籍根据不同的主症，分别称之为"经行乳房胀痛""经行头痛""经行泄泻""经行发热""经行吐衄"等。本病可出现单一主症，也可两三症同时并见，严重者可以影响妇女健康与工作。又可兼见月经不调或不孕。

本病病因主要由于情志因素、操劳过度及病后失调，致肝脾肾三经损伤，波及冲任而发病。月经前后诸症的出现，与月经周期有密切关系。冲任的盈亏，亦与月经周期有密切关系。因此月经前后诸症一般都是由于冲任二脉失调所致。至于引起冲任脉失调的病机，多责之于肝肾二经，而且主要在肝经。"经脉之所过，疾病之所由生。"由于肝脉的循行部位是循股阴，入毛中，过阴器，抵少腹，因而某些生殖器及内分泌疾患与肝经有关。肝经的失调在本病的发生中有重要地位。肝为将军之官，性喜条达，如受情志影响太过，气郁滞留，难于疏泄，一是郁自本经，二是横逆犯胃，肝郁胃阻，二经受到影响。乳头属肝，乳房属胃。肝郁气滞，木旺克土，故症见乳头疼痛、乳房作胀、乳房硬结及精神抑郁或过敏，心烦易怒，胸胁不舒或痛，或胸闷不适而善太息，嗳气打呃，上腹作胀，食少倦怠等症。头会诸阳，肝郁化火，血热生风，故出现头痛面赤，自觉发热，夜寐多梦，面起痤疮样血疹及疖肿，甚至出现鼻衄、牙龈出血等症。绝大多数病例，均由肝经开始，再由肝经直接影响冲任二脉。由于患者体质、生活环境、生活条件及病程的不同，病症的发展亦有所差别。如平素脾虚血亏者，多发展为肝脾同病或心脾同病，而出现食少便溏、四肢面目浮肿等症。平素阴虚不足者，则易肝火偏亢，肝阴不足，母病及子，心阴亦虚，神志失守，故出现失眠心悸，头眩目花，夜寐多梦，口舌生疮等症。

王老认为，本病病机及临床表现以肝郁气滞为主，所以疏肝理气为常用治疗法则。肝郁化火者，又当清热凉血，平肝降逆；肝火偏亢，心阴不足，神志不宁，又当养心安神；脾肾两虚者，又宜健脾补肾；心脾两虚者，又宜健脾养血安神；肝肾阴虚者，又宜滋肾柔肝。本病应在月经来潮前 7～14 日开始服药，连服 5～6 剂；如未愈，下月又如是服药，反复 2～3 月，多可治愈。

【辨证施治】

1. **肝郁气滞型**

经前乳房、乳头胀痛，甚至不可近衣，小腹胀满连及胸胁，烦躁易怒，夜卧不安，食少神疲，头晕目眩，经期或先或后，经量或少或多，舌苔白，舌质偏红，脉弦。月经前后诸症患者，性格改变非常显著，精神症状较为突出，多发生于感情不稳的妇女。王老认为此型乃由大脑皮质控制下的自主神经功能紊乱，交感神经过度兴奋，垂体－卵巢分泌功能失调所致。

治法：疏肝理气，肝脾同治。

方剂：逍遥散。

药物：柴胡 6 g　　当归 9 g　　白芍 15 g　　白术 9 g
　　　茯苓 9 g　　生姜 3 g　　甘草 3 g　　薄荷 4.5 g

方义分析： 方中柴胡疏肝解郁；当归、白芍和营养血柔肝；生姜、白术、茯苓、甘草健脾和胃；薄荷辛凉开郁。该方的特点是肝脾同治，气血双调达到解郁调肝扶脾，恢复和调整自主神经功能的目的。

处方加减：①乳房胀痛，乳房硬结，加桔梗、陈皮、青皮。②痛经，以痛为主，加延胡索；以胀为主，加香附、广木香。③情绪激动易怒，加浮小麦、百合。④失眠，加酸枣仁、远志、石菖蒲。⑤头痛，加天麻、钩藤。⑥浮肿，加泽泻、车前草。

2. 肝郁化火型

经前自觉发热，头疼目眩，面赤或有痤疮样红疹，失眠多梦，带多色黄，心烦多汗，口干口苦欲饮，鼻衄或牙龈出血，尿黄便秘，舌质红苔黄，脉弦有力。王老认为此型系自主神经功能紊乱，交感神经过度兴奋，致内分泌失调所致。

治法：清热凉血，平肝降逆。

方剂：加减龙胆泻肝汤或加味丹栀逍遥散。

药物：加减龙胆泻肝汤：

龙胆草 9 g	生地黄 15 g	黄芩 9 g	山栀 9 g
柴胡 6 g	当归 6 g	木通 6 g	知母 9 g
夜交藤 30 g	夏枯草 15 g	石决明 30 g	

方义分析：本方为泻肝胆实火方剂。用龙胆草专泻肝胆之火，与黄芩、山栀的清热泻火相配合，而成为较强的清热泻火剂；柴胡、当归、知母、生地黄分别具有疏肝、活血、养阴等作用，与清热泻火药相配合，其用意是泻中有补，疏中有养；配木通之清利，使热由下焦而出；石决明潜阳而平肝；夜交藤安神镇静。组方严谨，应手取效。

加味丹栀逍遥散：

牡丹皮 9 g	栀子 9 g	柴胡 9 g	白术 6 g
白芍 15 g	当归 6 g	茯苓 9 g	夏枯草 15 g
制何首乌 24 g	生地黄 15 g		

方义分析：方中逍遥散疏肝解郁，条达气机，疏泄有权；增牡丹皮、山栀凉血清热；更增夏枯草以平肝抑木，清热解郁散结；首乌、生地黄滋肝益肾，取壮水以制木意。

3. 脾肾阳虚型

月经前后浮肿，纳少便溏，四肢乏力，腹部胀满，腰腿酸软，经量较多，色淡质薄，舌体胖嫩，苔白滑，脉沉细弱。脾肾包括消化系统、自主神经系统及内分泌系统，脾肾不足乃功能衰减，可致一系列代谢障碍。通过基础体温检查发现，在排卵后期体温上升缓慢或不规则，内膜缺乏完好的分泌期改变，阴道涂片表现角化细胞异常持久，说明黄体功能不足，以致雌激素功能相对过强而发生电解质平衡失调，引起细胞外液增加而出现浮肿。体重经前增加明显，严重者甚至腹壁可见到明显水肿而有腹水感觉，所以患者可述腹部胀满。胃肠道黏膜充血、水肿，出现胃肠功能紊乱，故纳少便溏。盆腔器官水肿充血时，可引起盆腔沉重感及腰背酸痛。由于黄体功能不足及盆腔充血，故月经过多。糖代谢改变，而出现低血糖及衰弱症状，故四肢乏力，精神不振。

治法：补肾健脾，固益冲任。

方剂：加味健固汤。

药物：党参15 g　　白术9 g　　茯苓10 g　　薏苡仁20 g
　　　　巴戟天12 g　　黄芪20 g

方义分析：方中党参、白术、薏苡仁、茯苓、黄芪健脾益气，巴戟天补肾阳而益冲任。合方达到脾肾同治的目的。

4. 心脾两虚型

月经前期心悸失眠，面色萎黄，神疲乏力，胃纳欠佳，经来量多，色淡质薄，舌质淡，脉细弱。王老认为此型系高级中枢神经系统功能紊乱而致自主神经功能失调，多有气血不足的象征。

治法：补养心脾，益气养血。

方剂：归脾汤。

药物：人参9 g（或党参15 g代）　白术9 g　　远志9 g　　龙眼肉9 g
　　　　当归9 g　　　　　　　　　黄芪30 g　　酸枣仁24 g　茯神9 g
　　　　大枣9 g　　　　　　　　　甘草3 g　　　木香3 g　　 生姜3 g

方义分析：方中人参、白术、甘草、木香、生姜、大枣以健脾益气；加当归、黄芪以增强益气养血之力；枣仁、龙眼肉、远志、茯神养心安神。合方使气血双补，心脾同治。

5. 肝肾阴虚型

经前头晕目眩，失眠易怒，胸胁不舒，经来量多，耳鸣心悸，手足心热、多汗、口舌生疮，舌质红少苔，脉细而数。此型常由肝郁气滞的进一步发展，或素体阴虚，肝肾不足，阴阳失调所致。系高级神经中枢失调，以兴奋过程占优势，引起自主神经功能紊乱及内分泌失调。

治法：滋阴益肾，养血柔肝。

方剂：加味一贯煎或加减麦味地黄丸。

药物：加味一贯煎：

北沙参 12 g	麦冬 9 g	生地黄 15 g	当归 6 g
枸杞子 12 g	川楝子 3 枚	何首乌 24 g	酸枣仁 12 g
女贞子 15 g	白芍 12 g	墨旱莲 15 g	

方义分析：方中生地黄、枸杞子、首乌、女贞子、墨旱莲滋肝血益肾；沙参、麦冬和胃养阴；白芍、当归养血柔肝，而且用以疏调肝气之郁；川楝子疏肝，润而不燥，能泄肝通络止痛；枣仁合首乌安神养心而镇静。合为养肝肾之阴，疏肝气之郁，肝得养则木自不旺，肝火潜藏。

加减麦味地黄丸：

熟地黄 30 g	山药 24 g	山茱萸 9 g	何首乌 24 g
枸杞子 12 g	石决明 24 g	续断 12 g	白芍 12 g
龟板 24 g	五味子 6 g	麦冬 9 g	

方义分析：方中五味益肾敛阴，对中枢神经系统有兴奋作用，能提高大脑皮质细胞的工作能力，调节兴奋和抑制过程的平衡，减轻疲劳感觉，提高工作能力，促进新陈代谢，调节胃液分泌；首乌、熟地黄、枸杞子、山茱萸、白芍、麦冬滋肝肾而养阴；龟板、石决明潜阳，以熄奔腾之火。合为滋肝肾而潜阳的有力方剂。

（五）绝经前后诸症

绝经前后诸症是指少数妇女，在自然绝经前后 1～2 年左右，或因手术切除卵巢或放射治疗以及某些内分泌病等其他原因，而丧失卵巢功能后，所出现的以自主物神经系统功能失调为主的症候群。其临床表现可有眩晕耳鸣，烘热汗出，心悸失眠，烦躁易怒，潮热；或面目下肢浮肿、纳呆、便溏；或月经紊乱，情志不宁等。症候往往轻重不一，持续时间或长或短，短则一年半载，长则迁延数年。其中部分患者症状较为严重，甚至影响正常生活和工作，需要适当治疗，以便顺利度过此阶段。

妇女在45~50岁绝经前后，肾气衰而致冲任脉虚，天癸竭而致阴阳失调发生此病。妇女在绝经期，由于先天的肾气虚衰，冲任脉亏，天癸竭。这些生理变化，往往出现一种肾阴不足、阳失潜藏，或肾阳虚少、经脉失于温养的阴阳显著不平衡现象。少数妇女由于平素体质较弱，或兼有精神因素，或其他因素的影响，一时不能适应这种生理变化，因而出现一些脏腑经络功能紊乱的症候。在治疗上，王老认为本病由于上实下虚，下寒上热，阴阳失调，故治疗首在调节肾阴肾阳的平衡，以滋肾为主。再根据其不同兼证，予以加减施治。

【辨证施治】

1. **肾阴虚损型**

颜面阵发性潮红，出汗、失眠、眩晕，易激动或忧郁，心悸，或血压升高，口干耳鸣，手心发热，舌质红，脉细数。王老认为此型乃垂体－卵巢功能失调，而致自主神经功能障碍，交感神经兴奋所致。

治法：滋阴益肾，养肝潜阳。

方剂：加减六味地黄汤或二仙汤。

药物：加减六味地黄汤：

熟地黄24 g	麦冬9 g	五味子6 g	何首乌24 g
山药30 g	女贞子15 g	墨旱莲15 g	酸枣仁12 g
珍珠母30 g			

方义分析：方中熟地黄、首乌、麦冬、女贞子、山药、墨旱莲益肝肾之阴，亦即滋肾水以柔肝木；且酸枣仁、珍珠母合首乌能安神潜阳养阴；五味子对中枢神经系统有兴奋作用，调节兴奋和抑制过程的平衡。故本方有兴奋和抑制两种作用，能调整阴阳平衡。

二仙汤：

仙茅 12 g　　仙灵脾 15 g　　巴戟天 9 g　　黄柏 9 g

知母 9 g　　当归 9 g

方义分析：方以仙茅、仙灵脾、巴戟天温肾阳，补肾精；黄柏、知母泻火而滋养肾阴；以当归的温润养血而调理冲任。其配方特点是壮阳药与滋阴泻火药同用，以针对阴阳俱虚于下，而又有虚火上炎的复杂证候。本方不但适用于绝经前后诸症，尤适用于伴有高血压者。

2. 肾阳虚损型

精神萎靡，腰酸肢软，畏寒肢冷，纳少便溏，浮肿或肥胖，舌淡苔薄，脉沉细无力。妇女绝经后，即进入老年期，体内各种激素普遍降低，雌激素逐渐减少，性器官萎缩，肾上腺功能降低，甲状腺功能亦下降，身体机能全面减弱，造成新陈代谢性障碍，而出现浮肿或肥胖。由于骨质疏松，故腰酸肢软。甲状腺及肾上腺功能减弱，故畏寒肢冷，精神萎靡。胃肠功能下降，故纳少便溏。

治法：温肾助阳，填补奇经。

方剂：加减右归丸。

药物：熟地黄 24 g　　山茱萸 9 g　　山药 24 g　　枸杞子 15 g

杜仲 9 g　　鹿角胶（化服）5 g　　菟丝子 15 g　　黄芪 15 g

肉桂 3 g　　附片（先煎）6 g　　当归 10 g

方义分析：方中熟地黄、当归、黄芪养血益气；山药、山茱萸、枸杞子、杜仲、菟丝子、鹿角胶益肝肾而滋冲任；肉桂、附片以壮元阳。全方直补冲任，以达益火之源，以消阴翳的目的。

处方加减：除有上述证型外，兼有下列兼症或以下列症状为突出表现者，可服下方或与上述方剂化裁使用。

① 忧郁状态：情绪低落，睡眠欠佳，全身不适，食纳不香，心中憋闷，肋痛腹胀，精神不振，易于疲劳，工作能力下降，语言减少，动作迟缓，生活懒散，悲观消极，舌薄白，脉弦。治宜疏肝解郁法，方以醋柴胡 6 g，香附 12 g，枳壳 10 g，郁金 10 g，川楝子 10 g，陈皮 6 g，白芍 12 g，合欢皮 15 g，夜交藤 20 g 调治。

② 焦躁状态：烦躁不安，夜眠欠佳，头晕头热，甚至出现头痛，活跃多语，情绪高涨，感情多变，患得患失，面赤便秘，舌质红苔黄，脉弦数大。治宜平肝

泻火法，方以牡丹皮10 g，山栀10 g，黄连5 g，黄芩6 g，大黄6 g，柴胡5 g，白芍15 g，百合20 g，知母10 g，生地黄12 g调治。

③ 恐惧状态：神情紧张，思虑繁多，终日不安，心悸怔忡，胆怯易惊，阵阵热气上冲，颜面潮红，易汗出，体倦乏力，月经紊乱，经量较多，舌质红，脉弦大。治宜养心宁神法，方以生地黄12 g，制首乌15 g，白芍15 g，远志6 g，酸枣仁20 g，枸杞子15 g，女贞子15 g，牡蛎20 g，龙骨20 g，墨旱莲15 g，淫羊藿12 g，巴戟天12 g调治。

④ 头眩头痛症状：声高气昂，情绪不安而易激动，头眩头痛且胀，常有失眠，血压不稳，口干舌红，脉弦细而数。治宜滋肾平肝法，方以石决明20 g，炙龟板20 g，知母10 g，生地黄12 g，淫羊藿15 g，仙茅10 g，黄柏10 g，菊花12 g，钩藤15 g调治。

【单方验方】

温下清上汤：淫羊藿18 g，当归9 g，紫草（后下）15 g，山栀9 g，珍珠母30 g。

方中淫羊藿温肾壮阳，动物实验能促进狗精液分泌，有雄性激素样作用。紫草有明显抗垂体促性腺激素及抗绒毛膜促性腺激素的作用，为清热凉血药。当归养血调冲任，有奎尼丁样作用，能降低心肌兴奋性，延长离体家兔的心房不应期，对子宫有兴奋和抑制作用。栀子对中枢神经系统有明显的镇静作用，为清热凉血泻火散瘀药。珍珠母主要成分为钙质，钙离子可抑制神经兴奋性，为平肝潜阳药。此方可以促进卵巢功能，抑制垂体功能，且有调节神经系统和心血管系统功能作用。从中医理论来解释，有温肾壮阳，清热凉血，养血平肝的功能，是一温下清上、平调阴阳的方剂。

【针刺疗法】

取穴：神门、内关、三阴交、太溪、太冲、心俞、肝俞、脾俞、肾俞。

针法：每次选3～4穴，中等刺激，留针20～30 min。

【耳针疗法】

取穴：神门、内分泌、交感、子宫、肝阳、皮质下。

针法：每次3～4穴，留针20～30 min。亦可作耳针埋置法。

二、对女性生殖器官炎症的认识和治疗经验

（一）阴道炎

阴道炎是阴道受致病菌或原虫感染所引起的炎症病变。临床上常见的有滴虫性阴道炎、霉菌性阴道炎、老年性阴道炎等，其中以滴虫性阴道炎最为常见。滴虫性阴道炎由阴道毛滴虫所引起。据文献统计，妇女阴道内存在滴虫者占10%~20%，但多无明显症状，这与滴虫的致病性和人体的反应性有关。当妊娠期和月经前后，阴道的pH值升高以及卵巢功能减退时，阴道黏膜的厚度和糖原代谢直接受到影响，阴道毛滴虫的感染率及发病率可增高。阴道滴虫不仅限于阴道，还可侵及泌尿系统而引起泌尿系炎症。霉菌性阴道炎主要由白色念珠菌属感染而致，多见于幼女、孕妇、糖尿病患者及绝经后曾用较大量雌激素治疗的患者，以及长期使用抗菌素及肾上腺皮质激素的患者。老年性阴道炎乃由卵巢功能衰退，雌激素缺乏，生殖器逐渐萎缩，血液循环减少，阴道上皮变薄，局部抵抗力下降，易为致病菌侵入而发生。本病除有阴道局部症状外，如炎症累及前庭及尿道口周围黏膜，也可以出现尿频尿痛。迁延不治，时久可发生阴道狭窄甚至闭锁。阴道炎属于祖国医学"阴痒"范围。

《诸病源候论》说："妇人阴痒，是虫食所为……因脏虚虫动，作食于阴，其虫作势，微则痒，重则痛。"《医宗金鉴》说："妇人阴痒，多由湿热生虫，甚则肢体倦怠，小便淋漓……"说明本病乃脏腑功能减弱，而致原虫、细菌等外邪入侵发生本病。青年妇女，多由脾虚肝郁，化为湿热，湿热蕴结，注入下焦，外邪乘虚而入；老年妇女，冲任虚衰，湿毒内侵。本病以湿、热、虫三者为因，而又是"三有"（带下、肿痛、阴痒）的主要因素。因湿而带下；因热而肿痛；因虫而痒；故出现一系列症状。本病以外治为主，重在杀虫灭菌。如感染严重，侵及泌尿系统者，酌情配合内服药，老年性阴道炎适当配合滋肾固本药或雌激素治疗，常能缩短疗程，收效较速。

【辨证施治】

1. 内　服

（1）带下较多，有臭味，甚至伴有血性或脓性分泌物，阴道灼热，外阴及

阴道瘙痒较剧，尿频尿痛，苔黄舌质红，脉滑数。

治法：清热除湿，解毒消炎。

① 方剂：加减龙胆泻肝汤。

药物：龙胆草 9 g　　生地黄 15 g　　黄芩 9 g　　车前子 9 g

　　　柴胡 6 g　　　牡丹皮 12 g　　萆薢 15 g　　萹蓄 15 g

　　　千里光 24 g　　苍术 10 g

方义分析：方用龙胆草、黄芩、柴胡合用，清肝胆湿热而引经疏肝；生地黄、牡丹皮养阴凉血；萹蓄、千里光对伤寒杆菌、痢疾杆菌、大肠杆菌、绿脓杆菌、葡萄球菌等有抑制作用，合苍术、萆薢、车前子燥湿通淋，解毒消炎。

② 方剂：清湿解毒汤。

药物：金银花 15 g　　甘草 3 g　　土茯苓 15 g　　黄柏 9 g

　　　白头翁 15 g　　马鞭草 15 g　　千里光 24 g

方义分析：方中金银花对多种细菌有抑制作用，尤其对化脓性细菌有较强的杀菌力；黄柏抗菌作用广泛，对葡萄球菌、痢疾杆菌等作用最强；白头翁含白头翁素，对绿脓杆菌、痢疾杆菌、葡萄球菌及阿米巴原虫等有较强抑制作用；千里光亦有广泛抗菌作用；合土茯苓以清热解毒，抗菌消炎。甘草合马鞭草解毒利水通淋。

（2）老年人或闭经患者，同时给己烯雌酚 0.5～1 mg，内服，每日 1 次，7～10 日为一疗程，以增加阴道上皮细胞的生长和抵抗力。亦可配合服用滋肾养阴或扶阳补肾药物，效果亦佳。

2. 外治

（1）滴虫性阴道炎。

外阴瘙痒，带下呈灰黄色或米泔样泡沫状，质稀薄，有臭味，甚至呈血性或脓性，阴道黏膜充血，或可见到散在红色斑点，在后穹窿部较明显，宜白带悬滴检查，若找到阴道毛滴虫，即可诊断为滴虫性阴道炎。

① 方剂：苦参蛇床合剂。

药物：蛇床子 15 g　土荆芥 12 g　苦参 30 g　明矾 9 g

用法：上方用 3 000 mL 水，煎沸浓缩后，先熏后坐浴，使药液流入阴道内，直至药液冷却为止。每日进行一次。3～7天为一疗程。

② 方剂：复方滴虫粉。

药物：蛇床子粉 200 g　雄黄粉 100 g　葡萄糖 100 g　硼酸粉 100 g

用法：将上药混合，治疗时患者先行阴道冲洗，后用干棉球擦干，用压舌板取滴虫粉 1～3 g，置于阴道后穹窿处，将药粉向阴道壁涂抹，再塞入阴道一带线棉球，嘱患者自己在当晚或翌晨取出。一日一次，3～5次为一疗程。

（2）霉菌性阴道炎。

外阴瘙痒剧，常因痒而搔破外阴皮肤，可造成表浅溃疡而疼痛，白带增多，呈乳白色豆腐渣样。阴道镜检窥视，常可见到黏膜充血。白带镜检或培养，找到白色念珠球菌者，即为霉菌性阴道炎。

药物：马鞭草 30 g。

用法：煎煮后去渣，温液坐浴，浸泡阴道 10 min，同时用手指套以消毒纱布放入阴道前后搅动，清洗阴道皱褶，每天一次，5次1疗程。

药物：一枝黄花 5 kg。

制法：上药加足量水浸泡一夜，煎 30 min，取头汁，蒸发至 10 000 mL，冷却后加 95% 乙醇至 17 000 mL，放置一昼夜。滤过，回收乙醇，用蒸馏水补充至 10 000 mL，即得一枝黄花溶液。

用法：用一枝黄花液，每日揩洗阴道 1 次，10 天为 1 疗程。

（3）老年性阴道炎。

绝经后妇女，带下增多，色黄如脓状，或赤白相兼，质稠秽臭，外阴或阴道有灼痛感等不适症状。

检查可见阴道壁及宫颈黏膜发红，轻度水肿并触痛，有散在点状或大小不等的片状出血斑，以致形成溃疡。时久可有阴道狭窄甚至闭锁。

① 药物：野菊花、紫花地丁、半枝莲、蛇床子、苦参各 15 g。

用法：煎液，先熏后洗，每日 1～2 次，10 天为 1 疗程。

② 方剂：黄连膏。

药物：黄连 18 g　　姜黄 18 g　　当归 18 g　　黄柏 18 g
　　　　生地黄 72 g　香油 800 mL　黄腊 120 g

制法：以香油浸药 2 天，文火煎熬去渣，再加入黄腊溶化成膏。

用法：先用 0.5% 醋酸或 1% 乳酸冲洗后，用膏涂阴道壁，每天 1 次，10 次为 1 疗程。

③ 蛋黄油。

制法：将熟蛋黄 3～4 个，放入勺内用文火熬煎，待蛋黄枯，去渣存油备用。

用法：涂阴道壁，每日 1 次，10 天为 1 疗程。

④ 药物：蛇床子、艾叶、苍耳子、甘草各 30 g。

用法：煎汤洗，每日 1～2 次。

【单方验方】

（1）灭滴消炎栓（成品）。

用法：先将外阴洗净擦干，每晚阴道内插入一个灭滴消炎栓，使其留于后穹隆部，让药物慢慢溶解，8 次为 1 疗程。

适应症：滴虫性阴道炎、念珠菌阴道炎、宫颈炎、阴道炎等。

（2）宁坤锭（成品）。

用法：用白绢 1.5 寸方块做成袋，将药锭放入袋内，以白线扎紧。用时将药袋纳入阴道内，留线在外，三日一换，每次一锭。

适应症：滴虫性阴道炎。

（3）灭滴刚片（成品）。

用法：先将阴道擦净，将该药片送入阴道底部，每次 1 片，每日 1～2 次。

适应症：滴虫性阴道炎

（二）前庭大腺炎

前庭大腺位于大阴唇下方，其腺管开口于小阴唇内侧下方靠近处女膜处。当化脓性细菌进入腺管侵入腺管体，黏膜充血肿胀，闭塞腺管，就可引起前庭大腺炎。通常以一侧为多见。常见于已婚妇女。祖国医学称本病为"阴肿"。如《妇人良方》上说，妇人阴肿，两拗小腹肿痛（腹股沟淋巴结肿大），或玉门焮红作痛，或寒热往来，憎寒壮热，比较明确地叙述了本病的症状。

本病多由房事不洁，不注意卫生，育产损伤，而为风冷所乘或湿热下注所致。《妇人良方》说："妇人阴中肿痛，或肝经湿热下注，或郁怒伤损肝脾。"《女科经纶》

说：" 妇人阴肿……胞络虚而风邪客入，风气乘入阴，与气血相搏，令气痞塞，腠理壅闭不泄越，故令肿。"所以其病机主要为肝经湿热和风邪客于阴中化火而致。本病宜内外兼治，急性期宜清热解毒，活血消肿，促其消散。慢性期宜活血化瘀，解毒透络。经过保守治疗无效而形成脓肿者，可切开引流。对于慢性病例，形成前庭大腺囊肿，亦可手术切除。

【辨证施治】

1. **火毒炽盛型**

局部疼痛红肿，挤压即有脓液由腺管口溢出，腹股沟淋巴结肿大压痛，严重时可形成脓肿，并可有发烧、恶寒等全身症状，舌质红苔黄，脉数有力。此型为炎性浸润或化脓期，故局部及全身均有症状。

治法：清热解毒，活血消肿。

方剂：消痈饮。

药物：炙山甲 6 g　　天花粉 12 g　　甘草 8 g　　乳香 6 g
　　　象贝母 9 g　　白芷 9 g　　　赤芍 12 g　　防风 6 g
　　　皂角刺 6 g　　没药 6 g　　　当归 9 g　　陈皮 9 g
　　　金银花 30 g

方义分析：方用金银花清热解毒，消炎抗菌，是为主药；当归体外实验证实，对大肠杆菌、葡萄球菌、链球菌等有抗菌作用；赤芍对大肠杆菌、葡萄球菌等有抗菌作用；山甲内服可使白血球增加，而增强抵抗力，所以方用金银花、当归、赤芍以清热解毒活血。山甲、皂角刺散结攻坚，使脓液外出；花粉、乳香、没药、象贝母、白芷等消肿止痛，化痰散瘀；陈皮行气；防风解表而消肿；甘草以和诸药。诸药合为清热解毒，活血消肿之剂。

根据临床表现不同，可配予不同外用药治疗。

① 金黄膏：大黄、黄柏、姜黄、白芷各 500 g，南星、陈皮、厚朴、甘草各 200 g，天花粉 1 000 g

制法：共研细末，用凡士林 7/10，上述药粉 3/10 调匀成膏。

用法：摊于纱布上，敷于患处，每日换药 1 次。

② 药物：鲜蒲公英 60 g。

用法：上药洗净捣烂，加少许蜜糖调匀，敷于患处，每日换药 1 次。

以上二方，适用于有脓肿及溃疡者。

③ 药物：野菊花 15 g，紫花地丁 30 g，赤芍 9 g，龙胆草 15 g，蒲公英 30 g。

用法：煎汤趁热先熏后洗，每日 2 次。本方适用于外阴湿疹或红肿者。

2. 瘀滞火毒型

慢性前庭大腺炎常因急性期未被控制而来，症见局部不适，稍有疼痛，可扪及硬性肿块，形成前庭大腺囊肿。此型为慢性炎症，以增殖性增生为主，故无全身症状，仅有轻度局部症状。

治法：活血化瘀，透络排脓。

方剂：活血透脓汤。

药物：当归 9 g   薏苡仁 24 g   桃仁 9 g   炙山甲 9 g
　　　白芷 9 g   败酱草 30 g   白蔹 9 g   桔梗 9 g
　　　王不留行 12 g

方义分析：方中当归、赤芍、桃仁活血化瘀；山甲、王不留行、白芷、白蔹、皂角刺透络消坚；薏苡仁、败酱草、桔梗排脓而解毒。对慢性前庭大腺炎或慢性前列腺炎，本方有显著疗效。

外用药："1029 药膏"（蛇六谷、生大黄、天葵子、芙蓉花、一见喜、黄芩、樟脑各 50 g，野菊花、蒲公英各 100 g）。

用法：共为细末，凡士林调匀。摊于纱布上，敷于患处，每日换药 1 次。

（三）宫颈炎

宫颈炎为女性生殖器最为常见的炎症之一，可因急性期未获彻底治疗而转为慢性，亦可自发病起就呈慢性炎症。本病经常有较多的脓性白带，有时伴有腹坠腰酸，性交出血，由于它直接影响阴道分泌物质和量的变化，常不利于精虫的生存，故可导致不孕。本病分急、慢性两种，以慢性宫颈炎最为常见。常由分娩、流产或手术操作等引起局部损伤后，经化脓性细菌侵入而引起宫颈炎症。此外，由于阴道分泌物的质和量有所改变，宫颈长期处于有刺激的分泌物中，更易遭受病原体的侵袭而发生炎症，致迁延不愈。宫颈炎可包括在祖国医学"带下"及"热淋"（并发尿道炎）等疾病中。《证治准绳》说："妇人有白带者，乃是第一等病，令人不能产育，宜急治之。"这说明带下可致不孕，而带下最常见原因，乃宫颈炎所致。

内因乃湿热下注，黏膜抵抗力减弱；外因如房事不洁，不注意卫生及分娩、流产、手术等因素，而致胞门损伤，外邪入侵而发病。祖国医学谓"至虚之处，乃容病之所"。由于脾气虚弱，湿热流注下焦；或直损胞门。胞门抵抗力减弱，外邪入侵，形成发炎、水肿、糜烂等病变，胞门受损，故带下连绵，性交出血；热毒侵入小肠膀胱，故出现尿频、尿痛等热淋症象。本病的治疗内服药以清下焦湿热为主，外治以解毒、去腐、燥湿、敛疮、生肌为主。本病以外治效速。

【辨证施治】

1. 湿热型

带下量多，黏稠，色黄或呈脓样，或混杂血液，性交出血、腹坠腰酸，阴部瘙痒，甚或尿频、尿急、尿痛，舌质红，苔黄腻，脉滑而微数。此型多属炎症急性期，宫颈黏膜水肿，渗出，糜烂严重，甚至并发尿道炎。

治法：清热除湿，解毒消炎。

方剂：加味苍柏二陈汤或加减龙胆泻肝汤。

药物：

（1）加味苍柏二陈汤：

苍术 24 g　　黄柏 24 g　　半夏 15 g　　泽泻 30 g

陈皮 9 g　　甘草 9 g　　败酱草 15 g　　薏苡仁 30 g

千里光 15 g　　白花蛇舌草 15 g

方义分析：方中苍术含有大量维生素 A 类物质及维生素 D，可增强黏膜的抵抗力，合薏苡仁、半夏、陈皮、甘草、泽泻燥湿健中行水；黄柏含小檗碱，其抗菌作用与黄连相似，合千里光、白花蛇舌草、败酱草以清热解毒、燥湿利水，有利于水肿、渗出的消失和吸收，而清热解毒作用又有助于炎症的消失。本方不但适用于急慢性宫颈炎，且可用于急慢性子宫内膜炎等症，均有显著效果。

（2）加减龙胆泻肝汤（方见阴道炎），适用于宫颈炎湿热并重或湿重于热者；或清湿解毒汤（方见阴道炎），适用于宫颈炎热重于湿者。

2. **脾虚型**

带下色白或淡黄，量多，质黏稠无臭，食纳欠佳，大便正常或溏薄，气短无力，下肢重坠，面色少华，舌质淡，苔白，脉缓或弱。此型属于急性宫颈炎未彻底治愈，或开始即为慢性宫颈炎，迁延日久，带下淋漓，致身体衰弱。

治法：健脾益气，升阳除湿。

方剂：参苓白术散或加减完带汤。

药物：

（1）参苓白术散：

党参 15 g	茯苓 24 g	白术 15 g	山药 30 g
薏苡仁 24 g	桔梗 6 g	砂仁 3 g	扁豆 9 g
陈皮 6 g	甘草 3 g	莲米 9 g	

方义分析：方中健脾益气汤（参、术、苓、草）合山药、扁豆、莲米、薏苡仁、砂仁、陈皮等以健脾除湿；桔梗主升，举下陷之气。

（2）加减完带汤：

白术 15 g	山药 30 g	党参 15 g	白芍 12 g
苍术 9 g	陈皮 9 g	柴胡 3 g	升麻 9 g
车前子 9 g	薏苡仁 24 g		

方义分析：方中党参、白术、苍术、山药、薏苡仁、陈皮益气健脾以除湿；白芍、柴胡调肝气之郁，柔肝之阴，刚柔并用，且柴胡合升麻以举直陷之气见能；前仁以利湿下行。

【特色技术】

1. 外治

（1）冲洗药：黄连 400 g，金银花 700 g，连翘 1 500 g，蒲公英 1 500 g，白矾 220 g，煎成 50 000 mL 备用。

（2）局部涂药粉：龙骨 12 g，桔梗 6 g，冰片 1.5 g，血竭 4.5 g，儿茶 6 g，

黄柏6g，延胡索30g。除冰片外，余药研成极细末置高压消毒后，再加入冰片备用。

用法：将冲洗药200 mL加两倍热开水，混合成同体温药液。将稀释液300～500 mL冲洗阴道，消毒棉球拭干，将涂药粉约一茶匙，涂于子宫颈糜烂面处，并塞以消毒棉花纱布球，24 h后，患者自行将棉花纱布球拉出。间日上药一次。10次为一疗程。月经期停止治疗。上药期间禁止性生活。

2. 单方验方

（1）冰硼散（成品）。

制法：用冰硼散54 g，加蜂蜜30 g，调成糊状备用。

用法：阴道窥镜扩张阴道，暴露宫颈，先用10%新洁尔灭或2%乳酸泡的棉棒蘸冰硼散涂在宫颈糜烂处，每日1次，10次1疗程。

（2）蛤蟆草阴道栓（成品）。

用法：每晚先用温开水洗净外阴部，然后将蛤蟆草阴道栓送入宫颈处。20天为一疗程。每次1粒。

（3）金龟莲胶丸（片）。

药物：金龟莲2份、紫草1份、甘草1份。

金龟莲别名雪胆，俗名山乌龟，系葫芦科雪胆属植物雪胆、大籽雪胆等的块根。

制法：上药拣去杂质，洗净泥沙，烘干或晒干，分别研成细末，过100目筛后，称量和匀，装入零号胶囊（或压片），每丸（片）重约0.25 g。

用法：每日或间日夜晚，坐浴后，塞入阴道深处1丸（片），7次为1疗程。

3. 针刺疗法

取穴：下一穴（位于内踝上三横指处水平靠跟腱内缘）。

针法：患者体位不限，坐卧位均可。消毒皮肤后，以1.5寸毫针用30°进针，针尖过皮后，将针体放平，贴近皮肤表面，循纵的直线方向沿皮下向上进针，推进1～1.5寸，进针要缓慢、表浅、无阻力，无酸、麻、胀、痛感，如出现阻力或以上感觉时均需退针，退至针尖达皮下，再更浅表地刺入或调整针的偏向。一般留针20～30 min，不作捻转、提插等强刺激。拔针时先用消毒棉球压住针孔，然后迅速拔针。每日1次，10次为1疗程。

本法对Ⅰ度和Ⅱ度子宫颈炎效果较好，Ⅲ度效果较差。一般一疗程后，患者自觉症状可明显好转，白带减少，腰腹痛减轻，如患者有神经衰弱、失眠、食欲不振、痛经、月经不调等症状亦可改善，一般1～2疗程愈。注意：妊娠期及未确诊前不宜使用此法。

（四）急性盆腔炎

急性盆腔炎（现病名为盆腔炎性疾病）系化脓菌属细菌、淋菌及结核菌感染所致。其临床表现呈急性过程，不但有局部症状，且有不同程度的全身症状及衰竭现象，还可有盆腔脓肿、腹膜炎、败血症、脓毒血症等严重并发症。祖国医学中没有盆腔炎病名的记载。但根据其临床表现一般属于中医妇科的"带下病""月经病""妇人癥瘕"的范围，如《医宗金鉴》中有瘀血血蛊证治："腹中瘀血未成形，面黄发热腹胀疼，产后经来风冷客，血室之内有瘀停。"《产宝百问》说："产后腹痛由恶露凝结，外寒搏之，若久不散，必成血瘕，月经不调。"《妇科易知录》说："任脉积湿，湿盛生热，因不能生精化血，故腐败而成黄带。"这些记载，与本病症状相符。说明经行产后感染易致盆腔炎，出现发热、腹痛、带下、腹内肿块及月经不调等典型症状。

《内经》谓："邪之所凑，其气必虚"。所以外因是变化的条件，内因是变化的依据。外因如产后，经行不注意卫生、调摄，流产（包括人工流产）及妇产科手术等，外邪入侵。内因如体质素虚，气血不足，阴阳失调，无力抗邪，或原有阑尾炎、膀胱炎等疾病，病菌流注，而致本病发生。本病为炎性化脓性疾病，属于"痈疽"之属，古人有"痈疽皆火毒"之说，可见本病乃六淫中之火毒热邪为患。故出现发热，恶寒，口苦，口渴，小便短赤，大便秘结，脉象弦滑数等温邪及表邪症候。病位居下焦，湿浊之所，火毒又与湿邪合并，形成火毒湿热并重蕴蓄少腹的实证，故可出现带下色黄而腥秽异常，甚至尿频、尿急、尿痛等下焦火毒湿热炽盛的症候。湿热火毒阻滞气机，气滞而血瘀，故出现少腹疼痛拒按，腹部膨胀及肌紧张等症候。火毒流注，不但在附近组织出现炎症及转移性脓肿，甚至毒邪入营入血，出现高热、神昏、谵语、休克等严重并发症。本症临床表现，主要为湿热内蕴，火毒炽盛；或原有冲任瘀阻，湿热久稽而复燃化毒成脓。所以本病治疗首在清热解毒，活血理气，利湿排脓为主要法则。另外，还须分清湿、热孰重，所谓"中气实则热重于湿，中气虚则湿重于热"，在用药上必须因势利导，有所偏重。"毒邪入侵因正虚"，外邪通过正虚而发病，因而常见正虚邪实之候，故有不同程度衰竭现象，在祛邪的同时，勿忘扶正，扶正又必祛邪。针灸有良好的抗炎作用，可以配合应用。外敷药物可以促进炎症的消散和吸收，亦可配合施治，收相辅相成之效。对已形成腹膜炎、腹腔积脓，体征明显，且临床症状日趋严重者，应及时开腹探查，宜尽量使手术简单，可能时切除病灶，否则只作引流排脓。如经保守治疗，一般情况好转，但附件仍有明显肿物，当属附件脓肿，于急性炎症控制后，又经保守治疗无效者，可作手术切除；如子宫直肠凹陷已有脓肿形成，可自后穹窿切开引流；盆腔脓肿亦可采取局部穿刺，抽出脓液后注入有效抗菌素。

【辨证施治】

1. 发热期

发热或恶寒，一般发热不甚，低热或中等度热，腰酸胀痛，小腹疼痛，有压痛，并有下坠感，带下多色黄如脓，有臭味，子宫体触痛或子宫旁触痛，舌质红，苔黄，脉滑数。此乃火毒内发，湿热下注，多属子宫内膜炎、子宫炎，炎症一般仅限于子宫部分。

治法：清热解毒，活血化瘀。

方剂：银翘红酱解毒汤。

药物：金银花 24 g　　连翘 15 g　　大血藤 24 g　　败酱草 24 g
　　　牡丹皮 12 g　　山栀 9 g　　　赤芍 12 g　　　薏苡仁 24 g
　　　桃仁 9 g　　　延胡索 9 g　　制乳香 6 g　　　制没药 6 g
　　　川楝子 3 枚

方义分析：方用延胡索、乳香、没药、川楝子理气止痛消肿；桃仁、赤芍活血化瘀，且桃仁现已证明有抗炎作用；薏苡仁排脓去湿；栀子有广谱抗菌作用，且能解热；牡丹皮对葡萄球菌、肺炎球菌、绿脓杆菌等多种细菌有较强抑制作用；连翘对链球菌、葡萄球菌、大肠杆菌、结核杆菌等有抗菌作用，合金银花、大血藤、败酱草等清热解毒，活血排脓消炎。

处方加减：① 恶寒甚，加荆芥、防风、柴胡；② 产后，加益母草；③ 热毒甚，加蒲公英、紫花地丁。

2. 蕴毒期

不恶寒，热度更高（一般38～40 ℃），倦怠无力，下腹胀满疼痛拒按，腹肌紧张，腰酸痛更甚，排便时疼痛加剧，食少恶心或呕吐，腹胀、便秘或腹泻，尿频或尿痛，尿黄而少，口干，带下多如脓而腥臭，或带下甚少，妇科检查除子宫体触痛外，并在子宫旁可摸到索状物或肿块，舌质红，苔干黄，脉洪数或滑数无力。本型乃毒火炽盛，瘀热在里，甚至内溃成脓。此时不但子宫内膜及子宫发炎，且已发展到子宫周围结缔组织炎及骨盆局限性腹膜炎等症。

治法：清热解毒，活血排脓。

方剂：加味五味消毒饮或加减消痈汤。

药物：加味五味消毒饮：

金银花 30 g	野菊花 15 g	蒲公英 15 g	天葵子 9 g
牡丹皮 12 g	赤芍 12 g	薏苡仁 30 g	败酱草 24 g
千里光 24 g	益母草 15 g	紫花地丁 15 g	

方义分析：方中蒲公英对葡萄球菌等有抗菌作用；紫花地丁、野菊花、千里光等有广谱抗菌作用，合金银花、败酱草等大批清热解毒药物以抗菌消炎；牡丹皮、赤芍不但解毒清热抗菌，且能活血化瘀；薏苡仁合败酱草除湿排脓；天葵子清热毒，化痰散结；益母草增加子宫收缩力，提高其紧张和收缩频率，促进宫腔内瘀腐脓液的排出。

加减消痈汤：

炮山甲 6 g	皂角刺 6 g	当归尾 6 g	牡丹皮 12 g
赤芍 12 g	金银花 30 g	败酱草 30 g	薏苡仁 24 g
白芷 9 g	白蔹 9 g	冬瓜仁 24 g	千里光 24 g

方义分析：方中千里光、金银花、败酱草、牡丹皮、赤芍、当归以清热解毒，活血消肿；山甲、皂角刺攻坚化结，且山甲有增加白血球作用而增强抵抗力，皂角刺治扁桃腺炎及扁桃脓肿甚效；败酱草又合白芷、白蔹、薏苡仁、冬瓜仁解毒消痈肿，排脓去腐。

以上二方，根据病情，每日可服 1～2 剂，4～6h 服药一次，一般效果尚佳。

处方加减：①便秘，加大黄、元明粉；②腹胀气滞及呕吐，加广木香、乌药、枳实；③如出现脓毒血症及败血症，邪毒传入营分血分，出现神昏、谵语、抽搐等症，同时可用安宫牛黄丸或紫雪丹（古方成药）送服。必要时可给足量抗菌素，或氢化可的松静脉滴注。

3. 癥瘕期

高热下降或低热起伏，全身无力，下腹胀痛及压痛已大减，脓性带下已极少或无，秽臭减轻或消失，脘闷纳差，呕恶已止，腰酸尿黄，大便自调，妇科检查可扪及肿块，舌质红淡，苔微黄，脉弱。此型乃火毒势退，气滞血瘀，败腐未除。此时炎症已大多消退，炎症已局限化，但遗下附件炎性肿块或有局部性脓肿未完全消散吸收。

治法：破瘀散结，解毒排脓。

方剂：加味棱莪消积汤或加减托里消毒散或加味透脓散。

药物：加味棱莪消积汤：

三棱 6g	莪术 6g	丹参 12g	赤芍 15g
延胡索 9g	牡丹皮 12g	桃仁 9g	薏苡仁 24g
大血藤 30g	败酱草 30g	皂角刺 6g	炙山甲 6g

方义分析：方中三棱、莪术、桃仁破瘀散结；丹参、牡丹皮、赤芍活血化瘀；延胡索理气止痛；薏苡仁、败酱草、大血藤排脓解毒活血；山甲、皂角刺攻坚散结。

加减托里消毒散：

党参 15g	川芎 4.5g	白芍 9g	黄芪 18g
当归 9g	白术 9g	金银花 30g	茯苓 9g
白芷 9g	皂角刺 9g	桔梗 9g	薏苡仁 24g
败酱草 24g			

方义分析：方中党参、黄芪、当归、白术、茯苓、白芍养血益气健脾，扶正以抗邪；当归合川芎活血化瘀；桔梗、薏苡仁、败酱草排脓去腐；金银花清热解毒；皂角刺、白芷攻坚而消肿。

加味透脓散：

黄芪 15 g	当归 9 g	炙山甲 6 g	川芎 4.5 g
皂角刺 6 g	牡丹皮 12 g	赤芍 12 g	三棱 9 g
莪术 9 g	金银花 30 g	蒲公英 30 g	

方义分析：方中黄芪益气；山甲、皂刺攻坚散结；三棱、莪术散结化瘀；川芎、当归活血养血；牡丹皮、赤芍、金银花、蒲公英活血消肿，解毒清热。

【特色技术】

1. 中药保留灌肠法

药物：赤芍 9 g，大血藤 30 g，蒲公英 30 g，桃仁 9 g，败酱草 30 g。

制法：将上药煎煮二次，每次 1 h，煎煮液浓缩成约 100 mL 备用。

用法：取药液 80 mL，加热开水 20 mL，用清洁导尿管插入肛门 14 cm 左右，慢慢将药液注入，注药毕，嘱患者垫高臀部，休息 30 min 方可起床（保留灌肠，尽量不要排出药液），每疗程 7 次。症状减轻可继续第二疗程。初灌肠时，个别患者有肠鸣腹痛，可于灌肠前内服颠茄合剂 10 mL，以减少肠蠕动。

适应症 本法适用于急慢性盆腔炎。对急性炎症或有包块的患者，效果更显著。

2. 外敷中药疗法

药物：木芙蓉叶、生大黄各 300 g，冰片 9 g，黄芩、黄连、黄柏、虎杖各 240 g，共研细末备用。

用法：用黄酒或葱泡酒煎调敷，调成芝麻酱稠度，按照炎症范围或脓肿大小，摊于油纸上或塑料布上 0.3～0.4 cm 厚，敷于患处，外加纱布覆盖固定。每日换药 1～2 次。

适应症：适用于急性盆腔炎各炎症阶段。

3. 针刺疗法

取穴：① 三阴交、关元、水道、阴陵泉
　　　② 关元、归来、中极、三阴交、府舍

③ 三阴交、足三里、关元透中极、八髎（透）

针法：三组穴位，可选用一组或轮换使用，用中、强度刺激，留针 30 min，每日 1～2 次。

（五）慢性盆腔炎

慢性盆腔炎（现称盆腔炎性疾病后遗症），多为急性炎症治疗不彻底，病变迁延而成，但亦可能无急性盆腔炎史而发生本病，是临床中常见的炎症，病程顽固，不易根治，且可因某种诱因而急性发作。临床表现以下腹痛、腰痛最为突出，这种疼痛经常是在长久站立、过劳、性交或经期前加重。此外，白带增多，月经周期紊乱，经血量多，痛经，性感不快也较常见，且不孕又为本病的严重后果。病程日久，体质衰弱，精神负担较大，又常出现食欲不振、心悸、失眠、周身不适、日渐消瘦等神经衰弱症状。慢性盆腔炎散载在中医妇科的各种病症中。如临床表现以带下为突出者，属带下门；以月经周期紊乱及经量过多为表现者，属崩漏门；以痛经为突出表现者，属痛经门。在临床上，本病往往不是单纯地表现为一种症状，而是呈现几种门类的部分症状或兼各种不同门类的全身症状的综合症候群。

本病多因房事不洁，不注意经、产期调摄，以及个人卫生习惯不良，而致外邪内侵发生此病。气滞血瘀，火毒湿热郁滞下焦，气血渐耗，阴阳失调，迁延不愈。慢性盆腔炎是由内生殖器官的某部发生炎症而渐渐蔓延到盆腔结缔组织的一种病变，一般由急性而转为慢性，除由于治疗不及时或不彻底外，有的一开始即无急性炎症过程，有的虽经过积极的治疗，然而恢复情况并不满意，这很大程度上取决于机体反应性的强弱。因此，全身的机能状态，也关系到疾病的转归，正如《医宗金鉴》说："……若于此时，搏邪而胜，则邪气自然消散，气血复其流通而愈；若搏而不胜，则气血奔聚者为凝结不散而痛不止，病亦难愈。""搏邪不胜，气血凝结"而致病程延长，主要因病中气血受损，或平素气血衰弱，抗病能力降低所致。因气血衰弱，阴阳失调，抗病力微，则邪气方得长期稽留体内，匿藏于胞络之中，与正气相搏日久，邪气之毒作用延长，则气血之凝结加甚，而正气之伤亦必日渐加重，抗病能力更低，疾病更难痊愈。本病由渐而成，缠绵日久，由于湿热、瘀血、毒邪、正虚等因素，而致肝气失调，气郁而血滞，气血滞郁日久，则癥结生。又由于疼痛、白带淋漓、月经量多及痛经等因素，给机体带来恶性刺激及消耗，形成恶性循环，终成慢性迁延性的疾病。

慢性盆腔炎的治疗，以综合疗法为适宜，疗效较为满意。必须考虑局部与整体的关系，此类患者由于体内余邪未清，病邪反复感染，或某些诱因多次急性发作，以致病程时间较长，病体正气多有衰减，经脉气血瘀阻，以致形成粘连或包块。治从活血化瘀为主，其作用在促进组织血液循环，改善组织营养，提高机体新陈代谢，促进炎症及增生组织的吸收和软化消散。为消除余邪，佐以清热利湿药物为辅。对于体虚突出的患者，在治疗过程中，相应地加入扶正药物，增强机体抗病能力，以利祛邪外出。除内服药物外，其他的综合治疗亦不可忽视。如参加适当的锻炼，增强体质，改善全身机能状态，增强患者战胜疾病的信心，特别是改善中枢神经系统的机能状态，是战胜慢性炎症的重要一环。局部药物热敷，可透入盆腔组织，缓解痉挛，促进血液循环，改善组织营养及新陈代谢，有利于炎症吸收及消散，从而促进痊愈。气功疗法对慢性盆腔炎的疗效也较为显著。针灸、穴位注射等疗法，不但可以产生良好的抗炎以及止痛活血化瘀等作用，且对全身的机能状态，也可产生良好影响，对疾病的痊愈具有一定的促进作用。

【辨证施治】

1. **湿热瘀阻型**

低热起伏或无热，腰酸腹痛，经行加重，经量多超前，常淋漓不净，带下赤白或色黄而秽臭，口干舌质红，苔薄黄或黄腻，脉弦数。此型炎症并未完全静止，有复燃的趋势。

治法：清利湿热，活血化瘀。

方剂：加味四逆散或加减血府逐瘀汤。

药物：加味四逆散：

柴胡 20 g	赤芍 15 g	枳实 9 g	甘草 6 g
大血藤 15 g	半枝莲 15 g	蒲公英 30 g	当归 9 g
白花蛇舌草 15 g	桃仁 9 g	牡丹皮 9 g	

方义分析：方中四逆散（柴、芍、枳、甘）疏肝理气，和营散郁，可缓解血

管痉挛，调节自主神经功能；当归、牡丹皮、桃仁活血化瘀；大血藤、蒲公英、半枝莲、白花蛇舌草等清热解毒。

加减血府逐瘀汤：

当归 9 g	川芎 6 g	赤芍 9 g	生地黄 12 g
桃仁 9 g	红花 9 g	败酱草 24 g	千里光 30 g
甘草 3 g			

方义分析： 方中桃红四物汤（桃、红、地、芍、归、芎）养血行瘀；四逆散（柴、芍、枳、甘）疏肝理气；败酱草、千里光排脓解毒；且败酱草还有镇静安眠之功。

2. **寒湿瘀结型**

少腹胀痛发凉，腰酸背痛怕冷，经行或劳累后更甚，经量少而期延后，色紫有块，少腹得温则舒，带下色白如涕清冷，舌质淡苔白，脉沉细或涩。此型属慢性盆腔炎迁延日久，局部纤维组织增生，血液循环力弱，新陈代谢降低，机能衰减。

治法：温经散寒，活血化瘀。

方剂：加味桂枝茯苓丸或少腹逐瘀汤。

药物：加味桂枝茯苓丸：

桂枝 9 g	茯苓 9 g	赤芍 9 g	牡丹皮 9 g
桃仁 9 g	当归 9 g	红花 9 g	莪术 6 g
三棱 6 g			

方义分析： 方中桂枝温通经脉，促进血液循环，瘀得热则不凝；茯苓以利湿之下滞；赤芍、牡丹皮、当归活血化瘀而消肿；桃仁、红花、莪术、三棱化瘀去结。合为温化寒湿，活血化瘀之剂。

少腹逐瘀汤（方见痛经）。

3. **癥瘕瘀结型**

妇科检查子宫活动受限，少腹一侧甚或两侧有粘连或包块形成，疼痛并压痛，小腹下坠，腰骶痛，带下痛经，舌质红或有瘀点，苔白或微黄，脉弦滑。此型乃附件炎性粘连或炎性包块。

治法：理气活血，软坚散结。

方剂：香棱通经汤或膈下逐瘀汤。

药物：香棱通经汤：

丹参 15 g	当归 9 g	赤芍 9 g	川芎 9 g
桃仁 9 g	红花 9 g	三棱 6 g	莪术 6 g
香附 9 g	牛膝 9 g	柴胡 9 g	延胡索 9 g

方义分析：本方药力较专，有疏肝、理气、活血、化瘀、止痛、消结之效。

膈下逐瘀汤：

当归 9 g	川芎 9 g	赤芍 12 g	延胡索 9 g
桃仁 9 g	红花 9 g	牡丹皮 9 g	五灵脂 9 g
乌药 9 g	香附 9 g	枳壳 9 g	甘草 18 g

方义分析：方用当归、川芎、桃仁、红花、牡丹皮、赤芍活血化瘀；五灵脂、延胡索化瘀止痛镇静；香附、乌药、枳壳理气。全方活血行瘀药多，与少腹逐瘀汤比，逐瘀力量要强，止痛作用也较好。甘草用量加大，其主要成分为甘草甜素（水溶解后生成甘草次酸），有肾上腺皮质激素样作用。现代医学常以抗菌素与激素混合应用治疗慢性盆腔炎，可加速炎症消散。可加蒲公英或千里光，以免细菌扩散。

处方加减：①气血不足，加党参、黄芪、当归、阿胶；②肝肾阴虚，加何首乌、山药、山茱萸、枸杞子；③肝气横逆，加柴胡、川楝子；④脾虚，加砂仁、党参、白术；⑤肾阳不足，加鹿角胶、菟丝子、巴戟天、淫羊藿；⑥失眠，加夜交藤、酸枣仁；⑦带多，加黄柏、茵陈、椿皮；⑧腰酸胀，加续断、桑寄生。

【特色技术】

1. 单方验方

（1）盆腔炎方：蒲公英 20 g，重楼 16 g，当归 10 g，延胡索 10 g，川芎 6 g，赤芍 10 g。

处方加减：①热毒重，加金银花、连翘、败酱草；②偏血热，加牡丹皮；③偏湿重，加白术、苍术；④偏湿热，加萆薢、黄柏、车前子；⑤触及包块，加三棱、莪术；⑥疼痛明显，加乳香、没药；⑦腰痛，加续断、桑寄生；⑧气血不足，加黄芪、鸡血藤；⑨失眠，加酸枣仁、夜交藤。

（2）红藤汤（保留灌肠）：大血藤 30 g，败酱草 20 g，赤芍 15 g，蒲公英 25 g

处方加减：①有炎性包块或附件明显增厚者，加三棱、莪术、桃仁各 9 g；②腹痛较甚者，加延胡索、香附各 12 g；③腹中冷痛甚者，加附子 9 g。

用法：将上药煎至 100 mL，用 5 号导尿管或小儿肛管，插入肛门内 14 cm 以上，在 30 min 内灌完，灌完后卧床休息 30 min，一日一次。

2. 中药热敷法

药物：千年健、追地风、川椒、白芷、羌活、独活、红花、没药、乳香各 30 g，血竭 9 g，续断、桑寄生、当归、防风各 120 g，艾叶、透骨草各 250 g，五加皮 120 g，共为粗末备用。

用法：将粗药末放入布袋中，每袋重 300～500 g。用时将药袋蒸透为度，然后热敷于下腹部，每日 1～2 次，每次 30 min。每包药用 15～20 次。

3. 药物注射疗法

处方：10% 鸡冠花注射液

制法：用红鸡冠花花序，选红色色泽鲜艳朵大者，先用常水洗净，再用蒸馏水洗 2～3 次，切碎后，加蒸馏水 1500 mL，煮沸 30 min，用 2～4 层纱布过滤。再将二次煎液混合，用直接加热法，蒸发至 350 mL 后待冷。再加 95% 酒精 600 mL，边加边搅拌。加完酒精后，在常温下放置 12 h，吸取上层澄清液，去酒精，直接加热或水浴加热，至此液无酒精味为止，再加蒸馏水至 500 mL，使呈 50% 溶液，用 3 号细菌漏斗或滤纸、棉花、自然滤过即得提取液。将上述 50% 鸡冠花提取液，用蒸馏水稀释成 10% 浓度（亦可加入 0.5% 普鲁卡因）后，用 3 号细菌漏斗过滤分装，再用 0.7 kg 压力消毒 40 min 即可。

用法：每日一次，每次 2 mL，肌注。连续注射 20～30 次为一疗程。

4. 水针疗法

① 维生素 B_1 或穿心莲注射液。

药物：维生素 B_1 或穿心莲注射液，可交替使用。

取穴：根据经络学说，督脉及任脉主管泌尿及生殖系统疾病，选维胞或气穴，推擦找阳性反应物及脾俞经络线上为注射点。

方法：维生素 B_1 100 mg，用生理盐水稀释至 10 mL，每穴进针深度不超过 1 cm，注入 1 mL，每日一次，如采用穿心莲注射液，则每次用穿心莲 20 mg，分 2~4 穴注入。以 4~7 天为一疗程，为了巩固疗效，可以作第二疗程。

② 复方当归注射液。

药物：复方当归注射液（成品）。

取穴：八髎穴。

方法：每次任选 1~2 穴，交替注射。选用 5 号半针头刺入穴位，有酸、麻、胀感后推注药液，每穴 0.5 mL，每日或间日一次，10 次为一疗程。尤适用于慢性盆腔炎以腰酸、腰痛症状突出者。

5. 针刺疗法

取穴：关元、水道、足三里、三阴交。

针法：中等刺激，留针 30 min，每日一次。待显著好转后，可间日一次。

【慢性盆腔炎验案】

彭某，女，30 岁，教师。

主诉：两侧少腹部疼痛 2 年，加重 1 月。

病史：1971 年产后曾患附件炎，经西医治疗未见明显好转。于 1973 年 9 月症状加重，遂来本院治疗。

刻诊：两侧少腹疼痛，腰骶痛，月经提前，黄带多，口微苦，大便干，舌质红，脉弦。妇科检查：子宫稍大，活动，无压痛，左侧附件能扪到包块，囊样感，约 5 cm×4 cm×4 cm 大小，有轻度压痛，右侧附件增厚。

诊断：慢性盆腔炎。

辨证：气滞血瘀兼夹湿热型。

治法：理气、清热、利湿。

方剂：四逆散加味。

药物：柴胡 20 g　　赤芍 15 g　　枳实 9 g　　甘草 6 g
　　　大血藤 15 g　桔梗 6 g　　天花粉 12 g　知母 6 g

木通 15 g　　泽泻 9 g　　生地黄 12 g　　川楝炭 3 g

甘草 6 g

每日 1 剂，水煎服。

治疗中随症加减，共服药 155 剂，于服药 120 剂时，症状显著好转。妇科检查：包块已缩小为 3 cm×2 cm×2 cm 大小，继续服药于治疗 5 个月时，再进行妇科检查，包块已完全消失，症状亦消失，嘱再服药 1 个月以巩固疗效，半年后随访，未再复发。

按： 盆腔炎症局限于附件时称为附件炎（包括输卵管炎及卵巢炎），慢性附件炎往往由急性期治不彻底而渐成，缠绵日久，以下腹痛或腰骶痛为主要表现，根据该患者的症状、妇科检查诊断为慢性附件炎性包块（现已更名盆腔炎性疾病后遗症）。由于患者产后体虚，湿热之邪内侵，蕴结于下焦，与气血相搏结于冲任、胞宫，阻滞气机，不通则痛，故见少腹疼痛；气滞血瘀，瘀滞胞脉，胞脉系于肾，故痛连腰骶，日久成癥；湿热扰及冲任，血海不宁，故见月经提前；湿热下注，伤及任带，则见带下量多；湿热瘀结内伤，则见口苦、大便干。结合舌脉，王老辨证此为气滞血瘀兼夹湿热型，治以理气、清热、利湿，选用四逆散为主方化裁。四逆散源于《伤寒论》，方中柴胡疏肝理气，解郁散结；白芍养肝和营，缓中止痛；枳实破气宽中，除胀消痞；甘草缓急解毒，调和诸药。四药共奏疏肝解郁、散结解痛之功。王老常以此方为基本方，活血祛瘀、理气止痛，可加川楝炭；清热凉血可选加大血藤 15 g，半枝莲 15 g，白花蛇舌草 15 g，蒲公英 30 g；利湿可选加木通 6 g，泽泻 9 g，茯苓 12 g；有肿块者可选加三棱 6 g，莪术 6 g；痛甚者可选加制乳香 6 g，制没药 6 g，橘核 9 g；白带多者可加白芷 9 g，海螵蛸 21 g；排脓可加桔梗 6 g，川贝母 6 g；寒甚者可加小茴香 9 g，吴茱萸 3 g；有热者可加黄芩 12 g；腰痛者可加桑寄生 18 g，续断 24 g；病久体虚者可加黄芪 15 g，党参 15 g。该患者历时 5 月坚持治疗，最终症状消失，包块完全消失，疾病痊愈。

三、对女性生殖器官肿瘤的认识和治疗经验

（一）卵巢肿瘤

卵巢囊肿是常见的妇科疾病之一。卵巢肿瘤多数是囊性的，实质性瘤较少见，

囊性瘤往往是良性的。良性卵巢肿瘤与恶性卵巢肿瘤之比约9∶1。卵巢囊肿是各种卵巢肿瘤中最常见的一种类型。

根据祖国医学理论，审证求因的原则，可知本病乃经行产后风冷所乘，血遇寒则凝，或因内伤七情，或因五脏亏损，或因饮食不节，寒温不调，致脏腑虚弱，气血失和，阳不化气，湿浊内留而生。因脏腑虚弱，气血劳损，七情太过，风冷寒湿内侵，致中阳不振，寒凝气滞，阴液散布失司，痰饮内留，癖而内着，阳气日衰，阴凝不化，日以益大。疾病进一步发展，气滞不舒，瘀血凝滞，痰湿凝聚，故腹痛、腹胀；三焦气化失常，决渎失司，故大小便难；水气凌心，故心慌心跳；水气凌肺，故胸腔积液而气喘；水气犯脾，故腹胀食少，下肢浮肿。

【治疗原则】

王老将本病分为气血瘀滞型、寒湿凝滞型、气郁化热型三个证型，以"寒则凝结，温则流通，故应温中散寒、理气行水、益气养血、消坚化瘀"等为法则来论治这一疾病。

【辨证施治】

1. 气血瘀滞型

少腹一侧或两侧肿块，如非巨大良性肿瘤一般无明显症状，若肿块较大者，可有大便不畅，尿频尿急，腰酸及小腹下坠，甚至心悸气喘，舌质紫黯或瘀点，脉细或涩。

较小的囊肿一般不产生症状，偶尔患者亦能在囊肿发生的一侧下腹有下坠或牵痛感。囊肿逐渐增大后，若嵌闭腹腔内则可引起压迫症状，如尿频、尿急或大小便不畅等。囊肿增大由盆腔上升至腹腔内，此时患者即可感觉下腹有块状物存在。假黏液性囊腺瘤或浆液性囊性瘤如不经治疗则往往不断增大，直至填满腹腔，此时患者可感到腹胀，胃纳欠佳。囊肿再增大，可出现呼吸困难，心悸，不能平卧，行动不便等症状。因肠胃压迫，消化发生障碍，因而即使囊肿属良性，也可导致体弱无力、消瘦等恶病质。良性的赘生瘤，一般不影响月经，即使双侧罹患，也很少引起月经失调。

治法：行气活血，软坚消积。

方剂：蓬莪术丸或血竭香珠丸。

药物：蓬莪术丸：

蓬莪术 30 g	当归 30 g	桂心 30 g	赤芍 30 g
槟榔 30 g	海藻 30 g	桃仁 30 g	广木香 30 g
大黄 30 g	鳖甲 30 g	琥珀 30 g	枳壳 30 g

上方研成细末，水泛为丸，如梧桐子大，日服三次，每次 6 g。

方义分析：方中莪术、广木香、枳壳理气；赤芍、当归合桂心活血散寒；海藻、鳖甲、大黄、桃仁、琥珀散结软坚化痰。诸药合为散寒活血、行气化瘀、软坚散结之剂。

血竭香珠丸：

血竭 30 g	大黄 30 g	广木香 15 g	刘寄奴 30 g
炮山甲 15 g	三棱 15 g	艾叶 15 g	荔枝核 15 g
橘核 30 g	莪术 15 g，		

上方研成细末，水泛为丸，如梧桐子大，每日服 2～3 次，每次 3～6 g，空腹服下。

方义分析：方中血竭、大黄、刘寄奴、三棱化瘀攻积；艾叶暖宫散寒；广木香、莪术、荔枝核、橘核理气消滞；山甲透络攻坚。

2. 寒湿凝滞型

腹部肿块，食少化迟，下肢浮肿，甚至出现腹水、胸水、苔薄白、脉迟涩。

卵巢纤维腺瘤，常兼有腹水、胸水出现，而在切除肿瘤后，腹水胸水可自然消失。还有假液性囊性瘤、颗粒细胞瘤、肉瘤均有此征象。

治法：温中行水，理气化瘀。

方剂：化瘀消坚汤或加味附子理中汤。

药物：化瘀消坚汤：

胡芦巴 12 g	三棱 6 g	莪术 6 g	王不留行 9 g
刘寄奴 9 g	广木香 9 g	艾叶 6 g	䗪虫 6 g
皂角刺 9 g	炮山甲 9 g	香附 9 g	郁金 9 g
赤芍 9 g	牡丹皮 9 g	马鞭草 15 g	陈皮 9 g
柴胡 9 g			

方义分析：方中艾叶、胡芦巴温宫散寒；广木香、莪术、陈皮、香附、郁金、柴胡理气疏肝；山甲、皂角刺攻坚消积；三棱、牡丹皮、赤芍、䗪虫、刘寄奴、王不留行、马鞭草活血化瘀，行水利湿。

加味附子理中汤：

附子 9 g	党参 24 g	桂枝 9 g	当归 9 g
赤芍 9 g	白芥子 9 g	马鞭草 24 g	白术 12 g
芫花 1 g			

方义分析：方中附子、桂枝温化散寒；党参、白术健脾益气；白芥子化痰透络；当归、赤芍、马鞭草活血化瘀；马鞭草又合芫花逐水消肿。

3. 气郁化热型

腹内上下窜痛甚剧烈，腹胀泛恶，精神郁闷，无力倦怠，或带下增多，质黏稠而腥秽，发热恶寒，舌苔薄白或微黄，脉沉迟弱或弦数无力。此型多属卵巢囊肿扭转或感染。

治法：调肝活血，利湿清热。

方剂：行气化瘀汤或银翘红酱解毒汤。

药物：行气化瘀汤：

延胡索 15 g	三棱 9 g	橘核 15 g	小茴香 15 g
香附 15 g	莪术 9 g	水蛭 6 g	荔枝核 15 g
丹参 15 g	枳壳 15 g	川芎 9 g	柴胡 9 g
当归 9 g	白术 9 g	泽泻 9 g	

方义分析：方中延胡索、橘核、荔枝核、小茴香、香附、枳壳、柴胡、莪术疏肝理气止痛；三棱、丹参、水蛭、当归活血化瘀；泽泻、白术健脾利湿。本方可用于卵巢囊肿扭转。

银翘红酱解毒汤（方见急性盆腔炎）。本方可用于卵巢囊肿感染。

【针灸疗法】

取穴：三阴交、足三里、中脘、水道、中极、关元、上髎、肾俞。

针法：每次取 3~4 穴，中等刺激，留针 20~30 min，针后加灸，或针治与灸治交替应用,每日一次,15次一疗程。

(二)子宫肌瘤

子宫肌瘤是人体中最常见的肿瘤之一,也是妇女生殖系统最常见的良性肿瘤,本病常发生于中年妇女,常伴有子宫内膜增生过长。经动物实验及临床证明,子宫肌瘤的发生与卵巢功能失调,雌激素分泌过多及长期刺激有关,故经绝后趋向萎缩。子宫肌瘤包括在祖国医学"癥瘕""带下""崩漏"等疾病中。

《灵枢·水胀篇》说:"石瘕生于胞中,寒气客于子门,子门闭塞,气不得通,恶血当泻不泻,衃以留止,日以益大,状如怀子,月事不以时下。"说明石瘕病有腹内肿块,日渐长大,月经过多,经期延长及不规则阴道出血等症状,可见石瘕与子宫肌瘤很相似。《金匮·妇人妊娠病篇》说:"妇人宿有癥病,经断未及三月而得漏下不止。胎动在脐上者,为癥痼害,妊娠六月动者,前三月经水利时胎也,下血(漏经)者后断三月衃(即紫晦暗黑臭恶之瘀血)也;所以血不止者,其癥不去故也,当下其癥,桂枝茯苓丸主之。"

【病 机】

癥瘕病与七情太过有着密切的关系。七情太过,肝失条达,冲任失调。气郁则血郁,气滞则血滞,气血失和,搏于宫内,由此癥痼、石瘕乃生。瘀血内停,血不归经,故可崩漏时现。气血不和,不通则痛,故可出现腰疼、痛经。瘀血阻滞,影响下焦气化,故可致便秘或尿潴留。湿热内着,故致带下腥秽。

【治疗原则】

王老将子宫肌瘤分为四种证型,包括湿热下注型、肝郁气滞型、寒凝血瘀型和气滞血瘀型。以破血消坚、理气化滞为主要法则,根据不同证型拟定了各类经验方。

【辨证施治】

1. **气滞血瘀型**

胞宫癥块,月经失调,经量多,经期延长,痛经,腰胀酸痛,舌质紫黯,脉沉涩。

此型多为黏膜下子宫肌瘤及肌壁间子宫肌瘤的症状，常见月经过多，经期延长，痛经，少数患者还可有不规则阴道出血。

治法：软坚散结，行气活血。

方剂：加味桂枝茯苓丸或软坚化瘀消瘤方。

药物：加味桂枝茯苓丸：

桂枝 40 g	桃仁 40 g	赤芍 40 g	牡丹皮 40 g
王不留行 40 g	海藻 40 g	茯苓 60 g	当归 60 g
夏枯草 60 g	柴胡 60 g	丹参 60 g	莪术 30 g
三棱 30 g	牡蛎 50 g	鳖甲醋炒 50 g	

上方研为末做成蜜丸，日服 3 次，每次服 10 g。

方义分析：方中桂枝温化散寒，血因热而行，三棱、莪术、丹参、牡丹皮、赤芍、桃仁、王不留行、当归等活血化瘀；柴胡疏调肝气；鳖甲、海藻、牡蛎软坚化结；夏枯草软坚化结又能平肝清火。

软坚化瘀消瘤方：

丹参 15 g	海藻 15 g	夏枯草 30 g	莪术 9 g
三棱 9 g	昆布 15 g	海蛤壳 15 g	象贝母 9 g
当归 9 g	鸡血藤膏 15 g	牡丹皮 9 g	乳香 6 g
没药 6 g	橘核 15 g	白薇 15 g	

上方研为细末做成蜜丸，每丸重 10 g，日服 3 次，每次一丸。亦可酌减量为煎剂。

方义分析：方中丹参、莪术、三棱、牡丹皮、乳香、没药、白薇活血化瘀；海藻、昆布、蛤粉、夏枯草软坚化结；橘核破气消结；鸡血藤膏、当归养血活血，为攻补兼施方剂。

2. 寒凝血瘀型

除有气滞血瘀见症外，更兼面色青灰，身体怕冷，腹冷痛，舌质带青，舌苔薄白，脉迟涩。

此型属于子宫肌瘤日久，身体衰弱，新陈代谢降低，阳气不足的症象。

治法：温经散寒，活血化瘀。

方剂：加减见晛丹或加味香棱丸。

药物：加减见眈丹：

附子（制）40 g	紫石英 30 g	丹参 40 g	肉桂 20 g
延胡索 20 g	广木香 20 g	血竭 15 g	水蛭 25 g
槟榔 25 g	桃仁 30 g	三棱 30 g	甲珠 30 g
党参 30 g	当归 30 g	鸡血藤膏 30 g	

上方各药共为细末，鸡血藤膏化水泛丸，如梧桐子大，日服3次，每次6～9 g。

方义分析：方中人参、当归、鸡血藤膏养血活血；附子、肉桂温经散寒；槟榔、广木香、延胡索理气止痛；血竭、水蛭、桃仁、丹参活血化瘀，去积除癥；甲珠软坚化结。

加味香棱丸：

三棱 6 g	青皮 9 g	川楝子 9 g	小茴香 9 g
莪术 6 g	肉桂 6 g	附子 6 g	川芎 9 g
当归 9 g	枳壳 9 g	柴胡 10 g	橘核 15 g
夏枯草 15 g	海藻 15 g		

方义分析：方中附子、肉桂温经散寒；川芎、橘核、枳壳、小茴香、川楝子、柴胡、青皮、莪术理气疏肝；夏枯草、海藻软坚化结；当归、三棱活血化瘀。

3. 肝郁气滞型

头晕头胀，精神郁闷，烦躁易怒，胸胁及少腹常痛，眠差多梦，食少不化，经期不准，淋漓不净或崩中，舌质黯红，苔黄，脉弦或弦而数；或舌质红无苔，脉象弦细而数。

此型属子宫肌瘤而伴有高级神经功能紊乱，自主神经功能失调而影响冲任功能。此型临床多见。

治法：疏肝理气、活血化瘀。

方剂：加减柴胡疏肝汤或加味一贯煎。

药物：加减柴胡疏肝汤：

柴胡 9 g	白芍 15 g	枳实 9 g	甘草 3 g
川芎 6 g	香附 9 g	牡丹皮 9 g	山栀子 9 g
橘核 12 g	青橘叶 9 g	丹参 30 g	王不留行 12 g
青皮 9 g			

方义分析：方中四逆散（柴、芍、枳、甘）疏肝理气，和营散郁；橘核、青皮、青橘叶、川芎、香附以加强理气解郁之功；丹参、王不留行化瘀去瘤；牡丹皮、山栀凉血清热。本方适用于肝郁气滞及肝郁气滞化火者。

加味一贯煎：

生地黄 30 g	麦冬 12 g	川楝子 9 g	当归 9 g
北沙参 9 g	枸杞子 9 g	橘核 12 g	荔枝核 12 g
桃仁 9 g	三棱 6 g	莪术 6 g	

方义分析：方中一贯煎（参、地、冬、子、归、杞）养肝阴，疏肝气；橘核、荔枝核入肝而行气化结；桃仁、三棱、莪术化瘀而攻坚。

4. 湿热下注型

带下量多，黏腻腥秽，少腹坠胀而痛，或有发热，腰骶酸胀，舌苔黄或黄腻，脉象滑数。

此型多属黏膜下肌瘤，尤其是表面合并感染或坏死时，可有大量的血性或脓性分泌物。

治法：清热解毒，活血化瘀。

方剂：银翘红酱解毒汤（方见急性盆腔炎）。

处方加减：①气血不足，加党参、当归、阿胶；②月经过多、经期延长，加茜草、三七粉（吞）、益母草；③痛经，加五灵脂、蒲黄；④失眠，加何首乌或夜交藤、酸枣仁。

【单方验方】

（1）化症回生丹（成品）：功能化癥瘕，消瘀血。适用于子宫肌瘤、卵巢囊肿等症。日服 1~2 次，每次一丸。

（2）大黄䗪虫丸（成品）：功能通经活血，化滞消瘀。适用于子宫肌瘤、卵巢囊肿、瘀血性闭经等症。日服 2 次，每次一丸。经期停服。

（3）抵当丸（成品）：功能清热、破瘀、生新。适用于子宫肌瘤、卵巢囊肿、子宫颈癌等症。日服 2 次，每次一丸。经期停服。

（4）得生丹（成品）：功能养血调经，化瘀止痛。适用于子宫肌瘤而致的经期不准，行经腹痛，月经量多等症。日服 2 次，每次一丸。

【针刺疗法】

主穴：关元、子户、气海、中枢、胞门。

配穴：三阴交、血海、中脘、足三里、内关、关元俞、膈俞、肾俞。

针法：每次取主穴一个，配穴2个，用中强度刺激，留针20～30 min，每日一次，10～15次为一疗程。

（三）子宫颈癌

子宫颈癌常见带下臭秽，阴道有不规则出血，腰酸小腹痛，阴道及肛门坠胀，或有牵引性疼痛，甚或小便点滴，大便秘结，发热，贫血消瘦，营养不良，或小腹有包块触及，压之疼痛等症状，因此子宫颈癌包括在祖国医学"崩漏""带下""癥瘕"等疾病中。

《内经·骨空论》说："任脉为病，女子带下癥瘕"。任主胞胎，即为子宫，癥瘕即指肿块癌瘤之属。《诸病源候论·带下三十六病候》说："十二瘕者，是所下之物，一者如膏，二者如血（《千金方》作黑血），三者如紫汁，四者如赤皮（《千金方》作赤血），五者如脓痂，六者如豆汁，七者如葵羹，八者如凝血，九者如清血，血似水，十者如米汁，十一如月浣，十二者经度不应期也。"该书在叙述"八瘕"的总症状时又说，小腹重急支满，胸胁腰背相行，四肢酸痛，饮食不调，结牢恶血不除，月水不时，或月前或月后，因生积聚，如怀胎状，邪气甚者令人恍惚多梦，寒热，四肢不欲动，阴中生气，肿内生风，甚者小便淋漓而痛，面色黑成病，则不复生子。《千金方》说："五崩身瘦……腰痛不可俯仰，阴中肿如有疮状，毛中痒时痛，与子脏相连，小便不利常拘急……心烦不得卧，腹中急痛，食不下，吞酸噫苦。上下肠鸣，漏下赤白青黄汁，大臭如胶污衣状"。《千金方》又说："崩中漏下赤白青黑，腐臭不可近，令人面色黑无颜色，皮骨相连，月经失度，往来无常，小腹弦急，或者绞痛上至心……"《医宗金鉴》亦说："若是内溃，则所下之物，杂见五色，似乎脓血，若有脏腑败气，且时下不止而多者，是危证也，其命必倾矣。"

【病　因】

根据中医文献，约有以下几种病因：一是七情太过；二是风冷内侵，膏粱厚味，湿热下注；三是胎产过早过多，房事不节，直损冲任胞门；四是天癸已竭或将竭，冲任虚损失调，阴阳失秘。

【治疗原则】

王老辨证论治将子宫颈癌分为肝肾阴虚型、瘀毒郁滞型、脾肾阳虚型、气滞血瘀型、肝郁气滞型和痰湿下注型，治疗上以补益冲任，培养肝、脾、肾为主要法则。

【辨证施治】

1. 肝肾阴虚型

腰酸背痛，口苦咽干，时有颧红，头晕神疲，心悸少寐，易怒形瘦，手足心热，带多漏下，大便燥结，舌质嫩红，舌苔薄白或有剥脱，脉弦细或细数。

此型宫颈癌已发展到二期或三期，多属糜烂型、溃疡型、空洞型，已出现衰弱及中毒症状，自主神经系统功能紊乱。

治法：滋肾养肝，抗癌止漏。

方剂：加减一贯煎合二至丸或加减首乌枸杞汤。

药物：加减一贯煎合二至丸：

女贞子 12 g	枸杞子 12 g	麦冬 9 g	墨旱莲 12 g
生地黄 18 g	沙参 12 g	当归 9 g	何首乌 18 g
白毛藤 30 g	阿胶（化服）9 g		

方义分析：该方为加减一贯煎合二至丸。方中二至丸（女、旱）合一贯煎（沙、枸、地、麦、归）加首乌以滋补肝肾；阿胶养阴止血补血；白毛藤抗癌消瘤。

加减首乌枸杞汤：

熟地黄 15 g	何首乌 24 g	枸杞子 12 g	菟丝子 12 g
杜仲 12 g	续断 12 g	赤石脂 15 g	桑螵蛸 9 g
牡蛎 18 g	阿胶（化服）9 g	茜草 9 g	重楼 15 g
白花蛇舌草 30 g			

方义分析：方中熟地黄、首乌、枸杞子、菟丝子、桑螵蛸补肝益肾；杜仲、续断补肾健腰固带脉；牡蛎、赤石脂固涩止带；阿胶、茜草养阴益血而止血化瘀；

重楼、白花蛇舌草抗癌消瘤。

2. 瘀毒郁滞型

带下腥臭,量多色黄,或黄赤兼下,或色如米泔,腹痛下坠,腰腿酸胀,口苦口干,舌质黯红或正常,舌苔黄或黄腻,脉弦数或滑数。

此型属子宫颈癌合并感染。

治法:清热祛湿,抗癌化瘀。

方剂:加味丁丹土木消癌汤或解毒抗癌汤。

药物:加味丁丹土木消癌汤:

皂角刺 9 g	滑石 18 g	土茯苓 24 g	牡丹皮 9 g
乳香 6 g	制没药 6 g	甘草 3 g	木通 3 g
金银花 24 g	紫花地丁 24 g		

方义分析:本方皂角刺散瘀消肿,托毒外出,排脓去腐;牡丹皮、乳香、没药化瘀止痛,且对艾氏腹水癌细胞有抑制作用;木通、六一散(石、草)淡渗利湿;土茯苓、金银花消热解毒,亦对艾氏腹水癌细胞有抑制作用;金银花、牡丹皮、紫花地丁有解毒消炎作用。

解毒抗癌汤:

薏苡仁 30 g	土茯苓 24 g	牡丹皮 12 g	赤芍 12 g
丹参 15 g	金银花 30 g	重楼 15 g	半枝莲 15 g
白花蛇舌草 30 g			

方义分析:方中薏苡仁、金银花、白花蛇舌草、重楼、半枝莲、土茯苓等均有抗癌作用,且重楼对化脓性球菌、大肠杆菌等有较强抗菌作用,为有效清热解毒、散肿消瘀药,并对病毒有抑制作用,合金银花、牡丹皮、赤芍、半枝莲等以解毒消炎。

3. 脾肾阳虚型

精神疲乏,白带如水,连续不断,面色灰黯或苍白,腰酸背困,动则气短,四肢不温,纳呆便溏,舌质淡苔白或白淡润而胖大,脉沉细无力或沉微。

此型属下元虚寒,冲任不固,中气下陷,脾肾阳衰。患宫颈癌时久,肿瘤及带下、出血等消耗,使机体日渐衰弱,新陈代谢低下。

治法：补肾健脾，固涩止带。

方剂：加味紫石英汤或抗癌扶正丹。

药物：加味紫石英汤：

党参 15 g	黄芪 30 g	鹿角胶（化服）6 g	阿胶（化服）6 g
附子 6 g	赤石脂 12 g	白芍 12 g	紫石英 12 g
当归 9 g	银耳（炖服）9 g	菌灵芝 15 g	炮姜 6 g
白术 9 g	茯苓 9 g	重楼 15 g	

方义分析：方中党参、白术、茯苓健脾益气；附子、炮姜温肾助阳；黄芪、当归益气养血；鹿角胶、阿胶阴阳两补，填精固冲任，合紫石英、赤石脂固涩而止带；白芍柔肝而敛阴合阿胶得效益彰；银耳、菌灵芝滋补强壮；当归、党参、白术、茯苓、鹿角胶等能激发机体免疫功能；重楼解毒抗癌。

抗癌扶正丹：

黄芪 50 g	菌灵芝 10 g	海螵蛸 10 g	炒茜草根 6 g
紫河车 10 g	鱼鳔胶 10 g	阿胶 10 g	鹿角霜 10 g
血余炭 10 g	生牡蛎 12 g	桑螵蛸 12 g	

除阿胶、鱼鳔胶外，余药为细末，加鱼鳔胶、阿胶炖化和药末炼蜜为丸，每丸 10 g，每次用淡菜汤或墨鱼汤或淡盐汤送服一丸，日服 3 次。适当调整剂量，为煎剂服亦可。

方义分析：方中黄芪益气而填精抗瘤；海螵蛸、鹿角霜、牡蛎固涩止带；桑螵蛸、紫河车、菌灵芝补肾扶正；阿胶、鱼鳔胶滋阴养血，填精摄带；茜草、血余炭止血。

4. 气滞血瘀型

胞门积聚，坚硬牢固，带下不多，偶有漏下，体力不甚，衰弱，脉平或弦细，舌薄白或薄腻，舌尖有紫色块。

此型多属结节型或菜花型宫颈癌，以局部浸润为主，故全身症状及局部症状表现较轻微。

治法：软坚散结，活血化瘀。

方剂：抗癌片或活血抗癌汤。

药物：抗癌片：

黄芪 45 g	当归 15 g	香附 12 g	莪术 15 g
知母 15 g	水蛭 30 g	鸡内金 15 g	三棱 15 g
山豆根 60 g	桃仁 15 g	党参 15 g	炮山甲 15 g
重楼 60 g			

上药共研细末压片，每服 3～6 片，日服 2～4 次。

方义分析： 方中黄芪、党参益气；当归、三棱、莪术、桃仁、鸡内金、炮山甲、香附、水蛭活血化瘀，攻坚调气；知母清热生津；重楼、山豆根解毒抗癌。

活血抗癌汤：

当归 9 g	泽兰 9 g	八月札 15 g	虎杖 15 g
乌药 6 g	白芍 9 g	赤芍 9 g	香附 9 g
丹参 12 g	茯苓 12 g	泽泻 12 g	白毛藤 30 g
白花蛇舌草 30 g			

方义分析： 方中当归、泽兰、赤芍、牡丹皮、虎杖、八月札活血化瘀；白芍柔肝敛阴；茯苓、泽泻利水湿；香附、乌药理气；白毛藤、蛇舌草抗癌消瘤。

5. 肝郁气滞型

情志抑郁，胸胁闷胀，心烦口干，夜间多梦，善叹息，纳少，小腹痛，白带多，舌苔薄白，舌质偏红或有瘀点，脉弦。

此型宫颈癌临床表现以中枢神经系统失调，自主神经功能紊乱为主。

治法：疏肝解郁，抗癌消瘤。

方剂：加减逍遥散或疏肝消瘤汤。

药物：加减逍遥散：

白芍 12 g	柴胡 9 g	白术 9 g	茯苓 9 g
全蝎 3 g	蜈蚣 3 g	昆布 15 g	海藻 15 g
香附 9 g	青皮 9 g	山豆根 9 g	莪术 12 g

方义分析： 方中逍遥散（柴、芍、术、苓、归）去当归以肝脾同治，疏肝解郁；青皮、香附理气止痛；全蝎、蜈蚣解毒、海藻、昆布化结软坚；山豆根、莪术抗癌消瘤。

疏肝消瘤汤：

郁金9g　　青皮9g　　陈皮9g　　柴胡9g

薏苡仁30g　白术9g　　香附9g　　半枝莲30g

白花蛇舌草30g　刺蒺藜12g

方义分析：方中柴胡、郁金、青皮、陈皮、香附理气解郁；刺蒺藜平肝抑木；白术健脾；薏苡仁、半枝莲、蛇舌草抗癌消瘤。

6. **痰湿下注型**

白带量多，形如痰状，体胖身倦，头重眩晕，口中淡腻，胸闷腹胀，食量减少，痰多乏力，舌质淡，苔白腻、脉滑或缓濡。

此型患者系内分泌功能减退，以体胖、白带量多、胃肠功能障碍、苔白腻、代谢减低为主要表现者。

治法：燥湿化痰，抗癌消瘤。

方剂：加味二陈汤。

药物：半夏12g　　茯苓9g　　陈皮9g　　苍术9g

瓜蒌仁15g　薏苡仁30g　制南星9g　香附9g

枳壳9g　　莪术12g　　蟑螂6只。

方义分析：方中苍术、半夏、茯苓、陈皮、瓜蒌仁、南星等燥湿健脾化痰；枳壳、莪术、香附理气；蟑螂解毒，合薏苡仁、莪术、瓜蒌仁以抗癌消瘤。

处方加减：①出血，加三七粉、小蓟、棕炭、土大黄、墨旱莲、血余炭；② 小腹痛气滞者，加延胡索、川楝子、香附；③小腹痛血瘀者，加五灵脂、乳香、没药、桃仁、红花、当归、赤芍、木鳖子、地龙、天仙藤；④腰痛，加续断、桑寄生、狗脊、补骨脂；⑤带下，加苦参、黄柏、土茯苓、苍术、败酱草；⑥便秘，加火麻仁、郁李仁、瓜蒌仁、番泻叶；⑦小便黄数疼痛，加知母、黄柏、木通、萹蓄、瞿麦。

【单方验方】

1. **抗癌效方**

（1）基本方：王瓜根片，每次1～3片，日服1次，饭后冷开水吞服，每片含生药 0.5 g。

（2）虎杖 9～30 g，臭灵丹 9～30 g，生牡蛎 15～60 g，人参 4.5 g，熟地黄 12 g，当归 9 g，每日一剂，2 次分服。

方中王瓜根系葫芦科植物，有抗癌作用。虎杖化瘀活血，对多种病毒有抑制作用。臭灵丹、牡蛎、当归、熟地黄、人参均有刺激增强网状细胞吞噬能力，提高机体细胞免疫能力而起抑制肿瘤作用。

适应于甲状腺癌、宫颈癌、乳腺癌、膀胱癌等症。

2. "64" 方

① 白毛藤 18 g，红枣 5 g，明党参 5 g，红茜草 3 g；② 当归 9 g，泽兰 9 g，制香附 9 g，赤芍 9 g，白芍 9 g，八月札 15 g，虎杖 15 g，丹参 12 g，茯苓 12 g，蒲公英 30 g，乌药 6 g；③ 白花蛇舌草 30 g，半枝莲 30 g，生薏苡仁 30 g，重楼 15 g，丹参 15 g，土茯苓 15 g，茜草炭 9 g，炮山甲 9 g；④ 牡丹皮 6 g，生甘草 6 g，生地黄 9 g，泽泻 9 g，桑寄生 9 g，山茱萸 9 g，续断 12 g，山药 12 g，制首乌 12 g，仙鹤草 15 g；⑤ 黄芪 5 g，党参 15 g，焦白术 12 g，茯苓 12 g，鹿角霜 12 g，紫石英 12 g，当归 9 g，制附片 6 g。

用法每日一剂，煎成 2 次分服。①方为主方，② ~⑤方按病型配合服用，②方配用于气滞血瘀型，③方配用于湿热瘀毒型，④方用于肝肾阴虚型，⑤方配用于脾肾阳虚型。均以三个月为一疗程。

3. 黑倍膏及其外用药

① 黑倍膏：黑头发适量，五倍子面 15 g，苦参 15 g，冰片 6 g，鸡蛋黄 1 000 g。② 制癌粉副号：蟾蜍 15 g，雄黄 3 g，白及 12 g，制砒霜 1.5 g，明矾 50 g，紫硇砂 0.3 g，三七粉 3 g，黄连素粉 3 g。③ "653" 粉：乳香 9 g，没药 9 g，儿茶 9 g，冰片 9 g，蛇床子 12 g，钟乳石 12 g，雄黄 12 g，硼砂 9 g，硇砂 9 g，血竭 6 g，麝香 6 g，明矾 500 g。④ 冲洗剂：花椒 5 g，苦参 30 g，蛇床子 30 g，龙胆草 30 g，白鲜皮 30 g。将此五种药物煎成 500 mL 药液作为冲洗剂。

制法：①方将鸡蛋黄加黑头发熬炼至冒烟，取油，加五倍子面、苦参、冰片等，调匀，即得。②、③方各药共研细末备用。

用法：外用。①方供涂擦于癌灶创面，适于癌灶出血并有继发感染者。②方适用于局部无感染的糜烂型、菜花型。③方适于原位及Ⅰ期糜烂型病变表浅者。涂药粉前均以④方冲洗剂将宫颈局部冲洗干净。

4. 宫颈癌锭（散）

① 山慈菇 18 g，制砒霜 9 g，雄黄 12 g，枯矾 18 g，硼砂 3 g，蛇床子 3 g，麝香 0.9 g，冰片 3 g；② 蜈蚣 3 条，轻粉 9 g，雄黄 9 g，黄柏 30 g，冰片 1.5 g，麝香 0.9 g。

制法：①方各药共研细末，用面糊调制成药锭，干燥后备用。②方各药共研细末，制成外用散剂。

用法：外用。结节型与糜烂型宫颈癌每次可用药锭 2～3 支，插入宫颈管内，再于宫颈处撒敷②方药粉，隔日一次。菜花型宫颈癌可用药锭插入癌体，每次 7～8 支，隔日一次。癌块脱落后可插入颈管内，每次插药后局部均敷上②方药粉适量。

四、对外阴皮肤黏膜疾病的认识和治疗经验

（一）外阴白色病变

外阴营养不良指妇女外阴皮肤和黏膜组织发生变性及色素改变的一组慢性疾病，以外阴奇痒、阴部干涩疼痛、外阴皮肤黏膜失去正常弹性而变白，粗糙萎缩或增生皲裂为主要表现，既往称为外阴白斑，现称为外阴白色病变。发病年龄从幼年到老年，高发年龄在 50 岁前后。病程长短不一，长者可达数十年，可严重影响患者的生活工作。本病为妇科常见病，治疗困难，疗程长、复发率高，目前尚无特殊的治疗方法。外阴白色病变可归在祖国医学"阴痒""阴疮""阴痛"的范围内。由于历史条件的限制，以及封建观念的束缚，认为女性生殖器乃隐晦之处，虽有疾苦，讳疾忌医，更不能让医者检查，所以古代医籍对此病论述较少，但根据祖国医学理论体系指导临床治疗，亦可收到显著而满意的疗效。

隋代巢元方《诸病源候论》说："肾荣于阴器，肾气虚，……虚则为风所乘，……在于皮肤故痒。"所以本病发生系年高肾衰或先天肾气不足，或病后肾气亏

损，七情及房事损伤太过，多产多育，或失血过多，致肝肾二经损伤为发病特点。现代医学认为外阴的正常发育，是受丘脑下部、垂体前叶、卵巢等所分泌的性激素影响。脑垂体前叶分泌的黄体生成素和促卵泡素，在调节卵巢功能方面起着重要作用，尤以黄体生成素更为重要。黄体生成素的分泌正常，而使卵巢所分泌的雌二醇和孕酮保持平衡状态，是保持靶器官（外阴）发育正常的关键所在。肾藏精，开窍于二阴，也是通过"肾－天癸－冲任"之间的正常联系和功能，才能维持外阴的健全。肾精不足，阴器失养，犹如木之根腐，焉有叶之不干枯变色之理。故时久而外阴皮肤黏膜出现变薄萎缩，组织弹性降低，色泽变白。肝脉绕阴器而主疏泄，调畅气机，肝脉失养及抑郁，均可致气机不利，气滞则血瘀，因而出现皮肤黏膜增厚、变硬、白斑等病变。由于肝肾之变，乙癸同源，阴器失养，故风动而痒，火动而痛。除局部病变外，不少患者还可有一些全身症状，如形体消瘦，面色憔悴，腰膝酸软，头晕目眩，耳鸣如蝉，面部烘热，手足心热，心烦失眠，抑郁不乐，月经失调或闭止等肝肾亏虚失调之象。调理肝肾二经为治疗大法。肝气郁宜疏，肝虚宜养。活血化瘀，填补肾精，以滋化源，复其根本，外阴之营养充实，则病变可日渐转愈。临床证明，中西医结合治疗，可以缩短疗程，提高疗效。可以改变局部组织细胞的营养状态，促使组织的祛旧生新，可使萎缩的组织加快恢复，细胞生长得以调整，色素代谢恢复正常。

【辨证施治】

1. 肝郁型

情志抑郁，心烦易怒，胸闷而善太息，口苦目眩，月经失调或闭止，舌质紫或瘀斑，苔白或黄腻，脉弦细或弦滑。外阴干燥瘙痒，皮面粗糙，皮纹增粗或有破裂，脱屑溃疡，发于小阴唇间或波及阴蒂会阴。

治法：疏肝解郁，活血化瘀。

方剂：加味逍遥散。

药物：当归 15 g　　益母草 25 g　　赤芍 15 g　　柴胡 15 g
　　　茯苓 15 g　　白术 10 g　　　薄荷 5 g　　　何首乌 25 g
　　　山栀子 10 g

方义分析：方用柴胡疏肝解郁；当归、首乌养血补肝；白术、茯苓健脾除湿；山栀子、薄荷透解郁热，疏散条达，使肝郁得解，血虚得养，脾虚得补；当归、赤芍、益母草活血化瘀又可调经。病理证明疏肝解郁法治疗外阴营养不良，能使上皮组织超微结构改变，促使病损恢复正常。

配合外洗方治疗效果佳，外洗方药如下：

茵陈 25 g　　　蒲公英 25 g　　　紫花地丁 25 g　　　地肤子 25 g

何首乌 25 g　　冰片 2.5 g（后下）

水煎外洗。

2. 脾肾阳虚型

形寒肢冷，面色㿠白，腰背酸痛，食少化迟，大便不实，小便频数或遗尿，月经不调或闭止，脉沉细或沉迟，舌质紫，苔薄白。外阴痒，昼安夜重，热则痒减。

治法：补肾扶脾，活血化瘀。

方剂：补肾扶元汤。

药物：淫羊藿 20 g　　补骨脂 20 g　　赤芍 15 g　　当归 15 g

何首乌 15 g　　益母草 25 g　　川芎 10 g　　白术 10 g

巴戟天 12 g　　菟丝子 15 g　　肉苁蓉 10 g

方义分析：方以赤芍、当归、川芎、益母草活血化瘀调经；何首乌合当归补肝养血；白术合淫羊藿、补骨脂、巴戟天等补肾阳益脾土，且巴戟天有类似皮质激素样作用；肉苁蓉能激动正常动物的肾上腺皮质释放皮质激素，可纠正肾上腺皮质功能减退所造成的病理状态；菟丝子可使低下的激素水平（如尿 17-羟皮质类固醇）趋于正常，这无疑对减弱的肾上腺皮质功能产生良好影响；补骨脂能使切除卵巢的雌鼠阴道上皮细胞角化，呈现雌激素样作用；淫羊藿对小白鼠亦呈雌激素样作用。另外，还发现巴戟天、菟丝子、肉苁蓉等补肾阳药，能增加实验大白鼠的垂体和卵巢重量，又能使卵泡活跃，这对低下的生殖内分泌激素可以起到调节和增强作用，而对这些激素控制下的靶器官——外阴，起到保健和促进疾病康复作用。

配合外洗方治疗效果佳，外洗方药如下：

当归 15 g　　　赤芍 15 g　　　石菖蒲 15 g　　　何首乌 15 g

淫羊藿 15 g

水煎外洗。

3. 肝肾阴虚型

形体消瘦，面容憔悴，目眩耳鸣，面部烘热，手足心热，心烦失眠，大便干结，月经先期或量少或闭止，舌质红苔少，脉弦细或细数。外阴皮肤黏膜以萎缩为主，皮肤干燥而粗糙，色素减退，弹性减低或消失，阴道分泌物少，性交疼痛，阴痒。

治法：补益肝肾，活血化瘀。

方剂：加减左归丸。

药物：熟地黄 24 g　　山茱萸 12 g　　淮山药 15 g　　枸杞子 2 g
　　　怀牛膝 12 g　　菟丝子 12 g　　何首乌 15 g　　肉苁蓉 10 g
　　　丹参 15 g　　　赤芍 15 g　　　龟板胶 12 g^(化服)

方义分析：方以熟地黄、龟胶滋肾以填真阴，辅以苁蓉、枸杞子、菟丝子补肾阳以配阴；山茱萸、首乌柔肝养血；山药益阴健脾滋肾；怀牛膝滋肾壮腰膝；配丹参、赤芍以活血化瘀。

配合外洗方治疗效果佳，外洗方药如下：

何首乌 15 g　　　　赤芍 15 g　　　　当归 15 g

　　　　　　　　　　　　　　　　　　　　煎水外洗。

【特色技术】

1. 根据不同的外阴表现及病理改变采用不同的外用药

① 肥厚型。

表皮有不同程度角化，棘层肥厚，上皮脚不规则伸延，或底细胞不规则，色素消失或减退，真皮有轻度至中度炎性细胞浸润。局部涂用"外阴营养不良 2 号"（肤轻松 10 g，加己烯雌酚 20 mg 混匀），每日 2 次。

② 萎缩型。

外阴呈散在或弥漫性白色斑块，损区皮肤变薄、发亮，弹力减弱或消失，轻者皮面呈白色苔藓样，重则为牛皮纸样，皮损区萎缩；阴道口缩小。病理改变为表皮呈不同程度角化、变薄，上皮脚消失，真皮有轻度至中度炎性细胞浸润，基底细胞色素不规则脱失或减退。局部涂用"外阴营养不良 1 号"（25% 黄体酮，鱼肝油合剂）每日 2 次。

③ 混合型。

外阴皮肤黏膜萎缩变薄或肥厚粗糙病变相间出现，或一处为萎缩变薄，另一处为肥厚病变。病理改变为肥厚性、萎缩性的病理改变相间出现或一处肥厚，一处萎缩。局部交替涂用"外阴营养不良1号"及"外阴营养不良2号"。

④ 间变型。

外阴干硬疼痛，皮损区为白色斑，皮肤黏膜略增厚，表皮粗糙、溃疡、皲裂，病变周围发赤，多发生于大小阴唇内上侧及阴蒂。病理改变呈上皮增厚，形成乳头，上皮脚向下作不规则生长，常有骤然角化珠基底层整齐，但层次增多，上皮表面常有角化前及角化细胞，上皮细胞呈区域性或灶性轻度或中度间变，在基底层细胞层以上可见分裂象。间变分三度：轻度限于表皮下 1/3；中度为表皮下 2/3；重度为表皮下 2/3 至全层。局部涂用"外阴营养不良 1 号"，每日 2 次。

2. 单方验方

① 中药熏洗坐浴方。

苦参、白鲜皮、蛇床子、何首乌、淫羊藿、补骨脂各 30～50 g，水煎后趁热熏洗，待药液温后将病灶区浸泡药液中，每日 2 次。全过程约 30 min 以上，然后涂霜（膏）。

② 外用涂药。

一号油膏：丹参、鸡血藤、赤芍、莪术、补骨脂、何首乌、淫羊藿各 30 g，冰片 1 g，以植物油浸加蜡制成，或以鱼肝油调。对皮肤干燥，黏膜菲薄，有皲裂者适用。

二号霜：方药同上，莪术提取挥发油等有效成分后，再与其他中草药水煎浓缩，以雪花膏为基质，加莪术油及冰片调匀。适于一般白色病变者，止痒效果好。

对有溃疡形成者，熏洗方加黄柏熏洗，疮面敷玉红膏，白变区涂油或霜。创面愈合后再用熏洗方。

经熏洗涂药痛痒症状减轻后，熏洗方加丹参、鸡血藤、赤芍继续熏洗，以改善局部血液循环，口服鱼肝油。

（二）外阴瘙痒

外阴瘙痒是妇科疾病中较常见的一种症状。其临床特征为外阴部甚至阴道内瘙痒，痒痛难忍，有时波及肛门周围。现代医学称为女阴瘙痒症。本病婴幼儿、成年及老年妇女均可发生，但绝大多数患者属于更年期老年妇女。轻症病人的瘙痒为间断性，有的仅仅发生于夜间就寝脱衣之后。阵发性剧烈瘙痒，可突然出现，亦能骤然消失。病情严重者瘙痒持续存在，即使搔抓，也不能减轻症状。病程过长使患者失眠、衰弱、憔悴、急躁和高度神经质。患处皮肤搔抓过久，可呈苔藓样硬化及肥厚。外阴瘙痒常有一定的病因，若由于霉菌性阴道炎、滴虫性阴道炎、老年性阴道炎及外阴营养不良诱发者，可参考有关医学书籍。祖国医学称本病为"阴痒""阴门瘙痒"等。

根据历代医家对阴痒的论述与认识，阴痒病因常见两大类：一为湿热蕴结，包括脾虚湿热与肝郁化热；另一为血虚阴亏，包括血虚生风与肝肾阴虚。素体脾虚或饮食劳倦伤脾，脾虚生湿，湿郁化热，湿热下注，遏于阴中，浸渍阴部，而致阴痒；郁怒伤肝或平素多郁，肝失条达，日久化热，挟湿注于下焦可致阴痒；素体虚弱或长期失血，耗伤阴血，血虚则化燥生风而致阴痒。所以，肖壎的《女科经纶》说："妇人有阴痒……肝经血少，津液枯竭，致气血不能荣运。"说明了血虚致痒的机理。年老体弱，肝肾阴虚，精血不足，或房事过度，肾精受损。肝脉绕阴器，肾司二阴，肝肾阴虚，不能濡养外阴，化燥生风作痒。《医学准绳六要》说："阴中痒……瘦人躁痒属阴虚。"即是言此。外阴瘙痒治疗的成败关键，首要是能否发现和消除发病的基本要素。因此辨证必须精确，既重视全身状况，又注意局部表现。一般而论，阴痒伴白带量多，色白或微黄，多为湿盛；色黄，质稠，秽臭，多为湿热俱盛；阴部红肿灼热痛，亦为湿热俱盛；阴痒皮肤干涩，多为血虚或肝肾阴虚。根据辨证采用清热、渗湿、疏肝、养血、滋补肝肾等法则。本病有时采用内外兼治或单纯内服或单纯外治，均可收到一定效果。

【辨证施治】

1. **脾虚湿热型**

阴部瘙痒灼痛，甚则坐卧不安，心烦少寐，带下量多，色黄质稠，脘闷纳呆，大便溏薄或不爽，口苦泛恶，苔腻，舌质红，脉濡数或滑数。

身体素弱或脾胃素虚妇女，常有多量非炎性白带，但时久即可化热，即非炎性白带转为炎症性白带，由于白带经常刺激外阴部而致外阴瘙痒。

治法：清热，渗湿，止痒。

方剂：加减萆薢渗湿汤。

药物：萆薢 12 g　　薏苡仁 20 g　　黄柏 12 g　　茯苓 15 g
　　　牡丹皮 10 g　　苍术 12 g　　白鲜皮 15 g

方义分析：方以萆薢、黄柏、牡丹皮清除湿热；薏苡仁、茯苓、苍术健脾除湿邪；白鲜皮利湿而止痒。

2. 肝郁化热型

心烦易怒，抑郁不乐，失眠多梦，胸胁苦满，或食少腹胀，月经失调，阴部瘙痒，红热灼痛，带多色黄，或无带而瘙痒，外阴无肉眼可见病变，舌质红，苔黄腻，脉弦数或弦滑数。

精神刺激，可使外阴、阴道及宫颈分泌物持续增多，即所谓"精神性白带"。患者常述外阴潮湿，灼热而瘙痒不适。此类患者外阴显著潮湿，甚至有急性或亚急性湿疹，小阴唇表面由于多量皮脂腺显著突出而呈砂砾状不平。亦有的患者，外阴除瘙痒外，没有明显病变发现，即所谓"精神神经性外阴瘙痒"。

治法：清肝解郁，调和肝脾。

方剂：加减丹栀逍遥散。

药物：牡丹皮 10 g　　山栀子 10 g　　柴胡 6 g　　白术 10 g
　　　当归 6 g　　　茯苓 15 g　　　远志 6 g　　酸枣仁 15 g
　　　白鲜皮 15 g

方义分析：方中牡丹皮、山栀子清热；柴胡疏肝解郁；白术、茯苓健脾除湿；当归、白芍养血补肝；山栀子又合远志、酸枣仁除烦养心安神；白鲜皮祛风止痒除湿。

3. 血虚风盛型

外阴瘙痒夜间加剧，病程日久，皮肤干燥或见脱屑，神疲乏力，面色少华，头晕耳鸣，心悸少眠，舌淡苔薄，脉细。

全身或局部性的变态反应，可引起外阴瘙痒。如某些药物或荨麻疹等全身性变态反应，可引起外阴瘙痒。营养不良致维生素 A 及 B 缺乏，亦是外阴瘙痒一个重要因素。其他如糖尿病、肝病、慢性便秘等亦可导致外阴瘙痒的发生。还有一些贫血及身体衰弱的妇女，常有较多蛋清样宫颈分泌物或白色水样阴道渗出液，经常刺激外阴，亦可引起瘙痒。

治法：养血润燥，祛风止痒。

方剂：加减养血胜风汤。

药物：熟地黄 12 g　　酸枣仁 12 g　　川芎 5 g　　桑叶 10 g
　　　菊花 10 g　　　枸杞子 15 g　　黑芝麻 15 g　五味子 6 g
　　　柏子仁 2 g　　 当归 10 g　　　白芍 12 g　　何首乌 15 g
　　　防风 10 g　　　白鲜皮 15 g

方义分析：方中地、芍、归、芎系四物汤组方，合首乌养血补肝；桑叶、菊花、防风、白鲜皮疏风止痒；桑叶、芝麻为桑麻丸组方，合枸杞子、柏子仁、五味子滋肝肾，养阴血而润燥。所以，本方乃养血息风、润燥止痒之效方。

4. 肝肾阴虚型

阴部瘙痒，夜间为甚，外阴干枯，阴中灼热，月经失调或闭止，兼见头晕目眩，耳鸣如蝉，腰膝酸软，面部烘热，时有汗，五心烦热，舌红少苔，脉细数。

此型多见于妇女更年期前后外阴瘙痒。有些患者并无外阴白斑的病变存在，系由于外阴皮肤在老年性退化过程中，结缔组织皱缩、硬化，刺激该处神经末梢。原发性外阴萎缩时发生的瘙痒症状，可能亦属于这一原因。

治法：滋补肝肾，息风止痒。

方剂：加减六味地黄汤。

药物：熟地黄 15 g　　山药 15 g　　　枸杞子 12 g　　菟丝子 12 g
　　　何首乌 15 g　　山茱萸 10 g　　女贞子 12 g　　墨旱莲 12 g
　　　刺蒺藜 12 g　　白芍 12 g　　　当归 10 g

方义分析：方用熟地黄、枸杞子、菟丝子滋肾填精；女贞子、墨旱莲、首乌、山茱萸、山药滋补肝肾；白芍、当归合熟地黄、首乌养血柔肝，正所谓"治风先治血，血行风自灭"；刺蒺藜息风止痒。合为养肝肾、止痒息风之剂。

【特色治疗】

1. 针灸治疗

取穴：阴廉、曲骨、会阴、三阴交。

针法：快速进针，中强度刺激，每穴刺激 3 min 后起针。每日或隔日一次，四次为一疗程。

2. 水针治疗

① 取穴：三阴交（双）、关元。

针法：1% 普鲁卡因，每穴 0.5 mL，或盐酸异丙嗪 12.5 mg，穴位注射，一日一次，7 次为一疗程。

② 取穴：长强。

针法：用维生素 B_1 20.1 mg，加盐酸异丙嗪 12.5 mg，穴位注射，每周 2～3 次，5 次为一疗程。

（三）白塞氏综合征（眼-口-生殖器综合征）

本病以虹膜睫状体炎、滤泡性口腔炎、急性女阴溃疡为主要特征，故称眼-口-生殖器综合征，又名贝赫切特综合征、白塞病。在妇科往往因有外阴溃疡前来就诊。本病是一种全身性多系统损害的慢性疾病。除眼、口、生殖器出现炎症及溃疡外，有时鼻腔、咽部、舌、唇、肛门等黏膜处亦可出现溃疡，伴有黏稠、淡黄色的分泌物渗出或血水溢出。有的还可累及皮肤、关节及中枢神经系统、心血管和消化道。所有症状均可反复发作，呈增剧及缓解经过，以致病程可长达数十年者。本病至今病因不明，可能与病毒感染、免疫缺陷及内分泌紊乱有关。本病属祖国医学"阴蚀""阴疮""蚌疮"范畴，更类似"狐惑病"。其阴蚀并口腔生疮者，《金匮要略》有专门论述，在《百合狐惑阴阳毒病脉证治第三》中载："狐惑之为病……蚀于喉为惑，蚀于阴为狐。"其治法："蚀于上部则声喝，甘草泻心汤主之""蚀于下部则咽干，苦参汤洗之"。就其描述的症状，颇似今日之眼-口-生殖器综合征。中医早在1700多年前对本病的描述如此详尽，在方药方面，亦效于今。

积前人之经验，认为本病乃七情太过或饮食不节，致气机失调，阴阳失和，湿热内生，复感外邪而致。本病发生与肝经有密切关系，厥阴肝脉绕阴器，抵少腹，通于咽，上行连目系，肝又开窍于目。所以眼－口－生殖器综合征符合中医学"经络之所过，疾病所由生"之理。情志不畅，肝郁化火，横克脾土，肝热脾湿，合而为湿为热，流注下焦。若饮食不节，恣食膏粱厚味，致脾虚湿盛，郁而化火，酿生湿热，流注下焦。亦或外感毒邪，流注于内，上逆而为眼、口炎症，下逆而为阴部溃疡。总之，乃湿热毒火肆虐为患，故初病多实，但反复发作，正气亏虚，以致延久不愈。初病多表现为湿热下注，治当疏肝解郁，清除湿热。反复发作，病程日久，气血必伤，正气渐虚，法当补虚扶正为主。本病可内服、外治兼用，湿热毒邪可加速清除而愈。

【辨证施治】

1. **湿热炽盛型**

阴门溃烂，灼热疼痛，脓水淋漓，或伴音哑，咽喉口舌糜烂，或兼见眼结膜溃烂，皮肤结节红斑，伴有心烦躁急，口苦咽干，耳鸣耳聋，溲黄热或灼痛，或有发热，舌质红，苔黄，脉弦数或弦滑数。

治法：清肝泻热，利湿解毒。

方剂：加减龙胆泻肝汤。

药物：龙胆草 6 g　　柴胡 6 g　　生地黄 12 g　　山栀子 6 g
　　　黄芩 10 g　　木通 6 g　　草薢 12 g　　　牡丹皮 10 g
　　　黄柏 10 g　　苍术 10 g　　薏苡仁 20 g

方义分析：方以龙胆草泻肝经实火；柴胡疏畅肝经气机；山栀子、黄芩、黄柏清三焦之热；生地黄、牡丹皮养阴清血中之热；木通、苍术、草薢、薏苡仁渗利湿邪。

处方加减：关节痛或结节红斑者，加丹参、赤芍、防己；带下多者，加土茯苓、金银花；发热、汗出、口渴者，加白虎汤；外阴红肿痛甚者，加金银花、蒲公英。

2. **正虚邪恋型**

阴疮日久，反复发作，元气损亏，神疲体倦，肢软乏力，面色少华，食少化迟，疮面苍白，分泌物清稀、量多、腥秽，舌质白淡，脉虚无力。

治法：托里扶正，养血益气。

药物：党参 12 g　　黄芪 15 g　　白术 10 g　　薏苡仁 20 g

　　　茯苓 15 g　　土茯苓 20 g　　当归 10 g　　甘草 6 g

方义分析： 阴疮久不愈，必有土虚，用参、术、苓、草以补中健脾；黄芪、当归益气和血，托里透脓；土茯苓、薏苡仁利湿淡渗。诸药合成托里扶正之剂。本方不适用于初发湿热炽盛者。

【特色技术】

（1）水火丹：生石膏 500 g，熟石膏 500 g，冰片 25 g，黄连 100 g，黄丹适量。

先将黄连浸泡在 3 000 mL 开水中，三天后，再将研细的生熟石膏用黄连浸出液水飞阴干，加黄丹至桃红色为度，最后加入冰片粉，共研细装瓶备用。

用时待局部常规消毒后，将药物直按撒布于疮面。

（2）煅珍珠 5 g，黄柏 15 g，青黛 10 g，雄黄 10 g，儿茶 5 g，冰片 1 g。

共研极细末外敷。治疗阴道内黏膜溃疡时，将药粉装入胶囊，每粒 0.25 g，塞入阴道内。塞药前用生理盐水局部清洗。每日早晚各上药一次。

（3）锡类散：外涂口腔或阴部。

（4）青黛散：外涂阴部。

（5）0.25%氯霉素眼药：点滴眼部。

五、对乳腺疾病的认识和治疗经验

（一）乳腺纤维瘤

乳腺纤维腺瘤在乳腺良性肿瘤中最为常见，此病的发生，一般认为与雌激素（卵巢功能旺盛）有密切关系，因此极少发生于月经来潮前或绝经后。本病多发生在 20～30 岁，尤以 25 岁前为最多。此瘤的好发部位是乳房的外上象限，绝大多数为单侧、单个。肿瘤增长速度缓慢，但在妊娠期可加速增大。肿块一般只有一个指节大小，扪之质坚韧，边界清楚，表面光滑，活动度大。除肿块外，患者并无其他症状。乳腺纤维腺瘤与祖国医学中"乳中结核"相似。

本病常由七情太过，肝气不舒，以致冲任失调所致。肝喜条达，情志内伤，则冲任受损；肝郁则气滞，气滞而血瘀，积而成形，以致乳房纤维瘤发生。王老认为本病宜疏肝理气，软坚散结，活血化瘀。外用散寒化凝、活血化瘀、软坚散结的药物。如保守疗法无效，属于单发者，可考虑手术切除。

【内治法】

方剂：加减逍遥散或加减清肝解郁汤。

药物：加减逍遥散：

柴胡9g	香附9g	山慈菇9g	海藻12g
昆布12g	当归9g	橘核12g	赤芍12g
丹参15g	青橘叶15g		

方义分析：方中柴胡、橘核、橘叶、香附入肝经而疏肝理气；当归、赤芍、丹参活血化瘀；昆布、海藻、山慈菇软坚散结。

加减清肝解郁汤：

木香12g	山栀9g	香附12g	青皮12g
法半夏9g	桔梗9g	当归12g	茯神12g
陈皮12g	生地黄12g	贝母6g	远志9g
川芎9g	白芍12g	甘草6g	

方义分析：方中木香、香附、青皮、陈皮、川芎理气疏肝；茯神、远志养心安神；且远志、贝母、半夏、桔梗化痰散结；四物汤养阴活血、柔肝养血；甘草调和诸药。

【外治法】

（1）阳和解凝膏（成品）：功能行气血，散寒湿，化瘀散结，通络止痛。适用于乳房纤维腺瘤、乳房囊性增生等。温热化开，贴于患处。7日一换。

（2）化坚膏（成品）：功能活血散瘀，消坚止痛。适用于乳房纤维腺瘤、乳房囊性增生病等。温热化开，贴于患处。7日一换。

【单方验方】

（1）枸橘李：研成细末，每服3g，日服2～3次。本药有破气化结疏肝作用。

（2）小金丹（成品）：功能消肿拔毒，攻痰止痛，搜风去湿，散结通络。适用于乳房纤维腺瘤、乳房囊性增生病等。每服2丸，日服2次。

（二）乳腺囊性增生病

乳腺囊性增生病又称慢性囊性乳腺病，它是妇女多发病之一，最常见于30～40岁。病因尚不明确。临床发现该病患者有较高流产率，而且症状常与月经周期有一定关系。因此一般认为本病与卵巢功能失调有关，黄体素分泌减少，雌激素相对增高。乳腺囊性增生病与祖国医学中"乳癖"相似。

本病常由七情太过，郁怒伤肝，思虑伤脾，致肝脾两损，冲任失调而致。肝脾及冲任失调，是本病发生的主要机制。因乳房属胃，乳头属肝，冲脉又隶属阳明，肝脉上行胸胁，所以乳房疾病与藏血之肝、主胎产之冲任脉有一定关系，经、乳之间又有密切关系，所以本病可有月经失调及经前后症状加重的表现。肝喜条达，故肿块可随喜怒而消长；经期肝血有失，故肝失养而胀痛；冲任失调，又常合并不孕症及孕而流产。王老认为，本病临床表现，以肝郁气滞及冲任失调为多见。故前者治宜疏肝活血，通络消核；后者治宜调摄冲任，散寒化凝。前者常实，后者常虚，分清虚实诊治，常获满意疗效。

【辨证施治】

1. 肝郁气滞型

月经前期或月经期乳房胀痛，胀痛可随喜怒而消长，甚至乳房乳头疼痛不可触衣，乳房一侧或双侧出现大小不等的串珠状结节，质韧，但不坚硬，与皮肤和深部组织之间并无粘连而可被推动，与周围组织分界不清楚，月经正常或超前或延后，经量常多，胸闷嗳气，精神抑郁，心烦易怒，苔薄白或微黄，脉弦。

治法：疏肝活血，通络化结。

方剂：乳核内消汤或加味逍遥散。

药物：乳核内消汤：

柴胡(或青皮) 6 g	郁金(或三棱) 9 g	当归 6 g	橘核 9 g
山慈菇 9 g	夏枯草 12 g	赤芍 15 g	香附 9 g
漏芦 9 g	丝瓜络 5 g	甘草 3 g	

方义分析：方中柴胡、香附、橘核、郁金疏肝理气；当归、赤芍、茜草活血化瘀；山慈菇、夏枯草软坚散结、平肝抑木；丝瓜络、漏芦疏通乳络而行血；甘草以和诸药。

加味逍遥散：

柴胡 9 g	当归 9 g	橘叶 15 g	香附 9 g
白芍 12 g	全瓜蒌 15 g	生甘草 3 g	郁金 9 g
法半夏 9 g	青皮 6 g	陈皮 6 g	

方义分析：方中柴胡、青皮、陈皮、郁金、香附、橘叶疏肝理气；半夏、全瓜蒌化痰而通络；当归、赤芍活血而化瘀。

2. 冲任不调型

乳房肿块，月经期或经行前疼痛加重，经行后减轻至消失，月经多延后，经痛不剧，经量少，身倦无力，腰酸肢冷，少腹畏寒，舌润苔白，脉沉细。

治法：调摄冲任，温通乳络。

方剂：加味阳和汤或鹿蒲汤。

药物：加味阳和汤：

熟地黄 30 g	鹿角胶（化服）9 g	白芥子 9 g	香附 9 g
肉桂 3 g	甘草 3 g	炮姜（或干姜）1.5 g	麻黄 1.5 g
青皮 15 g	陈皮 15 g	郁金 9 g	

方义分析：方中炮姜、肉桂、麻黄辛温发散以祛寒邪；白芥子去皮里膜外之痰；鹿角胶、熟地黄补精血，调冲任；香附、青皮、陈皮、郁金疏肝解郁理气。诸药合为温阳气、通经络、除痰结之剂。

鹿蒲汤：

蒲公英 30～60 g　　鹿角 24～45 g　　山慈菇 10 g

方义分析：方中鹿角调冲任而散寒凝；蒲公英有舒通阻塞之乳腺管作用；山慈菇消肿散结。合为调冲任、通经络、消肿块之剂。

【单方验方】

（1）阳和解凝膏：方见乳房纤维腺瘤。

（2）化坚膏：方见乳房纤维腺瘤。

（3）枸橘李：方见乳房纤维腺瘤。

（三）乳腺癌

祖国医学对乳腺癌的记载文献颇多，包括"石痈候""妒乳候""乳岩""乳癌""乳发""乳鞭""乳疳"等名称。

中医认为，本病多由七情太过，郁结所遏，年高体虚，冲任失调，阴阳失衡；产后乳汁不畅，瘀结化热；以及久患乳癖、乳疳等疾患影响气血运行，以致经络痞塞，为痰为瘀为气滞而成。乳头属足厥阴肝经，乳房属足阳明胃经，所以乳房疾病多责之于肝胃二经失调。夫七情所伤，结思在心，所欲不遂，常致肝脾两损。肝损则条达失常，而气火内盛。脾伤则健运无权，而痰浊内生。痰气交凝，循经而聚。若更年期妇女，冲任亏损，阴阳失调，常为乳癌发生的重要条件之一。余听鸿《外科医案》说："正气虚则为癌。"由于阴阳失调，而致肾阴不足，水不涵木，肝火上炎。肝肾有损，致肝失条达，更影响内分泌失调，免疫功能降低，为癌的发病提供条件。所以，乳癌的主要病理机制，在于肝脾肾三经功能失调，而肾经在发病机制上比肝脾经更为重要。王老认为早期发现、早期手术，是治疗效果好坏的关键。若患者拒绝手术，或丧失手术机会，或手术后复发，即采取保守治疗，但效果通常不理想。乳癌的保守治疗，采用外治内治两方面。正本清源，都是着重内消的基本法则。余听鸿说："治乳症，不出一气字也。"所以内治初宜疏肝解郁、消肿理气为主，以期消散。若不消散，气郁日久，便生郁火则宜解郁清热。但郁火郁结日久，酿成热毒，形成溃烂，气血大虚，则宜扶正托毒；阳伤者，滋肾以益木；脾弱者，扶土以健中。无论初期晚期，均宜软坚散结，通络化痰，抗癌消瘤。乳癌治疗中有四忌：忌切开；局部忌艾灸、针刺；忌重压；忌受精神刺激。

【辨证施治】

1. **肝郁气滞型**

乳癌初起，坚块结核，不痛或微痛，皮色不变，精神郁闷，容易动怒，胸闷不舒，饮食不香，时有胁痛，或月经期紊乱，量多少不定，舌白，脉弦。

治法：疏肝解郁，抗癌化结。

方剂：抗乳癌方。

药物：柴胡 6 g　　青皮 6 g　　当归 6 g　　莪术 15 g
　　　橘核 15 g　　山慈菇 9 g　　香附 10 g　　漏芦 10 g
　　　夏枯草 30 g　紫草 30 g　　茜草 12 g　　赤芍 15 g
　　　丝瓜络 6 g　　甘草 3 g

方义分析：方用柴胡、青皮、橘核、香附疏肝理气；赤芍、当归、漏芦、丝瓜络、夏枯草活血、通络、软坚；用山慈菇、紫草、莪术、茜草抗癌消瘤。其中山慈菇含秋水仙碱，对乳腺癌有抑制作用。紫草具有抗垂体及绒毛膜促性腺激素作用。临床亦证明紫草对乳腺癌有一定疗效。用甘草以和诸药。

现今对乳腺癌患者有采用脑下垂体摘除术，可取得一定疗效（包括疼痛消失，癌肿显著缩小）。

处方加减：若有潮热，脉弦数，舌质红，加牡丹皮、栀子；若舌红无苔，脉弦细而数，加生地黄、麦冬。

2. 火毒炽盛型

肿块日久，渐渐发大，内觉疼痛，皮肤呈橘皮状或变红，渐渐转剧，牵引胸胁，肿如覆碗，或似堆粟，凹凸不平，或顶透紫红光亮，内热口渴，心悸纳少，舌质红，苔黄，脉数。

治法：清热化痰，抗癌软坚。

方剂：解毒清肝汤。

药物：夏枯草 20 g　蒲公英 20 g　金银花 15 g　漏芦 12 g
　　　橘叶 10 g　　浙贝母 10 g　山慈菇 9 g　　连翘 12 g
　　　白芷 10 g　　瓜蒌 20 g　　枸橘李 15 g

方义分析：方以橘叶、枸橘李理气化结；夏枯草、山慈菇、连翘、瓜蒌、金银花合蒲公英清肝降火抗癌；贝母、瓜蒌化痰清火；漏芦、白芷合贝母、瓜蒌等又可消肿。

3. 气血亏虚型

乳癌溃烂，化机日败，血水淋漓，气血大虚，面色㿠白，体形消瘦，皮肤枯燥，精力疲乏，脉虚细，舌淡嫩红。

治法：益气养营，促进免疫。

方剂：加减托里消毒散。

药物：人参 10 g　　川芎 4 g　　白芍 12 g　　白花蛇舌草 30 g
　　　当归 10 g　　白术 6 g　　茯苓 15 g　　金银花 20 g
　　　菌灵芝 10 g　黄芪 30 g　蒲公英 20 g　熟地黄 10 g

方义分析：方用四物汤养血。人参、黄芪、白术、茯苓、灵芝益气而增强免疫功能。白花蛇舌草、金银花、蒲公英解毒抗癌，亦能增强免疫功能。

【单方验方】

（1）华蟾素注射液：每次 4 mL，每日二次，肌肉注射，连续使用两个月为一疗程。无明显毒副作用。

（2）秋裂碱胺：秋裂碱胺又称秋水仙酰胺。本品是以秋水仙碱为原料经半合成而得，能抑制细胞有丝分裂，对动物肿瘤的抑制作用稍高于秋水仙碱，而毒性却只有秋水仙碱的 1/10 ~ 1/20，抗瘤谱广，安全范围大。本药主要用于乳腺癌，有效率达 70% ~ 90%，其中显效者达 16.5%，亦可用于宫颈癌、外阴癌、鼻咽癌、胃癌、皮肤癌等。用法：①静脉滴注。用 5% 葡萄糖 500 mL 稀释后，静脉滴注，一般成人一次 10 mg，每日一次，或每次 20 mg，隔日一次。一个疗程用药总量为 200 ~ 300 mg。②口服：每次 5 mg，一日 4 次，总量 400 ~ 600 mg。本品亦可与其他抗癌药配合使用。副作用：本品使用至一定剂量后，部分患者表现有轻度骨髓抑制现象，但经对症治疗或停药后，短期即能恢复正常。在使用期间须注意检查血象。亦有部分患者有轻度消化道症状及脱发等副作用。

（3）消乳癌膏：山慈菇 30 g，土贝母 30 g，莪术 50 g，栀子 30 g，马钱子 30 g，生香附 30 g，生南星 30 g，生半夏 40 g，雄黄 15 g，藤黄 15 g，共研细末，用醋膏调和如糊状，摊贴核块上。醋膏制法：用上好米醋，陈久者佳，不拘多少，文火煎老至四分之一为度，冬季可凝结不散。夏季可略加白蜡少许（夏宜稍老，冬宜稍嫩），膏成趁热倾入水中，以去火毒。该膏药主要用于乳腺癌及肿瘤转移性淋巴结肿大未破溃者。

（4）乳癌外用方：轻粉 3 g，冰片 0.3 g，麝香 0.03 g，蜈蚣 2 条，黄柏 15 g，

山豆根 15 g，雄黄 15 g，上药共研极细末，分多次敷局部，开始每日上药一次，经期暂停上药，以后据病情减轻可减少次数，直至活检转阴性。主治乳腺癌已溃及未溃者。

六、对不孕症的认识和治疗经验

（一）审证求因论不孕

凡女性无避孕性生活至少 12 个月而未孕，称为不孕症。既往从未有过妊娠史，无避孕而从未妊娠者，称原发性不孕；既往有妊娠史，而后无避孕连续 12 个月未孕者，称为继发性不孕。不孕可分为绝对性不孕和相对性不孕两种。如妇女的生殖器严重缺陷和畸形，不能通过治疗而受孕者，称为绝对性不孕症；如果不孕由于某些因素造成，经过治疗仍有受孕可能者，称为相对性不孕。

【病 因】

祖国医学认为不孕的原因很多。《千金方》说："凡人无子，当为夫妻俱有五劳七伤，虚羸百病所致，故有绝嗣之患。""然妇人无子，或劳伤气血，或月经闭涩，或崩漏带下……皆致绝产。"说明不孕症的原因，有可能不是单纯在女子方面，有可能在夫妻双方。如"五劳七伤""虚羸百病"（慢性消耗性疾病）均可致不孕。而女子方面则认为系"劳伤气血"（贫血衰弱，营养不良）、"带下"（炎症）及"崩漏"（功能性子宫出血及炎症等）、胞宫虚冷（内分泌失调），都可引起不孕。又《千金方衍义》关于《千金方》朴硝荡胞汤注："妇人立身不产，断续不孕，皆子脏（子宫）有瘕（肿瘤）之故，非峻用决渠开荒力量，虽日从事调经，补天终乏术耳。此方专涤胞门积血，故以抵当汤为主，而兼用下瘀血汤、桃仁承气汤之剂，其力专矣。""此方实为祛瘀之效方也。"说明瘀血郁滞胞宫可致不孕。子宫肌瘤特别是黏膜下肌瘤常常是不孕原因之一。

《妇人良方》说："妇人不孕，亦有六淫（包括生物学病因）、七情（精神因素）之邪伤冲任，或宿疾淹留传遗脏腑（慢性经过性疾病），或子宫寒冷（子宫发育不良或内分泌失调）……或血中伏热（炎症）又有脾胃虚弱（慢性消化系疾病），不能营养冲任"。

《巢氏病源》还有"妇人挟痰无子，子脏寒冷，带下积聚无子"的记载。

综上所述，不孕病因分为全身（五劳七伤、虚羸百病、闭经、气血不足等）及局部（瘕、带下、宫寒等）两大方面。可见祖国传统医学对不孕症的认识是比较深入而合乎科学的，因此在治疗不孕症方面，积累有可贵经验。

【病机】

妇女孕育的基本条件，必须"女子肾气盛，任脉通，太冲脉盛，月事以时下。"所以，影响肾及冲任的功能失调者，皆可致不孕。

除局部胞宫的瘀血滞留、湿热下注等导致不孕外，全身原因当责肝肾，因冲任隶于肝肾，肾气不足，肾阴亏虚，肝气不调，冲任功能紊乱，妇女疾病丛生，即包括不孕症。如痰湿过盛而不孕，其标为实，其本为虚，肾阳衰微，阳不化湿所致。

【治疗原则】

治疗不孕症，应首先查清病因，再辨证施治。在排除局部原因之后，应考虑内分泌功能状态。对女子来说，月经情况能反映出生殖系统的功能状态。不孕的妇女，多有月经不调的表现。中医从经验中观察到这一事实，而强调治疗不孕要调经。如陈修园说："妇人无子，皆经水不调。"又说："种子之法，却在调经之中。"《济阴纲目》亦说："求子之法，莫先调经。"因此认为月经转为正常，表示生殖器官功能，特别是卵巢内分泌功能得到恢复，自然易于受孕。中医对调经重在理血。张景岳说："女人以血为主，血旺则经调而子嗣，身体之盛衰，无不肇端于此。"治以调理气血，不但在于治疗月经不调，且可消除某些痛经等症状。

妇女有痛经者，往往不孕。而引起痛经原因亦多，如子宫内膜异位症、慢性子宫内膜炎、慢性输卵管炎等。至于出现痛经的常见病机乃"痛则不通"，治疗重在活血、理气、化瘀。

幼稚子宫亦属常见原因，治宜调经暖宫，大补肝肾，部分病例可望恢复。肝郁气滞者，宜疏肝解郁。肝郁往往影响肝脾功能而波及冲任。其他慢性疾病而致体弱者，宜先治病，后补虚调经，以恢复生殖机能。肥盛痰多者，宜燥湿化痰，温补肾阳，则痰湿化而阳气旺，阴邪除而易孕。特别还应指出，气滞血瘀不但是引起痛经的常因,输卵管因慢性炎症而粘连梗阻,亦为常见不孕原因,治宜活血化瘀,理气通络,有的患者排卵功能可恢复通畅。针灸疗法对不孕症有一定效果,可以综合施治。

(二)治疗不孕症四法

王老将不孕分为四种证型,包括肝肾不足型、痰湿阻滞型、肝郁气滞型和气滞血瘀型。

1. 肝肾不足型

不孕伴有性欲淡漠,小腹冷感,腰酸腿软,精神疲倦,月经延期,量少质薄色淡,舌淡苔白,脉沉细或沉迟。王老认为此型常见于垂体、甲状腺、肾上腺等功能不足,以及卵巢发育不全所致的幼稚型子宫。

治法:温肾养肝,调补冲任。

方剂:加减左归丸或加减温肾丸。

药物:加减左归丸:

熟地黄 240 g	山药 120 g	牛膝 90 g	山茱萸 120 g
菟丝子 120 g	紫河车 90 g	枸杞子 120 g	鹿角胶 120 g
艾叶 90 g	淫羊藿 90 g		

共为细末蜜丸,日服 2～3 次,每次 9 g。

方义分析: 方中左归丸去龟胶(地、药、膝、萸、丝、杞、胶)补肝肾、益精血;艾叶暖宫而除寒邪;紫河车、淫羊藿大补肾阳,且方中鹿角胶、紫河车、淫羊藿有直接的促进内分泌激素的作用。

加减温肾丸:

熟地黄 24 g	吴茱萸 5 g	巴戟天 12 g	当归 9 g
菟丝子 12 g	鹿茸^(吞服) 1 g	杜仲 12 g	山药 18 g
续断 12 g	枸杞子 12 g	黄芪 12 g	蛇床子 6 g

为丸或煎剂。

方义分析: 方中熟地黄、当归、黄芪益气养血;山药健脾肾;吴茱萸温经暖宫;杜仲、巴戟天、续断补肾而益冲任固带脉;菟丝子、鹿茸、枸杞子、蛇床子补肾助阳。

且蛇床子有类性激素作用，黄芪亦具有类性激素作用，鹿茸含有雌酮。诸药合为滋阴养血，益气健肾之剂。

2. 痰湿阻滞型

不孕并见月经不调，色淡量少质薄，形体肥胖，头眩心悸，性欲减退，带下较多，胸满腹胀，舌淡苔白腻。王老认为此型可能为垂体机能减退，而致甲状腺功能不足，引起内分泌－体液代谢障碍，新陈代谢降低所致。

治法：燥湿化痰，理气益肾。

方剂：加味苍附导痰丸（方见闭经）或加味启宫丸。

药物：加味启宫丸：

法半夏 9 g	苍术 9 g	香附 9 g	鹿角 15 g
川芎 9 g	陈皮 9 g	茯苓 9 g	神曲 9 g
淫羊藿 15 g			

方义分析：方中法夏、茯苓、陈皮、苍术燥湿化痰；神曲健脾消食；川芎调气疏肝；淫羊藿、鹿角温补肾阳，而痰湿自化。

3. 肝郁气滞型

不孕并见月经错乱，精神抑郁，易怒心烦，心悸神疲，经前乳房胀痛或痛经，舌质正常或黯红，舌苔薄白或微黄，脉弦。王老认为如情绪过度紧张，可能影响精子的产生或排卵的功能，以致不孕。还有雌激素过高而致的经前期紧张症及乳腺囊性增生病，常由精神因素作用下，而致大脑皮质－内分泌失调，可致不孕症。

治法：调肝理气，活血调经。

方剂：加味逍遥散或加减柴胡疏肝散。

药物：加味逍遥散：

柴胡 6 g	白芍 12 g	当归 9 g	白术 9 g
香附 9 g	益母草 15 g	合欢皮 12 g	玫瑰花 9 g
郁金 9 g	夜交藤 30 g	青皮 9 g	茯苓 9 g

方义分析：方中逍遥散（柴、芍、归、术、苓）气血双调，脾肝同治；合欢皮、夜交藤安神镇静；益母草、青皮、香附、玫瑰花、郁金活血调经，理气疏肝。

诸药合为疏肝养血，调经怡神，扶脾活血之剂。

加减柴胡疏肝散：

柴胡 9 g　　枳壳 9 g　　香附 9 g　　川芎 6 g

路路通 9 g　甘草 3 g　　白芍 12 g　青皮 9 g

丹参 12 g

方义分析：方中四逆散（柴、芍、枳、草）疏肝理气，和营散邪，加川芎、青皮以加强疏肝理气力量，又兼有活血止痛作用。丹参、路路通活血化瘀而通络散结。合为调肝理气，活血通络之剂。

处方加减：若乳痛甚，加王不留行、橘核、丝瓜络、金铃；兼热，加牡丹皮、黄芩；兼寒，加桂枝、炮姜；兼血瘀，加桃仁、红花、五灵脂、蒲黄。

4. **气滞血瘀型**

不孕并见少腹一侧或双侧疼痛，经行瘀块，痛经，带下，附件可扪到增粗的条索状物或肿块，或无明显自觉症状，但输卵管通液检查不通，舌白质红或有瘀点，脉弦滑。王老认为此型主要指附件炎及附件炎已愈而致输卵管粘连梗阻所致的不孕。

治法：活血化瘀，理气通络。

方剂：加减少腹逐瘀汤。

药物：赤芍 12 g　当归 9 g　　蒲黄 9 g　　路路通 6 g

五灵脂 9 g　丹参 15 g　川芎 6 g　　炮山甲 6 g

红花 6 g　　延胡索 9 g　没药 6 g

方义分析：方中赤芍、当归、蒲黄、五灵脂、香附、川芎、红花、丹参、胡索、没药等活血化瘀，理气止痛；山甲、王不留行、路路通活血通络，消肿攻坚。诸药合为活血化瘀、通络攻坚、理气止痛之剂。

处方加减：炎症活跃而有带多腥秽，附件肿块，压痛明显者，加败酱草、牡丹皮、桃仁、蒲公英；腰痛，加续断、桑寄生、牛膝；少腹寒冷，加吴茱萸、肉桂、炮姜；月经期，去没药。

【单方验方】

（1）安坤赞育丸（成品）：功能益气养血，滋肝益肾，活血调经。适用于内分泌减退、幼稚型子宫等而致的不孕症。每服一丸，日服 2 次。

（2）定坤丹（成品）：功能益气养血，滋肝益肾，活血化瘀。适用于内分泌减退、幼稚型子宫等而致的不孕症。每服一丸，日服 2 次。

【针刺疗法】

取穴：中极、归来、三阴交；或中极、大赫、血海。进行针刺治疗。

针法：两组穴位交替使用，1 日一组，连续 4 天，相当于排卵期前 2~3 天开始，针刺后有小便感则停针，每 5 min 捻转 1 次，中等刺激，留针 15 min。

七、对妇科杂病的认识和治疗经验

（一）面部黄褐斑

黄褐斑俗称蝴蝶斑，是发生于面部的一种色素代谢异常而沉着性皮肤病。本病除多见于孕妇外，未婚男女亦可罹患，成年女性尤为多见。其原因目前还未完全明了，可能与内分泌代谢失调或其他慢性病、日晒等因素有关。如孕妇、月经失调、痛经、慢性子宫炎、附件炎、子宫肿瘤、营养不良、贫血、结核、慢性酒精中毒、少数口服避孕药妇女等可发生，肝脏及甲状腺疾病亦可能出现，而高原牧区出现的黄褐斑，则与日照有关。

黄褐斑的特点是发生于面部，多分布在额、眉、鼻颊及唇上等部位。色斑呈淡褐色或深褐色，呈对称性，大小不一，形状不规则，多数边界清楚，亦有模糊不清的病变。患者局部无自觉症状，但长期存在，多年不褪，日晒后往往加重，患者常因影响美观而痛苦。

祖国医学称本病为"䵟黯""面黑䵟""黔黯""黧黑斑""面尘"等。早在晋代葛洪《肘后备急方》中有"䵟黯"的记载；隋代《诸病源候论》称"面黑䵟"，并对病因、病机有所论述；唐代《外台秘要》称"面䵟黯"，并载有治疗方剂；明代《外科理例》指出本病好发于女子；清代《医林改错》中的"青记"，亦包括黄褐斑。可见祖国医学对本病早就有所认识，在治疗方面也积累有一些经验，可为后世借鉴。

【病　因】

本病多与情志不调，房事不节，多产多育，或饮食失调等因素，致气机阻滞，瘀血内停而发生。

【病　机】

面部内应脏腑，为经络所会。有诸内，必有诸外。内在的疾病，可以反映在如一面镜子的颜面上。所以中医诊断，察颜观色，不无其理。本病发生与肝、脾、肾三脏失调有关。《医宗金鉴·外科心法要诀》说："忧思抑郁血弱不华，火燥结滞而生于面上，妇女多有之。"情志伤感，肝失条达，肝血滞，气机逆乱，发为褐斑。《诸病源候论·面黑皯候》说："面黑皯者，或脏腑有痰饮，或皮肤受风邪，皆令气血不调，致生黑皯。"饮食不节，饥饱失调，损伤脾土，化湿生痰，生湿，气机不利而致褐斑。

亦有脾土损伤，水谷精微吸收不足而致脾虚血亏成为褐斑。《外科正宗》又说："黧黑斑者，水亏不能制火，血弱不能华肉，以致火燥结成斑黑，色枯不泽。"房事不节，先天不足，久病及肾，肾阴不足，木火偏亢，煎熬阴血而致褐斑。亦有因命门火衰，元阳不足，肾阳为诸阳之本，必影响心肺脾等经及气血之协调，而发展成黄褐斑。

【治疗原则】

根据临床表现而辨证施治。采用活血化瘀，疏肝解郁，健脾利湿，滋阴益肾等法则，而其中活血化瘀一法尤为重要。具体贯彻在通阳活血、养血化瘀、调和营卫之中。使气血得调，营卫得和，则瘀祛斑消，疾病趋愈。

【辨证施治】

1. 肝郁血瘀型

颜面褐斑伴有胁肋胀痛，胸脘痞闷，烦躁易怒，纳谷不香，善太息，月经失调，或经前乳房胀痛，或经行腹痛，脉弦滑，舌苔薄白。

治法：疏肝解郁，活血化斑。

方剂：柴胡疏肝散加减。

药物：

(1) 柴胡 9g　　　当归 10g　　　赤芍 12g　　　川芎 6g

　　桃仁 6g　　　红花 6g　　　泽兰 10g　　　香附 10g

　　丹参 15g

方义分析：方以柴胡、香附疏肝理气，余药均为活血化瘀药物，以促进局部血液循环，改善新陈代谢，以利黑斑消散。

(2) 柴胡 6g　　　白芍 15g　　　川芎 6g　　　丹参 15g

　　鸡血藤 15g　　牡丹皮 10g　　郁金 10g　　　香附 10g

　　枳实 6g　　　甘草 3g　　　山栀子 9g

方义分析：方用柴胡疏肝散（柴、芍、枳、附、芎、草）疏肝解郁；丹参、鸡血藤、郁金化瘀活血；牡丹皮、山栀子凉血清热。本方适用于肝郁化火者。

2. 肾阴不足型

面部褐斑而伴有头晕耳鸣，少寐健忘，五心烦热，腰膝酸软，形体虚弱，月经失调或不育，舌红苔少，脉细。

治法：滋阴益肾，活血化瘀。

方剂：四物二至丸或大补阴丸合二至丸加减。

药物：加减四物二至丸：

　　　菟丝子 15g　　　女贞子 12g　　　制首乌 12g　　　当归 10g

　　　墨旱莲 10g　　　白芍 10g　　　生地黄 12g　　　熟地黄 12g

　　　阿胶（化服） 12g　　　丹参 15g

方义分析：方以当归、白芍、丹参养血活血，余药填补肝肾。肾阴足，则阳不亢而虚火下潜，血不燥，则褐斑自消。

　　　大补阴丸合二至丸加减：

　　　熟地黄 15g　　　知母 10g　　　黄柏 6g　　　龟板 20g

　　　女贞子 12g　　　墨旱莲 12g　　　丹参 15g　　　赤芍 15g

方义分析：方以大补阴丸（龟板、熟地黄、知母、黄柏）滋阴降火；二至丸（女贞子、墨旱莲）滋补肝肾；更添丹参、赤芍活血化瘀，达标本兼治之妙。

3. 痰湿内阻型

面部黄褐斑而伴有胸胁支满,头晕目眩,呕吐清水痰涎,脘部有振水音,小便不利,形体素盛今瘦,舌淡水滑,脉弦滑。

治法:温阳健脾,利湿化痰。

方剂:二陈汤合苓桂术甘汤。

药物:茯苓 20 g　　桂枝 10 g　　白术 12 g　　甘草 3 g
　　　陈皮 10 g　　法半夏 10 g　泽泻 10 g　　生姜 6 g

方义分析:方以二陈汤(陈、夏、苓、草)及苓桂术甘汤(苓、桂、术、草)合方,以温运脾土,利湿化痰,则褐斑自消。

4. 脾虚血亏型

面部黄褐斑而有面色萎黄,食少倦怠,气短神怯,失眠心悸,月经失调,舌质淡红,苔薄白,脉象细弱无力。

治法:健脾益气,养血活血。

方剂:八珍汤加减。

药物:党参 15 g　　黄芪 20 g　　当归 10 g　　白芍 10 g
　　　川芎 6 g　　 丹参 15 g　　鸡血藤 15 g　阿胶^(化服) 10 g
　　　白术 10 g　　大枣 10 g

方义分析:方以党参、黄芪、白术、大枣健脾益气,当归、川芎、白芍、丹参、鸡血藤、阿胶补血活血。

5. 肾阳虚衰型

面部黄褐斑而伴有头晕耳鸣,腰腿酸软,精神萎靡,体力下降,四肢不温,经期延后或闭止,舌质淡胖,舌苔白滑,脉沉无力。

治法:益火之源,化凝散阴。

方剂:右归丸加减。

药物:熟地黄 12 g　肉桂 6 g　　附片 10 g　　鹿角胶 6 g
　　　枸杞子 10 g　巴戟天 10 g　肉苁蓉 10 g　杜仲 10 g

方义分析:方用熟地黄甘温滋肾以填精,此本阴阳互根,阴中求阳之意;附片、肉桂温补肾阳而祛寒；鹿角胶、苁蓉、枸杞子、巴戟天、杜仲补肾精而壮筋骨。

【局部治疗】

（1）处方：柿树叶 30 g　　凡士林 30 g

制法：将柿树叶晒干研细末和凡士林调匀。

用法：每晚睡前搽于患处，早晨洗去。

（2）处方：白及 6 g　　白附子 6 g　　白芷 6 g　　白蔹 4.5 g

白丁香 4.5 g　　密陀僧 3 g

制法：上药共研极细末，每次用少许搅入鸡蛋清或白蜜内调成稀膏备用。

用法：晚睡前先以温水浴面后将此膏涂于患处，晨起洗净。

【敷脐疗法】

乳香 10 g　　没药 10 g　　穿山甲 10 g　　葛根 10 g

山楂 10 g　　厚朴 10 g　　鸡矢藤 10 g　　桂枝 3 g

甘草 3 g　　细辛 1.5 g　　冰片 1.5 g　　白芍 15 g

制法：山楂、葛根、甘草、白芍共水煎 2 次，浓缩成膏，乳香、没药共熔于 95% 乙醇中，其余诸药共研细粉（冰片除外）后将上药混合烘干，研细末，加入冰片混匀，置瓶中密闭贮存。

用法：取药粉 200 mg 敷于脐窝中，上盖软纸再用药棉压紧，外以胶布固定，3～7 天换药一次。

【针刺疗法】

取穴：① 足三里、三阴交、合谷、曲池、阿是穴；

② 足三里、气海、肝俞、行间、阿是穴。

针法：两组穴位，交替选用，平补平泻留针 20～30 min。

（二）多毛症

多毛症指是超越人体正常生理表现，而身体出现异常多毛现象。多毛症分先天性与后天特发性两种，以后天特发性为多。后天性多毛又可分全身性多毛与局限性多毛两种。

全身性多毛是指除手掌、手指和足跖、足趾末节的背面、唇红部、乳头、大阴唇内侧、小阴唇、阴蒂等处无毛外，其余体表均有浓密的黑毛生长。

局限性多毛是指女性的阴毛呈男性样分布，或在体表某一部位有一簇或一片浓黑粗密的长毛，最长者甚至达 1.5～2 cm。

多毛分布部位以唇上部兼四肢及全身为多，其次是单纯四肢，再次是单纯上肢。除多毛外，还有月经不调、闭经、功能性子宫出血、不孕、形体壮实或肥胖、皮肤粗糙、皮面痤疮等症状和体征。

【病因】

一般认为多毛症是由青春期内分泌失调所引起，29～30岁者占病例中75%左右，常见于肾上腺皮质增多症、多囊卵巢综合征、精神过度紧张、垂体肿瘤、甲状腺功能紊乱、营养不良、结核病等并发多毛症。这与下丘脑－垂体－卵巢轴功能失调和类固醇激素生成异常有关。

本病乃先天肾气不足或后天肾精亏损，或久病及肾以及七情太过，肝失条达，气机逆乱而致。

【病机】

女子以肝为先天，以血为用。肝体阴而用阳，血为阴，气为阳。如肝血不足，则影响冲任血海的调节充盈，表现为月经失调、闭经等病变；肝血不足，又可致气阳偏亢，郁结化热生火，即所谓"气有余便是火"，表现为面部痤疮，毛发浓密的阳实之症。若情志太过，肝失疏泄条达之性，肝为风木之脏，而横逆克土，则脾胃受损，运化失司，痰湿脂膏积聚，表现为体胖丰盛。

肾与生殖生理的关系极为密切。早在《内经》中就有"女子七岁，肾气盛，齿更发长，二七天癸至，任脉通，太冲脉盛，月事以时下，故有子"的论述。《难经》中亦提到"肾两者……男子以藏精，女子以系胞。"说明肾气盛衰与女子的生长发育及生殖生理的演变过程有极大关系。肾虚不足则表现为月经闭止，月经稀发，月经不规则，功血，不孕以及腰酸，头晕，乏力，畏寒或大便溏薄，基础体温偏低，雌激素水平下降等症状。

肾为元阴元阳之宅。肾阴为一身阴液根本，可滋润形体脏腑，充养脑髓骨骼，抑制阳亢火动，以维持正常生长发育与生殖机能活动。若肾阴不足，则阴虚内热，一方面表现为肝火炽盛，出现多毛而有面部火升、心烦易怒、口苦、乳腹作胀、痤疮、头痛头晕、血压不稳定等症状；另一方面表现为肺胃阴虚内热，出现多毛而有口干咽燥、头冒生疮、鼻衄齿衄、大便燥结等症状。

【治疗原则】

本病可由多种病因引起，通过临床辨证，可将此病分为内热、肝火、阴伤、肾虚、痰实等证型，治疗中适当结合辨病，可以提高疗效。内热者宜泻热通腑；肝火过旺者宜泻肝胆火，清三焦湿热；阴伤者宜滋阴养液；肾虚者宜扶元补肾；痰实者宜化痰软坚。大抵由皮质醇增多症所致者，表现为肝火上逆，腑实居多，有余之象；由多囊卵巢综合征所致者，多数表现为肾虚、阴虚津伤证，但亦有表现为肝胆火旺、痰实等实证。多囊卵巢综合征患者，由于双侧卵巢增大，包膜增厚，故应加入化痰软坚、散结化瘀之品，如昆布、海藻、穿山甲、皂角刺、三棱、莪术等，也应根据月经不调、排卵障碍和不孕，从补肾着手，在月经周期相当于排卵时，加用活血化瘀药物，以促使排卵。这种相应配合，可取得较好疗效。

【辨证论治】

1. 内热腑实型

多毛而伴有满月脸，红润多脂，向心性肥胖，月经量少或闭止，饥饿多食，烦躁心悸，喜凉恶热，下腹壁及大腿内侧有紫纹，大便秘结，腹部胀满，头痛头晕，面部痤疮或血压偏高，实验室检查可见嗜酸性粒细胞减少，空腹血糖增高，葡萄糖耐量试验呈糖尿病样曲线，24 小时尿 17-羟皮质类固醇、17-酮类固醇增高。舌苔薄黄，脉沉数有力。

治法：通腑去实，泻三焦火炽。

方剂：大承气汤加味。

药物：生大黄 6g　　芒硝 6g　　厚朴 6g　　枳实 6g
　　　生何首乌 15g　　龙胆草 15g　　黄精 15g

水煎服。每周服药 5 剂，休息 2 日。连续治疗 8 周，休息 2 周，为一疗程。

方义分析：方取"实则泻之"的原则，采用大承气汤（硝、黄、朴、枳）通腑泻实，配合龙胆草以清三焦肝胆之火热；何首乌、黄精养肝肾之阴而滋液，以达标本同治目的。药理研究证明，黄精对肾上腺引起的血糖过高呈显著抑制作用，并有降压作用，还能防止动脉粥样硬化及肝脏脂肪浸润。临床发现黄精对肾上腺皮质机能亢进而引起的脂肪、糖代谢紊乱均有一定作用。本方适用于皮质醇增多症而致的多毛症。

处方加减：气短乏力者，加太子参；血压偏高者，加夏枯草、菊花、钩藤；心悸、失眠者，加丹参、酸枣仁、夜交藤。

2. 肝火炽盛型

多毛而伴有形体肥胖壮实，月经失调，不孕，乳胀，乳头刺痛，面部升火，心烦易怒，口苦，面部痤疮，基础体温单相，阴道涂片示雌激素水平偏低或正常，尿17-酮类固醇正常或略高，气腹造影或腹腔镜检查提示双侧卵巢增大（大于1/4宫体），苔薄黄，舌质偏红，脉弦。

治法：清泄肝火，除下焦湿热。

方剂：龙胆泻肝汤。

药物：龙胆草6 g　　柴胡6 g　　泽泻10 g　　车前子19 g
　　　木通10 g　　生地黄10 g　　当归尾5 g　　栀子9 g
　　　黄芩9 g　　甘草6 g

方义分析：方以龙胆草泻肝胆实火，除下焦湿热；黄芩、栀子苦寒，协助龙胆草以加强清肝除湿热之力；泽泻、木通、车前子清利湿热，引火从小便而出；当归、生地黄养阴益血；柴胡舒畅肝胆；甘草调中和药。各药合用，泻中有补，清中有养，既能清肝火，又能清湿热。适用于多囊卵巢综合征而有肝火炽盛者。

3. 阴虚津伤型

多毛而伴有口干咽燥，唇红，大便干燥，牙龈出血，面部痤疮，鼻干燥或出血，月经不调，舌质红，苔干少，脉细或细数。

治法：养阴生津，清热潜阳。

方剂：增液汤加减。

药物：生地黄30 g　　鱼腥草15 g　　天门冬12 g　　石斛12 g
　　　天花粉12 g　　煅牡蛎3 g　　紫草15 g　　玄参24 g

方义分析：方以生地黄、天冬、花粉、玄参、石斛养阴生津；紫草、鱼腥草清热、凉血、解毒；牡蛎育阴潜阳。紫草对脑垂体有抑制作用，从而影响脑垂体对卵巢、肾上腺的刺激，而达到内分泌平衡。本方适用于多囊卵巢综合征及其他原因所致多毛症而伴有阴虚津枯内热者。

处方加减：阴虚津少热盛，便干如羊屎或鼻衄，牙龈出血者，加牡丹皮、大黄、黄芩，重用生地黄；多囊卵巢综合征者，加软坚化痰、通络化瘀药物。

4. 痰湿郁滞型

多毛而伴有形体丰满，肥胖，月经稀发或闭止，亦有崩漏不断，不孕，阴道涂片多显示有一定雌激素水平，脉细或缓，舌淡红，脉沉伏。

治法：化痰软坚，补肾健脾。

药物：夏枯草 12 g　　昆布 12 g　　穿山甲 12 g　　皂角刺 12 g
　　　象贝母 12 g　　胆南星 6 g　　赤芍 10 g　　　菟丝子 12 g
　　　仙灵脾 12 g　　白术 10 g

方义分析：方以夏枯草、山甲、皂角刺软坚通络；象贝母、胆南星化痰；白术燥湿健脾；仙灵脾、菟丝子补肾助阳，肾阳为一身阳气之本，阳足能温运脾土，则痰湿可化。适用于多囊卵巢综合征及其他原因所致多毛症，以痰郁为表现者。

5. 肾虚痰郁型

多毛而伴有腰酸头晕，乏力怕冷，大便溏薄，月经稀少或闭止，不孕，基础体温偏低，雌激素水平偏低，舌淡，脉细。

治法：补肾助阳，化痰软坚。

药物：熟地黄 9 g　　菟丝子 12 g　　覆盆子 12 g　　仙灵脾 12 g
　　　仙茅 9 g　　　夏枯草 12 g　　穿山甲 12 g　　皂角刺 12 g
　　　象贝母 12 g　　昆布 12 g

方义分析：方用熟地黄、菟丝子、覆盆子、灵脾、仙茅补肾助阳；夏枯草、山甲、皂刺、贝母、昆布软坚化痰通络。适用于多囊卵巢综合征表现为肾虚痰郁者。

处方加减：肾阳过虚，畏寒肢冷者，加肉桂；多便溏者，加山药、葫芦巴。

【局部治疗】

处方：海浮石 10 g　　　炉甘石 2 g

制法：研极细末备用。

用法：先用甜杏仁 15～30 g 捣研，用纱布包扎成球，轻轻来回搽多毛处，以局部皮肤微红为止。再用棉球蘸药粉，轻轻搽患处，以局部微红为止，每日 1 次，7 天为一疗程。口唇上部可用药粉和 50% 甘油 15 mL 调成霜剂涂搽带摩动。一般治疗二个疗程，病毛转黄软疏稀为有效。以后可以 3～7 天搽一次，观察 2 个月，无反复时停药（摩擦不宜过重，过重则易使毛囊起红点或皮屑，此时应停药，待消退后再用）。

（三）肥胖病

成人的标准体重，可根据世界卫生组织的标准体重计算公式来计算。男性标准体重（kg）=［身高（cm）-80］×70%。女性标准体重（kg）=［身高（cm）-70］×60%。此法所得结果上下浮动 10% 均为正常。凡超过标准体重 10% 称为过重，超过 15% 则为肥胖。

一般来讲，肥胖可分为内源性肥胖和外源性肥胖两大类，前者主要是由肾上腺皮质过度增生、甲状腺功能减退、性腺功能不足、垂体嗜碱性腺瘤（柯兴氏病）、下丘脑功能失调（肥胖生殖无能综合征、妊娠后肥胖）、神经性肥胖（大脑炎或脑部受伤后）以及体质异常等原因引起，后者主要是营养过度等的影响。曾有人分析过 275 例肥胖症，仅 5 例为内分泌性，2 例为神经性，其余均为营养过度和家族因素的影响。

【病　因】

祖国医学认为本病的发生，乃过食膏粱厚味，致脾胃受损为发病主因，亦有肾气不足及肝失调达而致者。

【病　机】

本病主要与脾肾功能失调有关。陈修园说："大抵素禀之盛，从无所苦，惟是湿痰颇多。"汪昂说："肥人多痰而经阻，气不运也。"由此所谓肥人多痰、多湿、多气虚，这确属临床宝贵经验的总结。气虚是本，痰湿为标。气虚、痰湿是绝大多数肥胖者的基本病理。

脾为后天之本，司运化之职，生化之源。一方面脾吸收水谷精微，为各脏腑及气血精微等提供物质基础；另一方面，脾主运化还关系到水液的代谢与输布，若脾失健运，即可引起水湿滞留。湿为痰之始，痰为湿之变，故脾阳湿困中气受损，痰湿由生，宿滞于内而致肥胖。

肾又主水，在调节体内水液平衡方面起着极为重要的作用。肾对水液的调节在于肾的气化作用，肾气化正常，则开合有度。所以，痰湿聚于体内，与肾亦有一定关系。脾土健运，依赖于命门之火的温煦，脾肾阳气互相资生，在温煦肢体、运化水谷精微、气化水液等机能方面起着协同作用，故脾肾阳虚，可表现为阴寒内盛，运化失职，水液痰湿停滞病变而致肥胖。

肝失疏泄，调畅气机，协助脾胃之升降。若情志太过，肝郁气滞，一方面木旺克土，形成肝脾不和，以致影响水湿代谢而致肥胖；另一方面可致气机阻滞，气血失和而致气滞血瘀出现肥胖。

临床证候分析，亦属一派痰浊标实，脾肾为虚之见症。眩晕、耳鸣，为痰浊上蒙，清阳不展；心悸是痰浊凌心，心神不宁，咯吐黏白痰，痰出则神思爽利，是脾家痰浊干肺蒙心之征；肢体重滞、手胀，为痰浊阻络所致；腰背疼痛，月经紊乱，下肢浮肿，乃脾为湿困，脾气不升；皮肤紫纹，月经量少或闭止，乃气滞血瘀；便溏多汗，亦为脾元不足；头痛头晕，心烦易怒，又为肝郁化火。舌苔薄白或白腻，脉沉、滑或脉沉细或细滑，乃痰浊内蕴，气机郁滞，脾虚不足之候。

【治疗原则】

肥胖病的治疗原则，应该是补其不足、泻其有余。针对肥胖病因、病机及证型，采用祛痰化浊、利湿降脂、益气健脾、温肾助阳或滋补肝肾、养血降火、疏肝理气、活血化瘀等治疗法则。

近年国外有人提出肥胖的"中枢调定点学说"，认为肥胖是中枢调定点障碍所致。脂肪代谢的中枢调节需通过中枢的靶器官（如肝脏）来实现。因此认为中药治疗肥胖的作用机理，可能是除直接的降脂减肥作用外，还通过改善脂肪代谢的中枢调节和肝脏脂肪代谢障碍而起作用。

除用适当药物治疗外，养成良好生活习惯，坚持适当体育活动，安排合理的饮食，对肥胖症的治疗也有极其重要的意义。

【辨证论治】

1. 脾虚湿困型

肥胖而伴有浮肿，腹满尿少，四肢乏力，周身肢节酸困，心悸间作，嗜睡胸闷，经量减少或闭止，舌苔薄白，脉沉滑。

治法：健脾燥湿，理气化痰。

方剂：二术二陈汤或平胃二陈汤加减。

药物：加减二术二陈汤：

炒苍术 10 g	炒白术 10 g	半夏 10 g	陈皮 6 g
茯苓 15 g	薏苡仁 30 g	石菖蒲 3 g	荷叶 15 g
通草 3 g	枳壳 10 g		

方义分析：方用白术、苍术、薏苡仁燥湿健脾；半夏、陈皮化痰；茯苓、通草利湿；治痰须治气，石菖蒲、枳壳芳香醒脾，开窍利气；荷叶合薏苡仁减肥去脂。本方适用于外源性肥胖病及体质异常性肥胖病。

加减平胃二陈汤：

槟榔 30 g	厚朴 15 g	陈皮 15 g	半夏 15 g
茯苓 15 g	枳壳 15 g	山楂 15 g	白芥子 10 g
生大黄 6 g	苍术 15 g	甘草 3 g	

方义分析：方用平胃散（陈、朴、苍、草）燥湿健脾，行气和胃；枳壳、槟榔、白芥子、山楂理气化痰，降脂减肥；二陈汤（半、陈、苓、草）燥湿化痰，理气和中；生大黄通腑去脂，推陈致新。合为燥湿健脾，通腑去脂之剂，有减肥之功。本方适用于外源性肥胖病及体质异常性肥胖病。

2. 脾肾阳虚型

肥胖尿少，头眩耳鸣，神疲嗜睡，纳呆便溏，胸闷痰多，面色㿠白，腰酸肢痛，周身肌肉发胀，月经量少或闭止，舌淡苔白腻，脉濡。

治法：脾肾双补，温湿化痰。

方剂：防己黄芪汤加减。

药物：

(1) 处方：黄芪 15 g　　防己 15 g　　白术 15 g　　川芎 15 g
　　　　　制何首乌 15 g　泽泻 15 g　　生山楂 30 g　丹参 30 g
　　　　　茵陈 30 g　　水牛角 30 g　仙灵脾 15 g　巴戟天 12 g

方义分析：方以黄芪、白术益气健脾；仙灵脾、巴戟天补肾助阳；首乌滋肾填精；川芎、丹参理气活血；防己、泽泻、茵陈、山楂、水牛角利湿降脂。本方具有益气健脾、温肾助阳、滋肾填精、活血调经、利水消肿之效，适用于甲状腺功能迟钝、性腺功能不足及体质异常性肥胖病。

(2) 处方：防己 15 g　　黄芪 20 g　　泽泻 15 g　　白术 15 g
　　　　　仙灵脾 15 g　巴戟天 15 g　丹参 20 g　　三棱 10 g
　　　　　莪术 10 g　　郁金 10 g　　当归 10 g　　鸡血藤 15 g

方义分析：方用黄芪、白术益气健脾；防己、泽泻利湿降脂；巴戟天、仙灵脾补肾助阳；当归、鸡血藤、郁金、丹参、三棱、莪术补血活血，化瘀通络。本方适用于甲状腺功能迟钝、性腺功能不足及体质异常等肥胖病而有脾肾两虚，经少经闭者。亦可用于神经性肥胖而有脾肾两虚者。

3. 肝郁化热型

体胖口干，面部火升，头痛眩晕，心烦易怒，便结纳旺，胸闷气短，月经失调，尿少溲黄，肢体肿胀，乏力沉重，舌红苔黄，脉沉弦数。

治法：清肝除湿，降脂减肥。

药物：

(1) 处方：牡丹皮 10 g　山栀子 10 g　柴胡 6 g　　郁金 10 g
　　　　　虎杖 15 g　　白芍 15 g　　山楂 20 g　　草决明 20 g
　　　　　枳壳 10 g　　夏枯草 15 g　生何首乌 15 g　苍术 10 g
　　　　　生地黄 10 g

方义分析：方用山栀、牡丹皮清热凉血；柴胡、郁金疏肝解郁；生地黄、白芍、首乌养阴柔肝；枳壳行气；虎杖、草决明、山楂通腑去脂；苍术利湿去脂；夏枯草平肝火之亢逆。合为清肝除湿、泻火降脂之剂，适用于肾上腺皮质过度增生、体质异常之神经性肥胖而有肝郁化火者。

(2) 处方：苍术 10 g　　黄芩 10 g　　夏枯草 10 g　　菊花 10 g
　　　　　泽泻 20 g　　女贞子 15 g　　墨旱莲 15 g　　山楂 30 g
　　　　　生地黄 12 g　　枸杞子 12 g　　生何首乌 15 g　　桑寄生 15 g
　　　　　茺蔚子 15 g　　丹参 15 g

方义分析：方用苍术、泽泻、山楂除湿降脂；黄芩、夏枯草、菊花平肝清热；女贞子、墨旱莲、首乌、生地黄、桑寄生滋补肝肾；茺蔚子、丹参调经活血。本方适用于肾上腺皮质过度增生及体质异常肥胖而有肝郁化热，肝肾阴伤，肝阳上亢而月经失调者。

4. 气滞血瘀型

肥胖而腰背酸痛，胸闷气促，月经失调，腹胀肢沉，晨起浮肿以眶周及面颊部较显，下午至睡前较明显，时间久，服一般利尿药少效，苔白脉沉弱。

治法：理气化瘀，健脾补肾。

药物：三棱 10 g　　莪术 10 g　　郁金 10 g　　丹参 10 g
　　　肉苁蓉 10 g　　仙灵脾 10 g　　巴戟天 10 g　　黄芪 15 g
　　　白术 10 g　　泽泻 15 g　　陈皮 10 g　　青皮 10 g

方义分析：方用三棱、莪术、丹参化瘀活血；肉苁蓉、巴戟天、仙灵脾补肾助阳；黄芪、白术、苍术益气健脾；郁金、陈皮、青皮开郁行气；泽泻利湿去脂。合为脾肾两补，理气化瘀之剂。本方适用于甲状腺功能不足、性腺功能低下、下丘脑功能失调及体质异常肥胖而以脾肾两虚、瘀滞湿阻者。

【针刺疗法】

1. 耳针疗法

取穴：饥点、食道、贲门、胃、肺。

针法：每次选 2～3 个针感强的穴位，如两耳针感都强则同时取穴。其中饥点为必取之穴。针具采用圆钉型皮内针。埋藏后，以胶布固定，每周换一次。患者在饥饿时或想吃零食时需给予刺激，以加强疗效。一般需连续治疗 10～20 次（2～4 月）。

2. 针刺疗法

取穴：通天（足运感区，头顶正中百会穴向旁开 1~2 横指，左右各一穴）、脑空（平衡区，后头部，在耳尖与枕外粗隆两点划成一平行线的 1/2 处）、头维（生殖区，额角部发际边缘）、悬厘（额角与耳尖划成一斜线的 1/2 处，耳尖前上方）。

针法：每次选用两穴，如通天配脑空，用于肥胖、浮肿、乏力、食欲亢进者；头维配悬厘穴，用于月经不调或闭经显著者。

通天斜向后沿皮刺 1~1.5 寸深；脑空沿皮斜向后下刺 1~1.5 寸深；头维沿皮斜向后下刺 1~1.5 寸深；悬厘沿皮斜向后下刺。

针刺入皮后，针麻机通电，脉冲频率每分钟 300 次左右。电刺激强度以患者有麻胀紧感，以能忍受为度。通 10 min 电，休息 10 min，再通电 10 min（共 30 min），10 天为一疗程，每疗程间休息 2~3 天，再进行下一疗程。

八、对妊娠期疾病的认识和治疗经验

（一）妊娠中毒症

妊娠中毒症为妊娠期母体特有的疾病，常有高血压、蛋白尿、水肿等症状，症状加重可发展为子痫等。其病因直接由妊娠而引起，所以该疾病不存在于妊娠之前，而且多数也随妊娠的终结而消失。按照发病的早晚，妊娠中毒症可分早期及晚期：发生于妊娠最初 3~4 个月中者，称为早期妊娠中毒症，晚期妊娠中毒症则通常发生于妊娠 24 周以后。

早期妊娠中毒症

早期妊娠中毒症，包括妊娠呕吐、妊娠流涎，但二者多同时出现。妊娠流涎一般无严重影响，常不需治疗。妊娠呕吐，轻者亦不足为害；若剧烈呕吐，不但给患者造成营养障碍，甚至危及生命，而不得不终止妊娠，故在此主要讲述妊娠呕吐。

妊娠呕吐这一名词，首见于张仲景《金匮要略》一书。隋代巢元方《诸病源候论》有"妊娠恶阻"的名词，中医习用至今。医籍中也有称为"子病""儿病""食病"的。妇女有孕为发生呕吐的基本原因，但呕吐发生与否，尚取决于人体内环境的稳定性。

【病　因】

妊娠呕吐的发生，有孕是发生的基本条件，但主要是因脾胃不足，肝胃失和。

【病　机】

《内经》曰："足厥阴肝所生病者，胸满呕逆。""诸呕喘……皆属于肝。"因而《张氏医通》认为呕吐主系肝虚；《傅青主女科》认为系"肝气上逆"。由于肝气过旺，脾胃素虚，致肝木克土，而发生不食及胃气上逆的呕吐症状。

【治疗原则】

在治疗上王老认为宜调理肝脾，肝平则呕止，胃和则能纳。故一般以健脾化痰、顺气和胃、平肝抑木、益气养阴等法则为治疗原则。

王老将本病分为胃虚型、肝热型、痰湿型和气阴两虚型共四型。并据其证型拟定相应的经验方。

【辨证施治】

1. **胃虚型**

妊娠二三月，恶心呕吐，不思饮食，胃脘虚胀，身倦无力，嗜睡，便溏或正常，口淡乏味，舌苔薄白，脉沉而滑。

治法：健脾和胃，理气降逆。

方剂：加味香砂六君子汤或加味二陈汤。

药物：加味香砂六君子汤：

广木香6g	砂仁3g	半夏9g	陈皮6g
白术9g	茯苓9g	竹茹（姜汁炒）9g	党参15g
伏龙肝18g	甘草3g		

方义分析：方中六君子汤（参、术、苓、草、夏、陈）健脾益气，化痰和中；广木香、砂仁芳香醒脾，和胃畅中，调理气机；再加伏龙肝、姜竹茹，以增降逆止呕之力。小半夏汤及伏龙肝为自古以来治疗呕吐、妊娠呕吐的有效方剂。动物实验证明复方半夏（半夏、生姜）流浸膏、半夏流浸膏、伏龙肝等对毛地黄引起的呕吐有明显的抑制作用。

加味二陈汤：

半夏 15g　　陈皮 6g　　茯苓 12g　　甘草 6g

白芍 15g　　大枣 6g　　生姜 6g　　砂仁 6g

白术 9g　　竹茹 6g　　当归 9g　　党参 12g

甜梨 1 个　　旋覆花 9g

方义分析：方中二陈汤（夏、陈、苓、草）合旋覆花以止呕化痰；白芍、当归柔肝养血；大枣、生姜、竹茹和胃止呕；甜梨生津；党参、砂仁、白术益气醒脾。

2. **肝热型**

吐酸水或清水，泛恶嗳气，胸闷胁胀，头眩晕，精神抑郁，面色青，时而太息，坐卧不适，饮食减少，舌苔薄白而黄，脉弦细滑数。

治法：清肝和胃，降逆止呕。

方剂：加味左金丸或加味温胆汤。

药物：加味左金丸：

吴茱萸 3g　　黄连 4.5g　　砂仁 6g　　代赭石 30g

半夏 12g

方义分析：方中左金丸（萸、连）辛开苦降，清胃热，开肝郁；砂仁芳脾；半夏、赭石止呕而平肝降逆。

加味温胆汤：

陈皮 9g　　茯苓 9g　　枳实 6g　　竹茹 9g

麦冬 9g　　芦根 24g　　甘草 3g　　黄连 3g

半夏 9g　　黄芩 6g　　生姜 6g　　大枣 6g

方义分析：方中温胆汤（夏、陈、苓、草、枳、枣、茹）理气和胃，化痰止呕；黄芩、黄连以清肝胃之热；麦冬、芦根生胃津；生姜止呕和胃。合为清热理气，和胃生津止呕之剂。

3. **痰湿型**

呕吐痰多，头重昏胀，口中淡腻，胸脘满闷，饮食不下，神疲嗜卧，小便不利，舌苔白腻，脉弦沉而滑。

治法：健脾除湿，化痰降逆。

方剂：旋覆代赭汤或干姜人参半夏汤；

药物：旋覆代赭汤：

  旋覆花 9 g 代赭石 24 g 半夏 15 g 党参 18 g

  甘草 3 g 生姜 6 g 大枣 6 g

方义分析：方中党参、甘草、大枣甘温益气；旋覆花降气化痰；赭石降逆而平肝；半夏、生姜和胃止呕。合为化痰健中，降逆止呕之剂。

  干姜人参半夏汤：

  半夏 15 g 人参（或党参）18 g 干姜 6 g 白术 9 g

  茯苓 12 g 陈皮 9 g 甘草 3 g

方义分析：方中二陈汤（夏、陈、苓、草）燥湿化痰，理气和中；加党参、干姜温中益气健脾；白术以加强除湿之力。合为化痰益气，除湿止呕之剂。

4. 气阴两虚型

平素气血不足，肝木偏旺，受孕而呕吐较剧，持续日久，正气更衰，头眩发热，面色㿠白，口干欲饮，脉滑大或沉细弦，舌质红苔薄。

治法：益气养阴，和胃止呕。

方剂：顺肝益气汤或加味生脉散。

药物：顺肝益气汤：

  熟地黄 24 g 党参 12 g 白术 9 g 当归 9 g

  茯苓 9 g 麦冬 9 g 苏子 9 g 神曲 9 g

  砂仁 3 g 陈皮 6 g 白芍 12 g

方义分析：方中熟地黄、当归、白芍、麦冬养阴柔肝而益血；党参、白术、茯苓益气健中；苏子、砂仁、神曲降气醒脾。合为益气和中，养阴柔肝之剂。

  加味生脉散：

  麦冬 24 g 五味子 6 g 党参 15 g 代赭石 30 g

  白芍 15 g 伏龙肝 24 g 生地黄 12 g 玄参 15 g

  甘草 6 g

方义分析：方用生脉散（党、麦、味）益气养阴；生地黄、玄参养生津；白芍、甘草、代赭石、伏龙肝柔肝抑木，降逆止呕。

晚期妊娠中毒症

晚期妊娠中毒症通常发生于妊娠24周以后。在产科中，晚期妊娠中毒症与产科出血妊娠并发心脏病及产后感染，并称为威胁产妇生命的"四大疾病"。这种疾病，不仅对孕妇可造成严重后果，且可危及胎儿生命。该病基本临床症状为高血压、水肿、蛋白尿与脑症状，如昏迷、抽搐等，这几种中，以高血压最多见，水肿次之，蛋白尿更次之，而这三者常相互伴随出现，若出现昏迷与抽搐时，病已进入严重阶段，称为子痫。晚期妊娠中毒症属于祖国医学中所载"胎水肿满"（子肿、子气、子满）及子痫等症候的集中或单独表现。

【病因】

关于晚期妊娠中毒症的发生原因，目前尚无公认的，而且能解释全部病例的结论。医学界认为大致有以下几种原因：①孕妇机体的物质代谢障碍多；②胎盘的关系、子宫-肾脏的反射作用；③内分泌紊乱，特别与肾上腺皮质的关系密切；④过激性作用，精神神经因素等。

【病机】

王老认为妊娠中毒症的发病机制，当属脾肾二脏的失调。肾藏精为先天之本，胎脉所系；脾为后天生化之本，冲任二脉营血的来源，妊娠后真阴和营血通过冲任养育胎元，以致真阴与脾气重虚。脾虚不能运化，以致水湿壅滞，发生肿满。肾阴虚则水不涵木，肝木偏旺而致眩晕；水不济火而致失眠、心悸、多梦。由于五脏阴阳是互根的，所以脾虚肿满后，阳病及阴则脾无精微以化血养肝，肝阳偏旺而发展成为脾虚肿满肝旺，先肿满而后出现眩晕，即先水肿而后出现高血压。同样，肾阴虚而致肝旺，日久则阴病及阳，不能化气，可以发展成为肾虚肝旺肿满，先眩晕而后肿满，即先高血压而后水肿。

肾虚肝旺及肾虚肝旺肿满和脾虚肿满肝旺，因为都已有肝旺共性，化火生风，挟痰上扰，均可以发展成为子痫。

【治疗原则】

妊娠中毒症的治疗原则，根据临床证型而定。凡脾虚肿满者，宜健脾渗湿。

脾虚肿满肝旺者，宜健脾平肝，利湿消肿。凡肾虚肝旺者，宜滋阴柔肝。肾虚肝旺肿满者，宜滋阴柔肝，佐以淡渗；若脾肾阳虚者，宜兼补脾肾之阳。肝风内动，子痫发生，宜平肝熄风化痰，清心宁神为必要法则。总之，一般均针对肝、脾、肾诸脏的病变所在，分别进行治疗，强调以肾为主要关键。因妊娠中毒症的发病机制与肾阴及肾阳有密切关系，在治疗上重在滋肾平肝为主。

【辨证施治】

妊娠水肿

在妊娠中毒症的发展过程中，由于毛细血管渗透性增高，水、钠潴留于组织间，因而形成水肿。

1. 脾虚肿满型

患者下肢浮肿或遍身浮肿，口淡无味，食欲不振，呕恶胸闷，肢体倦怠，腹满便溏或先干后溏，脉缓，舌苔薄白或厚腻。

治法：温通脾阳，理气行水。

方剂：加味五皮饮。

药物：桑白皮 12 g　　陈皮 9 g　　生姜皮 6 g　　大腹皮 9 g
　　　茯苓皮 12 g　　党参 15 g　　当归 9 g　　　白术 9 g
　　　茯苓 9 g　　　炙甘草 3 g　　黄芪 2 g

方义分析：方用五皮饮（桑、陈、姜、苓、腹）行气化湿利水；四君子汤（参、术、苓、草）健脾益气和中，其中茯苓实验证明有较强的利尿作用，白术亦有利尿作用，促进钠的排泄。黄芪、当归益气养血；且黄芪有强心利尿，扩张血管，降低血压，增强毛细血管抵抗力及性激素样作用。

2. 阳虚肿满型

若浮肿而兼肢冷畏寒，腰酸胀，便溏食少，倦怠无力，面色不华，舌淡胖润或薄白，脉弱微迟或细涩。

治法：温补脾肾，行水利湿。

方剂：加味五苓散。

药物：白术 9 g　　猪苓 9 g　　肉桂 6 g　　泽泻 9 g

陈皮 9 g　　　补骨脂 9 g　　　胡芦巴 9 g　　　党参 15 g

菟丝子 15 g　　巴戟天 15 g　　老鹿角 12 g　　续断 15 g

方义分析：方用五苓散合陈皮，通阳化气利水；党参益气健中；补骨脂、菟丝子、胡芦巴、老鹿角、巴戟天、续断温补肾阳而助健运气化。诸药合为温阳利水之剂。

妊娠高血压

由于小动脉痉挛，周围血管阻力增加而引起血压增高。肾小动脉痉挛，肾血流量减少，肾组织缺氧，使增压物质分泌增多，以致血压波动在较高水平。

1. 阴虚阳亢型

头痛眩晕，咽干口燥，心烦失眠，颜面潮红，腰酸痛，视物模糊或重视，脉弦或细数，舌质红，苔黄或光剥而燥。

治法：滋肾养阴，柔肝抑木。

方剂：加减杞菊地黄丸或加减一贯煎。

药物：加减杞菊地黄丸：

枸杞子 12 g　　菊花 12 g　　　白芍 15 g　　　山茱萸 12 g

熟地黄 30 g　　山药 18 g　　　续断 12 g　　　桑寄生 24 g

石决明 4 g　　　钩藤 15 g　　　龟板 24 g　　　鳖甲 18 g

方义分析：方中熟地黄、山茱萸、白芍、续断、枸杞子、山药养阴益肝肾；桑寄生益肝肾，且有降压、利尿作用，对血管硬化性高血压及郁血性肾炎等均有效，对原发性高血压亦有效。钩藤平肝，能抑制血管中枢而使血压下降，有镇静作用多有抗惊厥作用，对实验性癫痫有一定疗效。鳖甲、龟板、石决明养阴潜阳以助钩藤、桑寄生降压之力。

加减一贯煎：

生地黄 30 g　　麦冬 12 g　　　枸杞子 15 g　　白芍 15 g

当归 9 g　　　　黄芩 9 g　　　女贞子 15 g　　墨旱莲 15 g

桑寄生 15 g　　石决明 18 g　　何首乌 18 g

方义分析：方中生地黄、麦冬、枸杞子、白芍、当归、首乌、女贞子、墨旱莲等以滋肾柔肝养阴；桑寄生、石决明降压而潜阳；黄芩除有扩张血管、降低血压、利尿及镇静作用，黄芩中所含黄芩酮苷和黄芩素均有抗过敏作用，而黄芩素作用更强。

2. 阴虚脾湿型

面目及下肢中度浮肿，胸膈胀满，兼有头痛眩晕，心烦易怒，夜眠不安，心情抑郁，口略干，舌苔薄腻微黄或厚腻而黄，舌质带赤，脉弦滑。

治法：健脾平肝，行水利湿。

方剂：加减逍遥散或加减半夏天麻白术汤。

药物：加减逍遥散：

柴胡6g	白芍15g	茯苓24g	白术9g
黄芩9g	山栀9g	天麻12g	桑寄生24g
菊花12g	防己12g	何首乌24g	钩藤15g

方义分析：方中柴胡疏肝；白芍、首乌滋阴柔肝；防己降压而利尿，还有抗过敏及扩张血管作用；合茯苓、白术利尿去湿；合钩藤、桑寄生降压；天麻入肝，有镇静息风作用，动物实验证明天麻有抗痉挛性惊厥作用，且毒性甚低，对实验性癫痫有一定疗效。菊花亦有抑制中枢神经作用；黄芩、山栀清热而降压，抗过敏及镇静。方意深远，效果显著。

加减半夏天麻白术汤：

天麻9g	白术9g	豨莶草15g	刺蒺藜12g
半夏9g	党参12g	钩藤24g	茯苓15g
泽泻9g	薏苡仁15g	白芍15g	山药18g
何首乌24g			

方义分析：方中豨莶草、钩藤、刺蒺藜平肝抑木而降血压；天麻息风镇惊；党参、白术、茯苓、泽泻、薏苡仁、半夏益气健脾，行水利湿；白芍、首乌养阴柔肝。

先兆子痫

妊娠中毒症发展到先兆子痫阶段，其病变损害较为广泛，由于全身小动脉持续痉挛，致血压持续升高，因肾小动脉痉挛、缺氧、血管壁受损，管壁通透性改变，血浆蛋白可从肾小管滤过而出现蛋白尿；水钠代谢未得到改善而水肿加剧。且因小动脉痉挛，视网膜及脑组织水肿，而出现头痛，视力模糊，呕吐等症状，提示病情严重，应中西结合治疗，以减少子痫发生。

1. 阴虚肝旺型

头痛眩晕，腰酸痛，小便不利或频数而量少，遍身浮肿，恶心呕吐，视力减退，脉弦细而数，舌质红，苔干腻而黄。

治法：滋阴益肾，平肝淡渗。

方剂：加减六味地黄汤。

药物：熟地黄 30 g 山药 15 g 茯苓 24 g 山茱萸 9 g
泽泻 12 g 白芍 15 g 何首乌 30 g 女贞子 15 g
墨旱莲 15 g 葛根 30 g 钩藤 24 g 地龙 12 g
桑寄生 24 g 菊花 12 g

方义分析：方中熟地黄、首乌、白芍、山茱萸、女贞子、墨旱莲滋养肝肾；山药、茯苓、泽泻健脾利湿以降低脑压及水肿；葛根扩张脑血管，改善脑部缺血、缺氧状态；地龙利尿、抗过敏，且合菊花、桑寄生、钩藤等息风镇静而降压。

2. 阳虚肝旺型

头晕头痛，眼花耳鸣，心悸，浮肿，肢麻无力，小便频数，腰酸畏寒，便溏食少，脉沉而弦，苔薄白或白腻。

治法：引火归元，平肝熄风。

方剂：加减桂附地黄汤。

药物：熟地黄 24 g 附子 9 g 肉桂 6 g 天麻 12 g
全蝎 6 g 桑寄生 24 g 枸杞子 15 g 茯苓 30 g
地龙 12 g 泽泻 12 g 菟丝子 12 g 淫羊藿 15 g
豨莶草 24 g

方义分析：方中熟地黄、枸杞子、菟丝子、淫羊藿滋肝益肾；附子、肉桂引火归元；天麻、全蝎、地龙息风镇肝，以防子痫发生；茯苓、泽泻利尿行水；地龙合桑寄生、豨莶草降压。

子 痫

子痫往往由先兆子痫未经适当治疗发展而来，除有高血压、水肿、蛋白尿等症状外，还具有复杂的症候群，其中最典型的是全身肌肉痉挛性抽搐以及昏迷。子痫为妊娠中毒症最严重阶段，其病理损害已波及全身各重要器官。由于全身小动脉痉挛和水钠潴留，引起组织器官缺血、缺氧、水肿、出血以及坏死等改变，可出现脑水肿，甚至脑出血，颅内压增高，肝肾损害，眼底水肿或出血，肺水肿，心肌损害，胎盘缺血、缺氧等病理改变。

1. 肝风内动型

突然昏迷，抽搐痉挛，筋惕肉瞤，头热痛，眩晕呕吐，脉弦数有力或滑弦有力，舌质红，苔黄。

治法：平肝熄风，清心宁神。

处方：加减天麻钩藤饮。

药物：天麻 12 g 钩藤 24 g 生石决明 30 g 桑寄生 30 g
　　　杜仲 12 g 栀子 9 g   黄芩 12 g   何首乌 30 g
　　　麦冬 15 g 知母 9 g   汉防己 15 g   泽泻 12 g
　　　全蝎 6 g   地龙 15 g 丹参 24 g   葛根 30 g

方义分析：方中天麻、钩藤、石决明、地龙、全蝎、桑寄生、杜仲平肝阳，息肝风；黄芩、栀子泄肝火，降压而镇静；首乌、麦冬、知母养肝肾之阴，益水而柔肝，亦有安神镇静之效；丹参活血凉血，合葛根均扩张血管，促进血液循环，以改善组织缺血、缺氧、水肿等病理状态；防己、泽泻降压而利水，以改善脑水肿、肺水肿情况；防己、地龙还有抗过敏作用，以增强机体内环境的稳定性。

2. 湿痰壅肺型

子痫发绀，呼吸困难，不能平卧，咳嗽气急，吐出大量泡沫痰，痰内混有淡红色液，冷汗淋漓，头昏痛，浮肿，脉细数，舌质紫红，苔白而干黄。

治法：泻肺化痰，平肝熄风。

方剂：加味葶苈大枣泻肺汤。

药物：葶苈子 9 g 大枣 12 g   桑白皮 15 g 地骨皮 15 g
　　　黄芩 12 g   地龙 15 g   胆南星 9 g   石菖蒲 9 g
　　　远志 9 g   钩藤 24 g   桑寄生 30 g

方义分析：方中葶苈大枣泻肺汤（葶、枣）泻肺逐饮；泻白散（桑、骨）合黄芩以清肺平喘；桑白皮可降血压，并有利尿作用，使尿中氯化物排泄增多；地骨皮有镇静和降血压作用；桑寄生、钩藤、黄芩、地龙又能降血压、抗惊厥、抗过敏等；石菖蒲、远志、胆南星化痰安神；石菖蒲、南星均有抗惊厥作用。

3. 阴阳衰竭型

患者极度衰弱，畏寒口渴，面色苍白，呼吸频数，四末不温，全身黏性冷汗，脉无力微弱，舌淡苔少。

治法：温补肾阳，填精固脱。

方剂：加减右归丸或地黄饮子。

药物：加减右归丸：

熟地黄 15 g	山药 18 g	山茱萸 9 g	枸杞子 12 g
菟丝子 15 g	附子 9 g	肉桂 6 g	鹿角胶(化服) 6 g
当归 9 g	牡蛎 24 g	龙骨 24 g	

方义分析：方用当归、鹿角胶、枸杞子、菟丝子、山茱萸、熟地黄补肝肾而填精；附子、肉桂壮阳救逆；牡蛎、龙骨潜阳固脱。

处方加减：若舌质绛者，去肉桂、附子，加生脉散（人参、麦冬、五味子）。

地黄饮子：

熟地黄 24 g	巴戟天 9 g	山茱萸 9 g	石斛 12 g
肉苁蓉 9 g	五味子 4.5 g	肉桂 4.5 g	附子 6 g
石菖蒲 9 g	远志 6 g	麦冬 18 g	茯苓 24 g

方义分析：本方可用于阴气衰竭于下，阳气脱于上。故用熟地黄、巴戟天、山茱萸、肉苁蓉等大补精血；用肉桂、附子以引火归元及合五味敛阴而防脱；用远志、石菖蒲、茯苓以通心气而清神志，化痰浊而开蒙蔽。

【针刺疗法】

（1）妊娠水肿：取穴三阴交、地机、肾俞、足三里、关元、中脘。

（2）妊娠高血压：取穴内关、神门、足三里、曲池。

（3）先兆子痫：取穴太冲、足三里、三阴交。

（4）子痫：取穴风池、内关、足三里、三阴交。

针法：每日取穴一组，中等度刺激。子痫发作可每日针治 2 ~ 3 次。

（二）流 产

妊娠 28 周前，胎儿尚未具有独立生存能力，而被排出母体者，称为流产。发生在妊娠 12 周以前者为早期流产；在 12 ~ 28 周之间者为晚期流产。临床上以早期流产为多见。流产的发生率，约占所有妊娠的 10% ~ 18%。半数以上的流产发生于妊娠第二月至第三月间；四个月以后的流产发生率大大减少。祖国医学对流产的认识是相当早的，把先兆流产称为"漏胎""胎漏"或"胞漏""胞阻"；习惯性流产称为"数坠胎"或"滑胎"。

【病 因】

本病总由脾肾不足，情志不遂，劳役纵欲，跌扑损伤致冲任不固而成。

【病 机】

流产的发生，与冲任二脉及肝脾肾三脏关系至为密切。因冲为血海，任主胞胎，冲任气虚即发为漏胞。冲任二脉，隶于肝肾，而胎系于肾，肾主藏精，又主封藏，肾虚即不足以系胞而胎坠。至于脾脏属土，"能载万物"。脾为后天之本，气血生化之源，五脏六腑皆受气于脾，如脾土不足，则肾精无以资生，冲任无以资养，胞宫不得孕育而流产。若怀孕之后，精神抑郁或暴怒伤肝，肝气横逆触动血脉，气血失和，损伤胎气；或受孕之后，劳役纵欲，冲任有损，皆致胎气不固，形成流产。

【治疗原则】

治疗流产，以治疗先兆流产为急务。对于习惯性流产在未受孕之前，即应治疗，已受孕之后，应经常服药，不但易流产期应服药，且应间断服药至足月分娩为止。

【辨证施治】

先兆流产

1. 气血两虚型

心悸寐少，体瘦肤燥，面色萎黄，胎动不安，腹痛漏红，言语无力，气短食少，精神倦怠，小腹下坠，舌质淡，脉无力。

治法：养血益气，固任安胎。

方剂：加味胶艾四物汤或加味补中益气汤或加味安胎饮。

药物：加味胶艾四物汤：

阿胶 (化服) 9g	艾叶 6g	当归 9g	白芍 12g
熟地黄 15g	川芎 3g	续断 15g	桑寄生 15g
菟丝子 15g	甘草 3g		

方义分析：方中四物汤（地、芍、归、芎）有补血调经之功；而白芍合甘草即芍药甘草汤，有缓急止痛之效；阿胶以补血止血见长；艾叶温暖子宫而止血；续断含维生素E，合菟丝子、桑寄生补肝肾而安胎。故本方可用于血虚肝肾不足之胎漏。

加味补中益气汤：

党参 15g	黄芪 6g	当归 9g	白术 9g
陈皮 9g	升麻 6g	柴胡 3g	甘草 3g
阿胶 (化服) 9g	菟丝子 15g	续断 15g	

方义分析：方中补中益气汤（参、芪、归、术、陈、升、柴、草）益气升阳，调补脾胃；阿胶养血止血；菟丝子、续断益肝肾而安胎。本方用于中气下陷而致胎漏。

加味安胎饮：

熟地黄 15g	当归 9g	白芍 9g	阿胶 (化服) 9g
白术 9g	茯苓 9g	炙甘草 3g	川芎 3g
党参 18g	砂仁 3g		

方义分析：方用四物汤（地、芍、归、芎）养血；健脾益气汤（参、术、苓、草）益气；砂仁芳香醒脾；艾叶暖宫止血；阿胶养血止血。

2. **肾气不足型**

胎动不安，腰酸腿软，身体瘦弱，头眩耳鸣，舌淡、苔白滑，脉沉弱。

治法：固肾安胎，养血止血。

方剂：加减补肾安胎饮或加味寿胎丸。

药物：加减补肾安胎饮：

续断 15 g　　桑寄生 15 g　　菟丝子 30 g　　阿胶^(化服) 9 g

白芍 9 g　　甘草 6 g　　补骨脂 9 g　　鹿角胶^(化服) 6 g

方义分析：方中鹿角胶、菟丝子、续断、桑寄生、补骨脂大补肝肾；白芍、甘草缓急止痛；阿胶养血止血。

处方加减：左脉弱兼血虚者，加何首乌、熟地黄；右脉弱兼气虚者，加黄芪、党参；出血多者，加杜仲炭；小腹坠者，加金铃子。

加味寿胎丸：

杜仲 240 g　　续断 120 g　　山药 180 g　　阿胶 60 g

桑寄生 120 g　　鹿角胶 60 g　　菟丝子 120 g　　当归^(炒) 60 g

除鹿角胶、阿胶外，上药为细末，用鹿角胶、阿胶、蜜合化为丸，每日服 3 次，每次 10 g。

方义分析：方中杜仲、桑寄生、续断、鹿角胶、菟丝子补肝肾而健带脉；山药益脾肾；当归养血；阿胶止血养血。

3. 肝郁气滞型

七情太过，胸闷胁胀，精神抑郁，食少不纳，胎动不安有漏红，苔白脉弦。

治法：疏肝解郁，安胎止血。

方剂：加味逍遥散。

药物：柴胡 9 g　　白术 9 g　　白芍 15 g　　当归 6 g

　　　茯苓 9 g　　续断 24 g　　桑寄生 24 g　　杜仲 15 g

　　　苎麻根 30 g

方义分析：方中逍遥散（柴、术、芍、归、苓）疏肝解郁，肝脾同治；续断、寄生、杜仲益肝肾而固带健腰；苎麻根止血而安胎。

4. 直损冲任型

劳动过度，或外伤跌仆，或房劳伤损，致胎漏下血，小腹痛下坠，腰酸胀，舌脉多属正常。

治法：固益冲任，化瘀安胎。

方剂：加味胎漏方。

药物：熟地黄 24 g　　白术 9 g　　三七^(吞服) 3 g　　杜仲 15 g

狗脊 15 g　　　　续断 15 g　　　　苎麻根 24 g

方义分析： 方中熟地黄、杜仲、续断、狗脊益肝肾，固冲任而安胎；白术健脾；三七活血化瘀，合苎麻根以止血。

5. **湿热下注型**

腰痛如折，小腹疼痛拒按，口燥发热，赤白带下连绵，舌质红苔黄，脉数有力。

治法：清热解毒，活血安胎。

方剂：加味黄芩汤。

药物：黄芩 15 g　　　白术 9 g　　　　赤芍 9 g　　　　当归 9 g
　　　连翘 12 g　　　金银花 30 g　　　千里光 24 g　　　续断 15 g
　　　桑寄生 15 g

方义分析： 方中黄芩、白术清热除湿，为习用安胎药；赤芍、当归活血化瘀止痛；连翘、金银花、千里光消炎解毒；续断、桑寄生健腰而固冲任。

不完全性流产

胎动漏下日久不断，或漏下极少，少腹阵发性疼痛，痛势较剧，宫口已开，属难免流产或不完全性流产。

治法：缩宫下胎，化瘀止痛。

方剂：加味生化汤。

药物：当归 24 g　　　川芎 9 g　　　　甘草 3 g　　　　炮姜 3 g
　　　桃仁 9 g　　　　五灵脂 9 g　　　生蒲黄 9 g　　　牛膝 24 g
　　　冬葵子 15 g　　　牡丹皮 9 g　　　莪术 9 g　　　　三棱 9 g
　　　益母草 15 g

方义分析： 方中生化汤（归、芎、甘、姜、桃）及失笑散（脂、黄）、三棱、莪术、牡丹皮活血化瘀；牡丹皮能使子宫内膜充血，有通经作用；冬葵子滑胎；牛膝对已孕子宫有强力收缩作用，益母草亦促进宫缩，使胚胎组织排出体外；冬葵子合牛膝用，治疗产后胎盘滞留有效。

针刺疗法：

取穴：合谷、三阴交、关元。

针法：中、强间断性刺激，留针 30 min。

稽留流产

胎儿死亡一、二月,腹中不动,子宫不增大而反缩小,漏可有可无,亦可长期反复阴道出血,腰酸腹痛,血呈紫黑。

治法:活血化瘀,攻下死胎。

方剂:坠胎化瘀汤。

药物:当归 15 g　　川芎 9 g　　赤芍 9 g　　三棱 9 g

莪术 9 g　　水蛭 9 g　　虻虫 9 g　　生大黄^(后下) 9 g

桃仁 12 g　　牛膝 12 g　　苏木 12 g　　甘草 3 g

方义分析:方中当归、川芎、赤芍理气活血;三棱、莪术、水蛭、虻虫、苏木、桃仁化瘀去积;牛膝促宫缩有利死胎排出;大黄化瘀而通便,含有芦荟素,能引起骨盆腔内器官充血,有通经作用。

复发性流产

1. **脾虚型**

脾胃素虚,食少化迟,短气乏力,腹胀腹坠,面色萎黄,腰酸足软,舌白脉弱。

治法:健脾益气,滋补冲任。

方剂:所以载丸。

药物:人参 3 g　　茯苓 9 g　　杜仲 12 g　　白术 12 g

桑寄生 15 g　　大枣 6 g

方义分析:方中白术补土,土为万物之母而载万物,故用以为主药,且本方亦以此而定名;人参、茯苓、大枣益气健脾;杜仲、桑寄生补肝肾而益冲任。本方可用于习惯性流产及早产。

处方加减:阴道出血者,加胶艾四物汤,去川芎;腹坠者,合补中益气汤加减;腰酸者,加菟丝子、补骨脂、肉苁蓉;腹痛者,加白芍;呕恶者,加陈皮、竹茹;有热舌红苔黄,口干泛恶者,加黄芩。

2. **肾虚型**

腰腿酸软,头眩耳鸣,少腹冷感,或常隐痛,舌淡,脉弱。

治法:补益肝肾,固滋冲任。

方剂:加减泰山磐石汤或补肾固冲丸。

药物：加减泰山磐石汤：

杜仲 12 g	党参 9 g	黄芪 12 g	当归 9 g
熟地黄 15 g	续断 12 g	桑寄生 12 g	阿胶^(化服) 6 g
菟丝子 15 g	白术 9 g	补骨脂 9 g	海螵蛸 15 g
白芍 9 g			

方义分析：方中党参、黄芪益气，且黄芪有类性激素样作用而直补冲任；当归、熟地黄、阿胶养血；白芍缓急；白术健脾；续断、补骨脂、菟丝子补益肝肾；海螵蛸固涩合阿胶而止血。

补肾固冲丸：

菟丝子 240 g	续断 90 g	阿胶 120 g	鹿角霜 90 g
巴戟天 90 g	杜仲 90 g	熟地黄 150 g	枸杞子 90 g
大枣^(去核) 50 枚	砂仁 15 g	白术 90 g	党参 120 g
当归 60 g			

上药加蜜为丸，每次 6 g，一日 3 次，月经期间停服，以两个月为一疗程，可服 1～3 疗程。

方义分析：方中菟丝子、续断、巴戟天、杜仲补肾固冲；当归、熟地黄、枸杞子、阿胶补血养阴；党参、白术、大枣益气健脾；砂仁理气调中。全方有滋阴补肾，固益冲任，养肝补血，健脾益气之功。

3. 肝郁型

肝郁素盛，善怒多忧，胸胁苦满，失眠腹胀，口苦咽干，食少嗳气，胃痛，舌质红，苔白，脉弦。

治法：疏肝理气，养血固任。

方剂：调气安胎饮或加减圣愈汤。

药物：调气安胎饮：

制香附 9 g	菟丝子 9 g	熟地黄 9 g	白芍 12 g
杜仲 9 g	枳壳 4.5 g	贝母 4.5 g	鲜姜 4.5 g
川芎 4.5 g	黄芩 4.5 g	艾叶 6 g	当归 9 g
阿胶^(化服) 6 g			

受孕之后，每月底服 24 剂。

方义分析：方中香附、川芎、枳壳调气；贝母解郁化痰；熟地、白芍、当归、阿胶养血滋阴；菟丝子、杜仲益肝肾而固冲任；鲜姜、艾叶散寒暖宫；黄芩清热安胎。

加减圣愈汤：

熟地黄 12 g	当归 6 g	川芎 1.5 g	白芍 9 g
党参 9 g	黄芪 12 g	杜仲 15 g	续断 15 g
砂仁 3 g	陈皮 4.5 g	柴胡 4.5 g	

方义分析：方中四物汤（地、芍、归、芎）养血；党参、黄芪、陈皮、砂仁益气健脾；柴胡疏肝解郁，杜仲、续断补肾固冲。

【单方验方】

（1）保产无忧丸（成品）：功能益气养血，安胎和胃。适用于习惯性流产。日服2次，每次9g。

（2）杜仲9g、山药9g、续断6g，水煎服。适用于习惯性流产。

（3）白术15g、菟丝子15g、桑寄生9g、艾叶1.5g，水煎服。自妊娠后，每月服2剂。适用于习惯性流产。

（4）艾叶1把、鸡蛋1个。将艾叶和鸡蛋同煮（勿用铁器），待蛋煮熟后，即吃蛋。每日煮吃1次，连吃7天，然后每月煮吃1次，每次鸡蛋两个，如本月第20日服用，下月也是第20日服，服至妊娠足月分娩为止。未妊娠者不可服用此方。适用于习惯性流产。

（5）桑寄生45 g、阿胶珠15 g，用水一杯半，煎至一杯，温服。适用于先兆流产。

（三）异位妊娠

受精卵不在子宫腔而在子宫腔以外处着床发育者，称为异位妊娠，亦称子宫外孕。着床的部位可在输卵管、卵巢、腹腔等处，因而分为输卵管妊娠、卵巢妊娠、腹腔妊娠等，其中以输卵管妊娠占绝大多数，约占全部异位妊娠中的98%。异位妊娠与祖国医学"经闭腹痛""血结成癥""经停腹痛""崩漏"等病症相关，但更为接近于"疝瘕"。

【病　因】

癥积痃癖的成因，主要由于脏腑虚弱，气血劳伤，或新产经行不知谨慎，或坐卧湿地，风冷、湿热之邪郁下焦，直损冲任。

【病机】

冲任有损气血失调，形成气滞血瘀，失其正常的功能而诱发本病。冲任已损，气血不和，气滞则血瘀，形成下焦络脉瘀滞状态，络脉痞塞，恶血停凝，因而受精之后，输送滞缓，随着胎儿的发育，形成癥块，发为本病。若突然剧痛，痛不可忍，转瞬间面色苍白，汗出而厥，昏不知人，既而复苏，越日又作，乃阴络受损，血自内溢，故腹部膨大，满急而痛，愈溢则愈瘀，愈瘀则愈痛，痛甚则厥逆，血脱气乱，阴阳分离，昏不知人。可知积瘀内留乃本病的发病机制。

【治疗原则】

输卵管妊娠破溃出血以后出血暂停，或再出血及瘀血凝滞，构成本病治疗两大阶段，即破溃后出血的疼痛及休克，以及出血止而遗留的腹腔积血，所以本病属小腹血瘀实证，其治疗可概括为止血止痛、益气固脱、化瘀消积三大法则。针对出血期，重点应放在止血止痛及度过休克；针对瘀积期，重点放在消瘀化积。

【辨证施治】

未破溃型

输卵管妊娠未破溃以前，有停经及妊娠反应史，下腹一侧有隐痛或坠胀不适感，妇科检查时可能发现一侧输卵管略膨大或有软性包块，稍有压痛，尿妊娠试验多为阳性，或输卵管妊娠已破损二周以上，尿妊娠试验仍为阳性者。

治法：活血化瘀，杀死胚胎。

方剂：加味活络效灵丹方一。

药物：丹参 12 g　　赤芍 12 g　　乳香 6 g　　没药 6 g
　　　牛膝 30 g　　桃仁 9 g　　冬葵子 18 g　莪术 6 g
　　　三棱 6 g　　蜈蚣 2 条　　土鳖虫 10 g

方义分析：方中活络效灵丹（丹、芍、桃、乳、没）化瘀止痛；三棱、莪术、蜈蚣、土鳖虫消积杀胚；牛膝、冬葵子配伍有通经堕胎作用。

单方验方

（1）天花粉素引产：天花粉素乃瓜蒌的新鲜块根榨汁而得，为一种混合的植物蛋白质，可溶于生理盐水，它能使胎盘绒毛膜滋养层细胞明显变性坏死，故可用于中期引产、恶性葡萄胎、绒毛膜上皮癌、子宫外孕等症。一般注射用药后4~7天发生流产，致死胚胎。倘注射后7天，尿妊娠试验仍属阳性，无流产先兆者，可酌情再注射一次。

（2）天皂素引产：天花粉1g、猪牙皂0.5g共为细末，和水成糊状，纱布包，塞入阴道后穹窿24小时取出。

以上加味活络效灵丹方一、天花粉素引产、天皂素引产三种治疗方案，可任选一种。但加味活络效灵丹方一较为安全、简便，且效果也好。

已破溃型

由于输卵管妊娠流产和破裂，其症状表现不同，可分为休克型、不稳定型和包块型。

1. 休克型

突然发病，腹痛剧烈，面色苍白，四肢厥逆，冷汗淋漓，血压下降或不稳定，神志昏迷或半昏迷，有时烦躁不安或呈无欲状，脉微欲厥或细无力。腹部检查有压痛、反跳痛、肌紧张，移动性浊音，肠鸣音减弱。妇科检查常有阴道穹窿部饱满及触痛，宫颈有举痛，或摇摆痛，子宫体有飘浮感，附件处不易对合或有界线不明确包块。阴道后穹窿穿刺，可抽出不凝血。尿妊娠试验常为阳性，血红蛋白呈进行性下降。

急宜抗休克治疗（或预防休克发生），立即输液、给氧、保温等抢救。如血压不稳或不升，宜用代血浆，并积极组织血源，必要时输血。如休克症象严重者，可用参附汤或参麦散急煎服，或用参附注射液或参麦注射液（均成品），肌注、静滴均可，效速方便。

治法：益气固脱，止血止痛，活血化瘀，终止妊娠。

方剂：参附汤或生脉散。

药物：参附汤：

人参6~12g　　附子6~9g

方义分析：方中人参大补元气；附子壮益真阳。二药相伍，最能振奋阳气，益气固脱。因人参对中枢神经系统有兴奋作用，能提高动物心脏收缩力和频率。附子能兴奋迷走神经中枢，有强心作用，使心脏收缩幅度升高。二者合用升压也好。

生脉散：

人参 6～9 g　　　麦冬 12 g　　　北五味子 3～9 g

方义分析：方中人参补元气，麦冬养阴，五味子收敛耗散肺气，且能敛阴止汗。三药合用，补气阴、敛汗、生脉，可急救元气耗伤，虚脱而有热象者。北五味子为兴奋神经药，能增加中枢神经系统呼吸中枢的兴奋，对子宫有明显兴奋作用，可用于催产。

针刺疗法

针刺抗休克及催产的效果，也是非常显著的，而且有简便、速效的优点。

取穴：素髎、内关、合谷、三阴交。

针法：用中、强刺激，留针 30 min。可在留针中间不断刺激。素髎穴有良好的升压作用；内关穴有良好的强心作用；合谷穴、三阴交穴可促进宫缩，有催产作用。

2. 不稳定型

本型以少腹的内瘀实证为主。输卵管妊娠流产破裂，发病时间不长，病情不够稳定，有再破可能者，均属此型。其中包括出血不多，无休克征象，或内出血较多，有休克征象，经抢救后血压平稳者。本型临床症状较休克型病情稳定，血压平稳，腹痛渐轻，胃肠功能渐恢复。检查可见腹膜刺激症状与腹部移动性浊音渐消失。有时可触及较软或界限不清包块。尿妊娠试验阳性或阴性，血红蛋白降低。

治法：活血化瘀，止痛止血，制死胚胎。

方剂：加味活络效灵丹方三。

药物：丹参 15 g　　　乳香 6 g　　　没药 6 g　　　赤芍 9 g

桃仁 9 g　　　当归 9 g　　　三棱 6 g　　　莪术 6 g

三七粉^(吞服) 4 g　　　延胡索 9 g　　　蜈蚣 2 条　　　土鳖虫 6 g

方义分析：方中活络效灵丹合当归、延胡索止痛活血化瘀；三七化瘀止血；加三棱、莪术、蜈蚣、土鳖虫化瘀结又能制死胚胎。

3. 包块型

输卵管妊娠流产或破裂时日较久，腹腔内血液已形成血肿包块。一般情况逐渐好转，随着血肿包块的形成及缩小，腹痛逐渐消失，阴道出血停止。但亦有因粘连或出血发生不同程度腹痛，下腹坠胀，有便意等症状。尿妊娠试验阴性。血红蛋白逐渐上升。

治法：破血行气，消散结块。

处方：加味活络效灵丹方二。

药物：丹参15g　　赤芍12g　　桃仁9g　　没药6g

乳香6g　　三七粉^(吞服)6g　　延胡索12g　　炒蒲黄9g

五灵脂6g　　阿胶^(化服)9g

方义分析：方中活络效灵丹活血化瘀，止痛止血；加五灵脂、延胡索、蒲黄、三七、阿胶以强止痛、止血、化瘀之力。

处方加减：①兼寒证者（一般患者多有此兼证），表现为怕冷、身寒、喜暖、少腹发凉、喜热饮食、食冷物不适，舌苔白滑，脉沉迟，宜加祛寒回阳之药。身冷腹凉加肉桂；四肢厥逆加附子。②兼热证者（患者合并感染时，多有此证），表现为喜冷怕热、身热、舌苔黄燥，脉数。宜加清热解毒药，如金银花、连翘、蒲公英、大青叶等。③兼腑实证者（在已破损的三型中，均可见此证，特别是休克型和不稳定型多见），表现为腹胀，胃脘不适甚则拒按，肠鸣音微弱或消失，此证可引起腹痛加剧，患者不能静卧，可成为导致再次破裂的因素之一，同时营养不能得到及时补充，药物不能很好吸收，这些都直接影响疗效。属热实者，加大黄、芒硝或枳实、厚朴，活血兼荡涤胃肠；属寒实者，可用九种心痛丸（炮附子9g、人参3g、干姜3g、吴茱萸3g、醋炒狼毒3g、巴豆霜3g共研细末，炼蜜为丸，豌豆大），温下，每次3～6丸；寒热夹杂者，可用大黄、芒硝佐以肉桂。④宫外孕属虚中夹实者，破药久用又易伤正气，要扶正化瘀同时进行。气血不足加党参、黄芪、当归、阿胶；食纳差加鸡内金、山楂；呕吐恶心加半夏、陈皮。

（四）葡萄胎

胎盘绒毛水肿变性，成为大小不等的透明水泡样物，彼此之间有丝样结缔组织互相连接，一串串如葡萄状，故名葡萄胎，亦名水泡状胎块。它可以是完全性的，整个绒毛膜全部改变，胎卵及羊膜形迹全失，水泡充满子宫腔内，此种类型比较常见。另有一种水泡样变化局限于一小部分，胎盘的大部分尚正常，胎儿仍能维持生存若干时期，称为部分性水泡状胎块。从流行病学来看，葡萄胎在我国及亚洲一些地区来看比较多见，发病率约2/1000次妊娠。发病年龄以20～30岁的孕妇为最多。葡萄胎属于祖国医学中的"鬼胎"。如《医学正传》中记有"杨天成女……腹渐大而若孕，邀伯仁治，诊之曰：此鬼胎也。……与破血坠胎之药，下如蝌蚪鱼目者二升许，遂安。""夫所谓鬼胎者伪胎也。"

【病 因】

祖国医学认为，此病有因产后或经期贪凉饮冷而得者；有因产后或经期感受外界风冷所乘而得者；有因郁痰惊痰湿热凝滞而得者；有因恼怒气滞瘀结而成者。

【病 机】

本病发病机制，乃阴邪侵袭胞中，致令胞冷宫寒，气血凝滞，经血内闭，腹胀脐凉，血液涩滞，周身虚弱。总由阳气不足，肝气郁结，阴血不化，不能生发，胞宫真气不全。精血虽凝而阴不能化，终不成形而成葡萄胎。

【治疗原则】

本病治疗原则为理气活血，止痛化瘀，温经散寒，化瘀行水，通经下胎。出血过多者，应配以止血；血虚者，又应配以养血。

【辨证施治】

1. 气滞血瘀型

停经2～4月，漏下淋漓不断，血色呈酱油状，量或多或少，有时排出水泡状物，小腹日大，疼痛、压之痛增，食欲减退，恶心呕吐，舌白，脉沉小。

治法：理气化瘀，攻下胎块。

方剂：加味桂枝茯苓丸。

药物：桂枝9g　　赤芍12g　　紫草18g　　茯苓18g
　　　牡丹皮12g　桃仁9g

方义分析：方用牡丹皮、桃仁、赤芍活血化瘀；茯苓淡渗去湿；桂枝以增加血行，散寒化凝，血得温则行，湿得温则化，使瘀湿去而新生；紫草有抗垂体促性腺激素及抗绒毛促性腺激素作用，因而可作用于绒毛膜增生变性而致的葡萄胎。

当归 30 g　　　川芎 15 g　　　紫草 1.8 g　　　桃仁 2 g
红花 9 g　　　枳壳 15 g　　　丹参 18 g

方义分析：方中当归、川芎、桃仁、红花活血化瘀；丹参活血抗癌；紫草抗促性腺激素；枳壳理气，可使子宫收缩增强，紧张度增加，有利于胎块排出体外。本方组方全面，效果较好。

人参 6 g　　　雷丸 9 g　　　牡丹皮 9 g　　　大黄 6 g
桃仁 9 g　　　牛膝 9 g　　　枳壳 9 g　　　半夏 9 g
旋覆花 9 g

方义分析：方中人参大补元气；牡丹皮、桃仁、牛膝、大黄化瘀通经，排出胎块；合枳壳下气而促宫缩，有相辅相成之效；半夏、旋覆花温化寒痰而行水；雷丸逐毒气而消积聚。

2. **胞寒血瘀型**

停经 2～4 月，阴道流出紫黑色血，量多或少，有水泡状物排出，下腹发凉，全身倦怠，四肢无力，腹胀如怀孕五六月状，舌白，脉沉迟。

治法：温经散寒，化瘀下胎。

药物：茴香子 9 g　　　炮姜 6 g　　　延胡索 9 g　　　没药 6 g
　　　川芎 9 g　　　当归 9 g　　　官桂 6 g　　　蒲黄 9 g
　　　赤芍 9 g　　　红花 9 g　　　三棱 9 g　　　莪术 9 g
　　　桃仁 9 g　　　大黄 6 g　　　蛰虫 9 g

方义分析：方中茴香、炮姜、官桂温经散寒；延胡索、没药、川芎理气止痛；当归、赤芍、蒲黄、红花、三棱、莪术、桃仁、大黄、蛰虫活血化瘀，通胞下胎。

3. **瘀毒滞留型**

若服上述方药后，胎块已下或刮宫术后，小腹仍痛，出血仍不止，尿妊娠试验仍属阳性，舌质红苔白，脉滑。

治法：活血化瘀，解毒抗癌。

药物：当归 9 g　　　茯苓 12 g　　　丹参 15 g　　　泽兰 9 g
　　　炮山甲 9 g　　　蜂房 6 g　　　山楂 12 g

水煎，每日服一剂，5 剂为一疗程。服一疗程后，如尿妊娠试验阴性，可停服；若仍为阳性，可再服第二疗程。

方义分析：方中当归、丹参、泽兰、山楂活血化瘀；山甲攻坚化结；茯苓淡渗利湿；蜂房攻毒疗疮。一般服药后，可出现不规则阴道流血，若量不多，不需停药，亦不需止血。尿妊娠试验转为阴性后，再出现不规则阴道流血，而尿妊娠试验仍为阴性者，按月经不调处理。如第二疗程后，尿妊娠试验仍为阳性，可加入紫草、半枝莲、白花蛇舌草，以加强抗癌作用。

（五）绒毛膜上皮癌

绒毛膜上皮癌是一种具有高度恶性的肿瘤，对青年妇女生命威胁很大。据统计，其发病年龄以20～30岁为最高，占发病总数的40%～60%。由于此癌高度恶性，发病急速，病程短促，病人可很快死亡，故有"癌症之王"的称号。本病在我国并非罕见，其发病原因虽未肯定，但绝大多数与妊娠有关，分别发生于葡萄胎、流产及正常分娩以后这三类情形。其中以发生于葡萄胎之后者为多，占50%左右。绒毛膜上皮癌包括在祖国医学中"鬼胎""癥瘕"等类中。

【病因】

本病的发生总由寒温不适，气血劳损，脏腑虚弱，风冷内着；或由思虑过度，情志相感，致冲任失调，气机不利，气血凝结，胞宫受孕之后，不能向正常的胎儿发育，瘀痰停积；或分娩之后，瘀血内着，日久发展而成。

【病机】

子宫绒毛膜上皮癌多系葡萄胎后或流产不全或正常分娩后，绒毛膜残留所引起。故本病的发生机制，总由气血瘀滞，阻于胞中，气血运行失调，结成癥瘕积聚，而风冷、情志、虚弱等因素，又是促成余血不尽，气血瘀滞，以及受孕之后胎儿不能正常发育分娩的主要原因。瘀结既久郁而为毒，冲任损伤，故崩中漏下，少腹痛，气血归之，腹以日大，状如怀，瘀血流窜，肺失清肃；郁滞肺金，故气急、咳嗽、咯血。

【治疗原则】

治疗本病主要以软坚消结，活血化瘀，温中行气为主。崩中甚者，又当止血；气血已虚，脏腑损亏，又当辅以培补；肺有转移，又宜兼清肺化痰，散结化瘀，开胸理气等。

【辨证施治】

1. 气滞血瘀型

崩漏带下，少腹肿块，牢固不移，痛有定处，脉涩，舌质红尖紫。

治法：活血化瘀，抗癌消瘤。

方剂：加减活络效灵丹或加味血府逐瘀汤。

药物：加减活络效灵丹：

丹参 24 g	当归 9 g	乳香 6 g	没药 6 g
紫草 30 g	山豆根 10 g	山慈菇 9 g	半枝莲 30 g

方义分析：方中丹参、当归、乳香、没药抗癌活血，化瘀止痛。余药清热解毒，抗癌消瘤。

加味血府逐瘀汤：

红花 9 g	桃仁 9 g	紫草 30 g	山慈菇 10 g
生地黄 12 g	赤芍 12 g	当归 9 g	白毛藤 9 g
川芎 6 g	枳壳 9 g	柴胡 9 g	甘草 6 g
桔梗 6 g	牛膝 9 g		

方义分析：方用血府逐瘀汤（桃、红、地、芍、归、芎、柴、壳、甘、桔、膝）养血行瘀，疏肝解郁。增紫草、山慈菇、白毛藤以抗癌消瘤。

2. 正虚瘀滞型

崩漏时现，少腹肿块，疼痛拒按，腰酸足软，头晕目花，脉弱无力，舌淡苔薄。

治法：攻补兼施、止痛止血。

药物：处方 1：

海螵蛸 30 g	五灵脂 6 g	蒲黄 6 g	茜草 12 g
乌药 9 g	红花 9 g	射干 6 g	当归 9 g
山慈菇 9 g	阿胶(化服) 9 g	党参 24 g	乳香 9 g
没药 9 g	牡丹皮 15 g		

方义分析：方用海螵蛸、蒲黄、茜草、阿胶固涩止血，化瘀养血；五灵脂、红花、

当归、牡丹皮、乳香、没药活血化瘀止痛；党参、当归益气养血；射干、山慈菇解毒散结。

处方2：

党参18 g	白术9 g	丹参24 g	鳖甲24 g
牡蛎24 g	当归9 g	紫草30 g	青皮9 g
血竭^(吞服)1.5 g	夏枯草30 g	昆布24 g	海藻24 g
鸡内金9 g	夜明砂9 g	薏苡仁30 g	黄柏9 g

方义分析：方中党参、白术、当归益气健脾养血；黄柏清热除湿。夜明砂、丹参、血竭活血化瘀；夏枯草、海藻、昆布、鳖甲、牡蛎、鸡内金软坚化结；青皮行气疏肝；紫草、薏苡仁活血凉血，消结抗癌。

处方加减：①腰酸足弱者，加杜仲、续断、狗脊；②漏甚者，加贯众炭、血余炭、益母草、三七、艾叶；③肚腹胀甚者，加小茴香、橘核、荔枝核、枸橘李；④痛甚者加延胡索、乳香、没药、赤芍、当归；⑤带下色黄腥臭者，加黄柏、苍术、金银花、白毛藤、千里光；⑥若有肺转移，咳嗽气急，口渴咽干，舌红，脉虚数者，加沙参、玄参、花粉、紫草、薏苡仁、芦根、八月札、半枝莲、穿破石；⑦络脉瘀阻，胸胁疼痛甚，胸闷气急者，加旋覆花、血竭、丹参、薏苡仁、夏枯草、姜虫、海蛤壳、海藻；⑧若喘促咳嗽，胸闷壅塞不卧者，加桑白皮、全瓜蒌、甜葶苈子；⑨有咳唾脓血，胸疼发热气急者，加鱼腥草、薏苡仁、桔梗、苇茎、金荞麦。

【单方验方】

（1）处方：加味雄珠丸。

药物：雄黄30 g　　山豆根60 g　　紫草60 g　　朱砂30 g
　　　山慈菇60 g　　蜈蚣30 g

共研细末，水泛为丸，日2～3次，每次2～3 g。

方义分析：方用雄黄、朱砂、蜈蚣、山慈菇、山豆根、紫草解毒消积,抗癌消瘤。麝香透络香窜，而使药力直达病所。

（2）药物：龙葵15 g　　白毛藤15 g　　薏苡仁15 g　　山豆根30 g
　　　　　天花粉15 g　　紫草24 g　　丹参24 g　　半枝莲30 g

方义分析：全方药物，均为临床上常用治疗肿瘤的有效药物。用于恶性葡萄胎及绒毛膜上皮癌有一定疗效。

（3）穿心莲注射液 30 ~ 50 mL，5% ~ 10%葡萄糖溶液 100 mL，静脉滴注，每日一次，30 为天一疗程。适用于恶性葡萄胎、绒膜上皮癌及肺转移。穿心莲长期大量静脉滴注，未发现毒性反应。

（六）羊水过多

足月妊娠时羊水超过正常值（1 000 ~ 1 200 mL）而达 2 000 mL 以上者，称为羊水过多症。该病大都发生于妊娠 7 ~ 10 个月，分急性与慢性两种，前者羊水在短时期内增加；后者则在长期内渐渐增加。其中以慢性羊水过多症较为多见。胎儿先天性畸形与单卵双胎妊娠，往往伴有羊水过多。在母体并发疾病中，以妊娠中毒症及糖尿病较为常见。分娩时因子宫膨大过甚，易引起宫缩微弱及破膜后羊水流出过快，子宫突然缩小，可引起休克，或促进胎盘早期剥离。胎儿方面常易发生胎位不正，破膜时脐易脱出。胎儿畸形及早产发率较高，故死亡率亦相当高，约为 5.50%。

羊水过多症似属祖国医学"胎水肿满"范畴。胎水肿满，是指孕妇身上有肿满现象。因而还有"子肿""子满""脆脚""皱脚""子气""胎水"等名称，其中"胎水""子满"与羊水过多更为近似。如《医宗金鉴》说："遍身俱肿，腹胀而喘，在六七月时者，名曰子满。"这明显包括羊水过多及可能并发于晚期的妊娠中毒症。胎水肿满一般可分为子肿及胎水两种。《医宗金鉴》说："妊娠五六月浮肿如水气者为子肿；妊娠五六月间腹大异常，胸膈胀满名曰胎水。"以此鉴别。可见羊水过多症，包括在子满、胎水无疑。

【病　因】

羊水过多的原因，主要是脾虚不能制水，但其中还有水血相搏、停水停饮、脾胃气虚、脾肺气虚等因素。

【病　机】

脾胃虚弱，中气不足，运化失职，浊湿阻滞，则气机不利，因而水湿停聚，发为胎水。水气凌心，则心悸、发绀。水气浸皮，则下及外阴等部水肿。水气凌肺，肺失清肃，故呼吸困难而不得平卧。湿浊滞中，故出现食少化迟、便溏等症象。

【治疗原则】

治法上当以健脾渗湿、顺气安胎为主。对于气血虚者，又兼益气养血。胎儿生长全靠母体气血所养，因为妊娠多虚，加人参补气养血之品，对母体及胎儿发育均有利。益气以健中，补血以养胎。正如陈良甫所说："苓、术直达胞中去水，又恐水去胎伤，佐以归、芍，在胎得养。"正是此意。

【辨证施治】

1. 脾虚胎水型

妊娠面目浮肿，面色苍白，神疲乏力，胸闷腹胀，脐突而膨隆，喘息气短，食少化迟，大便溏薄，溲少而黄，舌苔薄白而润，脉象虚滑或脉迟无力。

治法：补中益气，健脾化湿。

方剂：加味五皮饮（方见晚期妊娠中毒症）或茯苓导水汤。

药物：茯苓导水汤：

广木香 9 g	木瓜 9 g	砂仁 3 g	苏叶 9 g
陈皮 9 g	桑白皮 12 g	泽泻 9 g	猪苓 9 g
茯苓 15 g	大腹皮 9 g	白术 9 g	槟榔 9 g

方义分析：方中广木香、苏叶、陈皮、砂仁、大腹皮理气健脾；白术、茯苓、猪苓、泽泻、桑白皮、木瓜燥湿行水。

2. 肝郁胎水型

妊娠肢体浮肿，腹大膨隆过甚，心烦失眠，易怒，精神抑郁，胸闷腹胀，食少便溏，舌白，脉弦。

治法：疏肝解郁，理气化湿。

处方：天仙藤散或加减束胞饮。

药物：天仙藤散：

| 天仙藤 12 g | 制香附 9 g | 乌药 9 g | 陈皮 9 g |
| 生姜 6 g | 甘草 3 g | 木瓜 9 g | 紫苏叶 9 g |

方义分析： 方中天仙藤疏气活血，能除血中风气；香附、陈皮、乌药、紫苏叶调畅气郁，气畅则水道自行；木瓜除湿利筋骨；生姜、甘草和胃温中。

加减束胞饮：

白术 12 g　　黄芩 9 g　　紫苏叶 9 g　　枳壳 9 g

大腹皮 9 g　　砂仁 3 g　　佛手 9 g　　柴胡 6 g

泽泻 9 g

方义分析： 方中白术、砂仁、枳壳、紫苏叶、佛手燥湿理气以助柴胡疏肝调气之力；黄芩清热安胎；大腹皮、泽泻理气行水。

3. 血虚胎水型

腹膨大浮肿，眩晕心悸，神疲乏力。面色苍白或萎黄，眠差多梦，舌白质淡，脉细数无力。

治法：健脾养血，除湿利水。

处方：加味千金鲤鱼汤或益气养血利湿汤。

药物：加味千金鲤鱼汤：

鲤鱼一条重 100 g　　白术 30 g　　党参 18 g　　茯苓 30 g

大腹皮 9 g　　　　　生姜 15 g　　当归 15 g　　白芍 15 g

鲤鱼和药共煮，分 3 次，食鱼饮汤。

方义分析： 方中鲤鱼不但能增加蛋白质营养，且有良好利尿作用；党参、白术、茯苓、生姜健脾益气利湿；当归、白芍养血柔肝；大腹皮理气而行水。本方治疗羊水过多症，确有"一剂知，二剂已"的良效。

益气养血利湿汤：

黄芪 24 g　　当归 9 g　　白芍 9 g　　熟地黄 15 g

白术 9 g　　茯苓 15 g　　砂仁 3 g　　泽泻 9 g

酸枣仁 12 g　　柏子仁 9 g　　车前子 6 g

方义分析： 方中黄芪益气而利尿，且含有性腺样激素而补冲任；当归、熟地黄、白芍养血柔肝；白术、茯苓、泽泻、车前子除湿利水；砂仁芳香理气健脾；酸枣仁、柏子仁养心而安神。

（七）产力异常

分娩过程因故受阻，不能将胎儿顺利地自宫腔娩出者谓产力异常，或称难产。引起难产的原因有：产力异常、产道异常、胎位异常、胎儿发育异常等。以上因素可以单独引起难产，但各因素往往互相影响，以致病情复杂化。产力为分娩活动的动力，主要来自子宫收缩，称为主力；第二产程开始后，由于腹部及盆底肌肉的收缩，加速胎儿娩出，称为辅力。当这两种力量发生异常变化时，称为产力异常。常见的为子宫收缩乏力及子宫收缩过强（急产）两种，而以前者更为常见，故此处仅论子宫收缩乏力。子宫收缩乏力是产科工作中较常见的潜在性严重疾病，表现为宫缩力弱，间歇过长，子宫颈扩张缓慢，以而导致分娩延迟，在临床上初期无特殊表现，如果处理不及时，可致滞产。子宫收缩乏力分原发性及继发性两种。如分娩开始时子宫收缩微弱而不规则，持续时间短，间歇期长，宫颈展开缓慢者，称为原发性子宫无力；分娩开始时子宫收缩正常，经过一段时间后，由于阻碍或头盆不称而不能排出胎儿，以致子宫疲乏，收缩逐渐减弱，终于停止，称为继发性子宫无力。子宫收缩乏力，包括在祖国医学所称的"难产"中。如《胎产心法》说："素常虚弱，用力太早，及胎儿欲出，母已无力，令儿停住，产户干涩，产亦艰难。"《达生篇》说："凡胞浆已破，而胎尤不下。"《济阴纲目》说："难产沥浆胞干，胎不得下。"以上均说明产力异常，子宫收缩乏力而致的滞产。

【病因】

难产的原因，综合古今文献，可总结为气滞、气虚、血虚、血滞等几种。如《竹林女科》指出："心有疑惧，则气结血滞而不顺，多致难产。"说明精神因素，思想过度紧张，致大脑皮质功能失调，引起子宫收缩异常，其中以发生不协调子宫收缩较为常见。《胎产心法》指出："素常虚弱……产亦艰难。"《妇人良方》又说："胞浆已破，恶水来多，胎干不得下。"说明平素身体虚弱，气血不足，肾气必衰，冲任不足，宫缩力弱；以及羊水早破，形成滞产，均可引起难产发生。其他尚有头盆不称、胎位异常、子宫肌瘤、子宫发育不良、瘢痕等，均可致难产，这类难产常需手术处理，本章不拟论述。

【病机】

祖国医学认为难产的发生机制，主要在于气血的失调。胎之受养于五脏六腑之血，若血虚则胶滞，胞中无血，胎难转动。故血旺则子易生，血衰则子难产。若气逆则闭，气顺则易产，气虚则力弱，不能推送胎儿。交骨之开合，亦赖于气血，若血旺而气衰，儿虽向下，交骨不开。若气旺而血衰，则儿门虽开，仍难产下。故难产之根本为气血大虚，无力送子下降。气虚亦不能使胎儿运转，而出现异常胎位。

【治疗原则】

治法上一般以顺气和血为主。如气虚则以补气为主；血虚则以养血为先；羊水早破，以滋润为主；气滞者宜理气为主。除药物治疗外，针灸或水针亦很有效，可加强规律性宫缩作用，能缩短产程，简易安全，值得推广使用。正常分娩及病理性妊娠（如晚期妊娠中毒症、妊娠合并早期破水、妊娠合并羊水过多症、过期流产及死胎、妊娠合并胸椎结核及截瘫、妊娠合并风湿性心脏病、妊娠合并胎盘早期剥离、边缘性前置胎盘等）均可为适应症。产妇必须神情安静，消除顾虑，建立分娩乃生理现象的概念。进食富于营养而又易于消化食物，对不能进食者，可静脉推注高渗葡萄糖溶液。产妇排空膀胱及直肠，有利于子宫收缩。大小便不能自解者，应分别予以导尿及热肥皂水灌肠导便。

【辨证施治】

1. 气虚难产型

分娩难产，身体素虚，心悸气短，言语无力，宫缩微弱而稀疏，脉浮小而滑。

治法：益气助产，缩宫催胎。

方剂：加味补中益气汤。

药物：人参 9 g　　黄芪 12 g　　白术 9 g　　炙甘草 3 g
　　　当归 9 g　　陈皮 9 g　　升麻 9 g　　柴胡 4.5 g
　　　枳实 15 g　　枳壳 15 g

方义分析：方用补中益气汤（参、芪、归、术、升、柴、陈、草）以升阳举陷。方中升麻对肠肌弛缓、膀胱括约肌麻痹有效，合柴胡则得效益彰。人参对中枢神经系统有兴奋作用，能促进性腺及肾上腺机能，因而对垂体有相应的兴奋作用，可改变高级神经中枢的惰性状态，促进子宫的收缩有力。当归所含挥发油能抑制子宫使子宫弛缓，而所含水溶性非挥发性成分对子宫及肠管、膀胱等平滑肌有兴奋作用。子宫内加压时，可使宫缩由不规则变为规则，收缩力加强；不加压时则对子宫有轻微抑制作用。

现代实验证明，补中益气汤对子宫周围组织有选择性兴奋作用，并具有调节小肠肌张力和蠕动作用，但除去方中升麻、柴胡后，上述作用大大减弱且不持久。该方本为治疗直肠脱垂、子宫脱垂的有效方剂，因而对平滑肌有兴奋和促进其功能作用。枳实、枳壳煎剂又能使子宫收缩增强，紧张度增加，甚至出现强直性收缩，在《济阴纲目》中的催生饮及《竹林女科》中的归芪汤，均用枳壳以催生。枳实、枳壳治疗直肠脱垂、子宫脱垂亦有疗效。因此，补中益气汤加枳实、枳壳治疗子宫收缩乏力，效果较为理想。

2. 血虚难产型

难产而有血虚见证，形体瘦弱，面色萎黄，头晕目眩，心悸怔忡，舌白质淡，脉沉细而滑。

治法：养血益气，固冲催生。

方剂：养血催生汤或加味滑胎饮。

药物：养血催生汤：

黄芪 24 g	当归 12 g	茯苓 18 g	白术 9 g
苎麻根 9 g	白芍 4.5 g	潞党参 15 g	菟丝子 9 g
续断 9 g	炒杜仲 9 g	升麻 9 g	阿胶珠 12 g

方义分析：方中黄芪、当归、党参、白芍养血益气；白术、茯苓利湿健脾；苎麻根、阿胶珠止血养血；菟丝子、续断、杜仲养肝肾而固冲任；升麻以举下陷之气。故本方亦可用于气血不足，冲任亏损而致的难产。

处方加减：①漏水多者，加红参 9 g，为粉吞服；②气虚体弱甚者，加高丽参 6 g，柴胡 6 g，效果更佳；③体质虚寒者，加艾叶、全紫苏、炮姜炭；④外伤者，加三七粉吞服。

加味滑胎饮：

| 当归(酒拌) 18 g | 川芎 6 g | 益母草 15 g |
| 阿胶(化服) 9 g | 牛膝 30 g | 冬葵子 30 g |

方义分析：方中当归、阿胶养血滋阴，且当归可促进宫缩；牛膝对未孕子宫呈弛缓作用，对已孕子宫有强收缩作用；冬葵子滑胎利尿，据文献报道，冬葵子合牛膝治胎盘滞留有效，可见其宫缩作用甚强；川芎理气，少量能刺激子宫收缩，大量则使收缩停止；益母草有兴奋子宫作用，使子宫收缩。所以本方不但养血，且有良好宫缩作用，可达到催生目的。

3. 气血虚难产型

难产而有气血两亏，产时阵痛微弱，坠胀不甚，或下血量多，色淡，久产不下，面色苍白，精神疲倦，心悸气短，脉大而虚，或脉细而弱。

治法：益气养血，行气催产。

方剂：归芪汤或加味送子丹。

药物：归芪汤：

当归 30 g　　黄芪 15 g　　川芎 6 g　　益母草 15 g
枳壳 30 g

方义分析：方用黄芪、当归益气养血；枳壳、川芎理气；益母草活血化瘀。且当归、川芎、枳壳、益母草对子宫均有兴奋及收缩作用，故用于子宫收缩不良有效。

加味送子丹：

黄芪 18 g　　当归 30 g　　麦冬 12 g　　熟地黄 15 g
川芎 6 g　　党参 15 g　　枳壳 30 g

方义分析：方中黄芪、当归、熟地黄、党参、麦冬益气养血滋阴；川芎、枳壳及当归理气而促进宫缩。

4. 气郁难产型

产妇面色苍白，胸闷嗳气，精神郁闷，心慌恐惧，腹胀阵痛，胎儿不下，舌质黯红，脉象弦滑而数。

治法：理气催生，养心安神。

方剂：催生如意散。

药物：人参 3 g　　辰砂 1.5 g　　乳香 3 g

共为细末，分二次吞服。

方义分析：方中人参对中枢神经系统有兴奋作用；辰砂有养心安神作用。人参与辰砂合用是兴奋药和镇静药结合，具有调节中枢神经系统的兴奋和抑制功能。乳香活血止痛，有舒筋缓急之效。

【特色技术】

1. **针刺疗法**

（1）取穴：主穴：合谷（双）、三阴交（双）。配穴：支沟、次髎。

针法：用中、强度刺激，兴奋手法，留针 20～30 min。留针中多次捻转刺激。

（2）取穴：主穴：三阴交（双）、昆仑（双）。配穴：至阴（双）、中极。

针法：采用短时中、强度刺激，每穴 1 min，不留针。至阴穴可用悬灸法或针法。

2. **水针疗法**

（1）取穴：主穴：三阴交、合谷。配穴：关元。

（2）取穴：主穴：三阴交、合谷。配穴：次髎、内关。

（3）药物：① 0.5% 普鲁卡因 2～3 mL；② 10～20 mg 维生素 B_1；③ 0.1 单位催产素。

（4）操作：任选一组穴及药物，将药物用注射用水补充到 2～3 mL。穴位消毒后，将盛有药液的空针针尖对准穴位，迅速刺入皮下，然后慢慢深刺，直到有酸、麻、胀等感觉时，迅速猛推入药物，使穴位处产生强烈的酸、麻、胀及传导感。每穴注药 0.5 mL。

3. **耳针疗法**

取穴：子宫、神门、卵巢、内分泌。

针法：中、强度刺激，留针 30 min，每隔 10 min 刺激一次。

（八）胎位异常

胎位异常是产科中常见的病症之一。它可造成孕妇分娩时的困难、痛苦和危险，尤其对婴儿生命威胁更大，因而矫正胎位非常重要。胎位异常常见者有枕后位、颜面位、臀位、横位、复合先露等数种。胎位异常如不及时纠正，到分娩时便会造成难产。因此，祖国医学将胎位异常列入"难产（或产难门类）"内。在祖国古代医籍文献中，根据难产的不同表现而有许多病名。如对胎位不正的，就有以两脚先出（露）的称为倒（逆）产；手臂先出的称横产；儿头偏往一旁的称偏产；因生理异常而不能分娩者，又包括在"交骨不开"之中。

【病因与病机】

究其病因，有与骨盆发育的类型及骨盆狭窄、子宫畸形、盆腔肿瘤、胎儿畸形、死胎、胎膜早破、前置胎盘等有关，不属本章论述范围。另有一些胎位异常，祖国医学认为与母体气血虚弱、气滞血瘀有关。《妇人大全良方·产难门》说："妇人以血为主，惟气顺则血和，胎安则产顺；若气血调和，便能胎安产顺。"说明胎位不正与气血失和有关。孕妇对脏腑、经络、气血运行的影响，按中医学的观点，阴阳相随，环行无端，气血调和，则为通顺，顺则健壮，反之则逆，逆则为病。因此胎位异常，可以说与阴阳失调，气血失和，进而引起胎动不安，冲任失调等有关。

【治疗原则】

对于生理性异常胎位，可用药物或针灸进行矫正。其治疗机理在于调和气血，益肝肾以安胎，则胎位可望矫正。在服药或针灸治疗时，亦可配合体位治疗。如臀位可采取胸膝卧位，每日2次，每次10 min；胎位为左骶前或左肩前者采取右侧卧位；右骶前或右肩前采取左侧卧位；以及临睡前解松裤带等辅助措施。单用体位疗法者，一周后复查，以观察疗效。

【辨证施治】

1. 保产无忧方

药物：当归（酒洗）4.5 g　荆芥穗2.4 g　甘草1.5 g　白芍（酒炒）3.6 g
　　　川芎4.5 g　厚朴（姜汁炒）2.1 g　生黄芪2.4 g　菟丝子（酒泡）3 g
　　　羌活1.5 g　枳实（面炒）1.8 g　川贝母3 g　艾叶（醋炒）2.1 g
　　　生姜3片

煎汤清晨空腹服。日服一剂，连服 5 ~ 10 剂为一疗程。

方义分析：方中当归、白芍、川芎养血活血；枳实、厚朴理气；羌活、荆芥疏风；菟丝子、艾叶益肾温暖子宫；黄芪益气；贝母运胎顺产；生姜扶正气而安胃；甘草协和诸药。

现代研究表明，当归挥发油能抑制犬、兔离体子宫的收缩，使子宫紧张度降低，宫壁松弛，血管舒张。贝母对兔、猫离体肺作用的实验中，证明贝母所含的贝母碱的主要作用与阿托品相似，能使支气管扩张，分泌物减少，瞳孔散大。白芍亦可缓解平滑肌痉挛。因此，当归、贝母、白芍均能使宫壁松弛，有利于胎儿转动。当归、白芍还有养血活血柔肝及安胎止痛作用，故常用于妊娠腹痛。川芎活血行气，有助宫缩，以推动胎儿转位；枳实理气，宽中除胀，亦可促进宫缩。因此服药转位者，十之八九均有胎动增加之感。转胎太过，有导致小产之虞，一方面可以减少缩宫药物用量，另一方面可以加黄芪以补气固表，扶正安胎；加菟丝子以补肾而固冲任；羌活、荆芥均含挥发油，使血液循环加速，使胞宫、胎盘及胎儿得到较多的血液供应而氧气充足。则胎位正而胎安。

2. 转胎方

药物：当归 9 g　　川芎 6 g　　熟地黄 9 g　　白芍 9 g
　　　党参 9 g　　白术 9 g　　炙甘草 6 g　　黄芪 9 g
　　　续断 9 g

水煎服，每日一剂，分 2 次，早、晚空腹服下，连服 3 剂为一疗程。

方义分析：本方系古人"泰山磐石饮"化裁加减而成。方中八珍汤双补气血，减去茯苓的淡渗，黄芪补气，气足则胎元得固，又有续断补肝肾而益冲任，暖宫安胎，与白术相伍更有安胎之妙。故本方有益气养血、补肝肾之功，血足则胎安，气足则胎位正。

【特色技术】

1. 灸至阴穴

灸法：孕妇取坐位，脚踏凳上，并解开裤带。用悬灸法，先灸一侧，再灸另一侧。亦可用艾卷两支，同时灸左右两侧，一日 2 次，每次 15 ~ 20 min。

疗程1～5次。

注意事项：

① 一般选择对象为30～40周孕妇。

② 接受灸治后，于24 h内复诊。

③ 胎位转正后停灸，但须每日复诊，一连3天，以后每周一次，追踪到分娩结束。

④ 知有复变者（即灸治成功后又变为异常胎位），即日可再灸。

2. 针至阴穴

针法：治疗前先向患者解释清楚，消除紧张情绪。患者解松衣服及裤带，放松全身肌肉。穴位消毒后，速刺入至阴穴1分深度左右，待有酸、麻、胀感后，留针15 min，每5 min捻针一次，每日针一次，5次为一疗程。若治疗一疗程无效者，可休息数日，再针治第二疗程。每次针治后复查，若胎位仍不正常者，则继续再针，如已转正，则停止针治。亦如灸法定期复查。

九、对产后病的中医诊治

（一）产后出血

产后子宫收缩不良性出血包括在祖国医学"产后血崩"及"恶露不绝"等范围中。"产后血崩"一般指第三产程及第三产程后24小时内出血；而"恶露不绝"一般指产后晚期出血。"产后血崩"是出血量多且来势急骤；"恶露不绝"是出血量不太多，但持续性阴道少量出血。

【病 因】

产后出血责之于多产孕育，虚损不足，冲任亏损。或因惊恐，或因血热，或因劳倦，或因血瘀，致冲任损伤而成。

【病 机】

本病临床上虚证为多。因孕时养胎，气血已有亏损，冲任已有不足，加之分娩出血及产程精力耗伤，元气更为亏损；所以有"产后百节空虚"之说。冲任虚损，中气不足，气不摄血，怒气伤肝，而不能藏血；还有风冷相搏，致寒凝血瘀；宿有胞宫积聚（肌瘤等），则气机受阻，影响胞宫的恢复；血热内伏，致血妄行等，皆可致产后子宫收缩不良而致产后出血。

【治疗原则】

王老以益气养血、温养固摄为治法，"急则治其标，缓则治其本"，将本病分为肝郁型、血热型、血瘀型、虚寒型、气虚型及气脱型，并分别创立了经验方。

【辨证施治】

1. 气脱型

产后出血如崩，额汗如珠，面色灰白，神识昏沉，呼吸低微，甚至手足厥冷，脉细无力或浮大无根，舌质淡白。

治法：益气固脱，回阳救逆。

方剂：加味独参汤或加味升压汤。

药物：加味独参汤：

| 人参 9 g | 牡蛎 30 g | 龙骨 24 g | 贯众 12 g |
| 益母草 15 g | 升麻 12 g | 柴胡 6 g | |

急煎一次服。

方义分析：方中人参大补元气，有兴奋中枢神经系统作用，促进性腺及肾上腺功能，提高动物心脏的收缩力及频率。动物实验发现，在病危时使用人参，可延长或挽救动物生命。牡蛎、龙骨镇静安神而潜浮阳。贯众对子宫有收缩作用，为子宫高效收缩药物，其所含有效成分麦角新碱已应用于临床。益母草亦有宫缩作用。升麻、柴胡升举下陷，可增加平滑肌张力，使弛缓和麻痹的子宫平滑肌收缩，合上述药物起协同作用。

加味升压汤：

人参 9 g　　附子 6 g　　贯众 12 g　　益母草 15 g
甘草 30 g　　黄精 30 g

急煎一次服。

方义分析： 方用升压汤（附、精、甘）升压固脱。其中附子能兴奋迷走神经中枢，有强心作用，使心脏收缩幅度增加，有兴奋垂体－肾上腺皮质系统的作用，起到一定升压抗休克的效果，合人参大补元气，附子回阳救逆，是抗休克的有效方剂。甘草重用不但可减少附子所含乌头碱的毒性作用，且甘草有肾上腺皮质激素样作用，亦有升压效果。黄精滋阴补脾补肺而有强壮作用，且无熟地黄滋腻碍脾之弊。贯众、益母草缩宫而止血。

2. **气虚型**

恶露淋漓不断，血色淡质稀而无臭，少腹下坠，头昏心悸，精神疲倦，动则气促，气短声微，脉虚无力，舌质淡苔白。

治法：补气摄血，升阳缩宫。

方剂：加味补中益气汤（方见产力异常）。

3. **虚寒型**

恶露历久不止，色淡而量多。头晕目眩，面色㿠白或虚浮，口唇淡，皮肤枯燥，腰酸欲折，四肢冷，大便不实，或有遗尿，舌淡，脉微弱。

治法：温补肾元，益气固涩。

方剂：加味白芍散或加味固经丸。

药物：加味白芍散：

白芍 9g	牡蛎 24g	干姜 6g	熟地黄 16g
桂心 6g	黄芪 15g	龙骨 15g	海螵蛸 15g
鹿角胶(化服) 6g	党参 18g	白术 9g	陈棕炭 9g
贯众 9g	升麻 9g		

方义分析： 方中党参、黄芪、白术、升麻益气健脾升陷；熟地黄、白芍滋阴养血；干姜、桂心温经散寒；牡蛎、龙骨、海螵蛸固涩止漏；贯众、棕炭缩宫止血；鹿角胶益肾阳而固冲任。

加味固经丸：

| 艾叶 9g | 赤石脂 15g | 补骨脂 12g | 附子 6g |
| 血余炭 9g | 山茱萸 9g | 熟地黄 12g | 鹿角胶(化服) 6g |

阿胶^(化服) 6 g　　　党参 24 g　　　杜仲^(盐水炒) 8 g

方义分析：方用党参益气；熟地黄、山茱萸养肝益肾；附子、艾叶温宫而助元阳，且艾叶可兴奋子宫使之收缩加强，且可收缩血管而有止血作用；赤石脂、血余炭亦固涩止血；补骨脂、杜仲、鹿角胶补肝肾而固冲任。

4. 肝郁型

恶露淋漓或暴崩，心烦易怒，精神抑郁，眠少多梦，头胀眩晕，胸闷饱胀，嗳气太息，食欲减退，大便失调，腹胀疼痛，舌苔微黄，舌质红，脉弦细。

治法：疏肝解郁，缩宫止血。

方剂：加味逍遥散。

药物：柴胡 6 g　　　白芍 12 g　　　白术 9 g　　　当归 9 g

　　　茯苓 12 g　　　甘草 3 g　　　生地黄 15 g　　　栀子 9 g

　　　益母草 15 g　　　夜交藤 30 g

方义分析：方用逍遥散（柴、芍、术、归、苓、甘）疏肝解郁，肝脾同治；生地黄、栀子凉血清热；益母草缩宫止血；夜交藤镇静安神。

5. 血热型

恶露不绝，血色鲜红，无凝血块，且皮下有瘀点，口渴心烦，舌质红，脉细数。

治法：滋阴凉血，缩宫止血。

方剂：加味保阴煎或加味清化饮。

药物：加味保阴煎：

　　　生地黄 12 g　　　熟地黄 12 g　　　黄芩 9 g　　　黄柏 9 g

　　　白芍 12 g　　　续断 12 g　　　甘草 3 g　　　山药 24 g

　　　女贞子 15 g　　　墨旱莲 15 g　　　阿胶^(化服) 9 g　　　贯众 12 g

方义分析：方中生地黄、熟地黄、白芍、女贞子、墨旱莲养血滋阴而止血；黄柏、黄芩清热坚阴；续断补肾而固冲任；山药补脾肾；阿胶养血，合墨旱莲而止血；贯众缩宫止血；甘草以和诸药。

加味清化饮：

　　　白芍 12 g　　　麦冬 9 g　　　黄芩 9 g　　　生地黄 15 g

阿胶$^{(化服)}$ 9 g   龟板 24 g   贯众 9 g   益母草 15 g

方义分析：方中白芍、麦冬、生地黄养阴凉血；黄芩清热；阿胶、龟板养阴止血而潜阳；贯众、益母草缩宫止血。

6. **血瘀型**

产后出血，淋漓不断，血色紫黯，少腹疼痛，或有包块，舌质紫，脉弦涩而无力。

治法：活血化瘀，缩宫止血。

方剂：加味当归血竭丸。

药物：赤芍 9 g   当归 9 g   莪术 6 g   三棱 6 g

五灵脂 6 g   血竭$^{(吞服)}$ 3 g   三七粉$^{(吞服)}$ 3 g   益母草 15 g

方义分析：方中赤芍、当归、莪术、三棱活血化瘀；五灵脂配赤芍、当归，又能活血化瘀而止痛；血竭、三七止血化瘀；益母草化瘀又能缩宫止血。

【单方验方】

桎木注射液治疗产后出血有较好疗效。

用法：肌肉注射每次 4～8 mL，每日 2～3 次。宫体注射每次 10～20 mL，用于剖腹产宫缩不良，直接注射于宫体。

桎木系金缕梅科檵木属植物，别名继木、继紫、继花。桎木注射液不但对子宫有较强的收缩作用，而且有较好止血作用，对治疗宫缩不良与出血疗效较好。一般用药后即出现宫缩，5～10 min 后出血即可逐渐停止，且无明显副作用。桎木与催产素、麦角新碱合用有增强子宫收缩作用。

【特色技术】

1. **针刺治疗**

取穴：三阴交、合谷、隐白。

针法：用中、强刺激，每穴刺激 1 min，留针 20～30 min，每隔 10 min 刺激一次。

据妇产科临床观察，针刺合谷穴可显著缩短第三产程及减少产后出血量。针刺减少产后出血量尤以高血压患者为显著，治疗组比对照组出血量减少。针刺操作简单，经济方便，无副作用，较之应用麦角新碱为优。

2. 耳针疗法

取穴：子宫穴。

针法：找准穴位后，刺入后稍加捻转，留针 20 ~ 30 min，留针中可间断捻转。

（二）产后小便异常

产后出现小便不通，或尿频，或尿失禁等现象，称为产后小便异常。此种现象在临床中并不少见。祖国医学称小便不通为"癃闭"；称小便失禁为"遗溺"；称尿频为"小便频数"。

【病因与病机】

产后小便异常，其因有三：一为产妇平时体弱，或产时失血过多，或产程延长，气随血耗，而致中气不足；二为元气素虚，孕育及分娩致气血更为耗损，肾气不固，不能约制膀胱；三为直损膀胱，血瘀则气滞，气机受阻，而致膀胱气化失常，开阖失度。

【治疗原则】

产后小便异常，总在恢复膀胱功能，促进膀胱之气化。王老将本病分为湿热型、肾虚型、血瘀型和气虚型四大证型，并创立了经验方。

【辨证施治】

1. 气虚型

产后尿潴留，小便点滴不通，懒于动作，言低气短，腹肌下坠，舌淡苔白，脉软弱无力。此型系胎儿娩出后，腹压降低，腹壁松弛，膀胱张力减弱，产妇常不自觉膀胱膨胀，而发生尿潴留。

治法：升阳举陷，助其气化。

方剂：加味补中益气汤（方见产力异常）。

2. 肾虚型

产后小便频数或尿失禁，或睡中自遗，腰膝酸冷，神疲乏力，头晕耳鸣，四肢畏寒,小腹重坠,舌质淡,苔白,脉沉细。

此型多系产时精神紧张,产程延长,或平素体弱,体力消耗尤甚,疲惫不堪,腹壁松弛,子宫收缩乏力,膀胱受压过久,此时可引起膀胱麻痹,甚至瘫痪,因而排尿反射不起反应,而致小便失禁或频数。

治法:补肾助阳,缩泉固涩。

方剂:加减肾气丸。

药物:附子 9 g 肉桂 6 g 山药 24 g 山茱萸 9 克
茯苓 12 g 益智仁 9 g 桑螵蛸 9 g 枳壳 30 g
党参 15 g 升麻 9 g 柴胡 3 g

方义分析:方中附子、肉桂温补肾阳,通阳化气;熟地黄、山茱萸滋肾益精;茯苓、山药利湿健脾;党参、升麻、柴胡益气升阳;枳壳调气,合升麻、柴胡可增加平滑肌张力而起缩泉作用;益智仁、桑螵蛸补肾而缩泉,止小便之频数及失禁。

3. 血瘀型

若产程较长,或行分娩手术,产后小腹胀痛,渐渐加重,小便癃闭,镜检有红细胞或肉眼可见红色血尿,舌白,脉大无力。

此型系产程延长,膀胱受压,或因分娩手术操作,膀胱受挤压,皆可使膀胱三角区发生水肿,阻塞尿道而发生尿潴留。

治法:活血化瘀,利尿消肿。

方剂:加减桂枝茯苓丸。

药物:牡丹皮 9 g 桃仁 9 g 赤芍 12 g 茯苓 15 g
琥珀^(吞服) 3 g 马鞭草 24 g 桂枝 9 g

方义分析:方中牡丹皮、桃仁、赤芍、琥珀及桂枝活血化瘀而消水肿。茯苓、马鞭草利尿化瘀亦消水肿。

4. 湿热型

尿潴留日久,或多次导尿而致小腹胀痛,更致尿潴留,尿道下坠,或往来寒热,舌苔黄,脉滑数。

尿潴留日久及多次导尿,致泌尿道感染,发生尿道炎、膀胱炎,甚至出现发热、头身痛等全身症状。

治法：清热解毒，利尿通淋。

方剂：加减龙胆泻肝汤（方见宫颈炎）。

【特色技术】

1. 针灸治疗

取穴：关元、水道、三阴交。

针法：宜强刺激，留针 15 min，留针中每隔 5 min 刺激一次。起针后灸关元 10 min。

2. 指压疗法

取排尿点：脐心与耻骨联合上缘连线之中点。也可取上述连线中点稍上或稍下之点。

操作方法：患者平卧，不能平卧可取半卧位，术者站患者一侧，以单拇指或双拇指（重着）掌侧置于"排尿点"上，其他手指平贴于下腹部两侧；然后垂直向下按压，先轻后重，逐渐加大压力，至患者能排尿为止。若患者神志清晰，在按压过程中嘱其用力排尿。排尿出现后，应继续按压，同时将手掌及其他手指从患者下腹部两侧由外向内向下逐渐挤压，至潴留尿液排尽为止。第一次成功后，有尿时重新按压仍有效。

适应症：一切非阻塞性尿潴留。

禁忌症：一切阻塞性尿潴留。产后膀胱三角区水肿而致尿潴留，不宜采用。

3. 敷帖疗法

处方：生田螺 5～10 个，葱白 60 g，麝香少许，面粉适量。

用法：先将田螺肉同葱白捣烂，和入面粉制成饼状，后加麝香敷脐中，药饼上放一纱布，用炒热食盐趁热在药饼上熨 20～30 min，小便即可通利。无效再用上法。

适应症：非阻塞性尿潴留。

4. 单方验方

（1）鲜柳叶 10～15 片，洗净咀碎，白开水送服。

（2）益母草 30 g（或加甘草 3 g）水煎，一次顿服。

（三）产后便秘

产后便秘为产妇常见症状，祖国医学称为"产后大便难"。产后饮食如常，而大便不畅，或数日不行，以致食欲减退，腹胀不适。

【病因与病机】

产时失血伤阴，津液亏损，或平素体弱，或产程较长，耗伤中气而致。分娩时失血过多，营血骤虚，津液亏耗，不足以濡润肠道，致肠燥便难。分娩之后，不但有损于血，亦损于气，中气不足，无力推送大便于肛外，故大便秘结。

【治疗原则】

王老辨证论治将本病分为血虚型、气虚型两大证型，治以养血润燥、补中益气。

【辨证施治】

1. **气虚型**

产后便秘，气短自汗，头目眩晕，精神疲倦，自觉腹部下坠，有便意而不解，腹壁柔软，舌白，脉大而虚。此乃孕妇在胎儿娩出后，腹压降低，腹壁松弛，肠道平滑肌张力减弱，肠功能未恢复，故大便即使不干燥，也可发生便秘。

治法：补中益气。

方剂：加味补中益气汤（方见产力异常）。

2. **血虚型**

产后便秘，大便燥结，腹胀食减，面色苍白或萎黄，皮肤不润，头晕耳鸣，心悸怔忡，舌淡苔薄，脉虚数。此乃产时失血，体液消耗，肠道分泌物缺乏，故大便燥结而不能排出。

治法：养血润燥。

方剂：加味四物汤。

药物：熟地黄 18 g　　当归 15 g　　白芍 6 g　　川芎 3 g

　　　柏子仁 15 g　　生何首乌 30 g

方义分析：方中四物汤（地、芍、归、芎）养血；柏子仁润肠而宁心神；生首乌养血安神，且含有蒽醌衍化物，能促进肠蠕动。

【特色技术】

针刺疗法：

取穴：足三里、天枢、关元。

针法：针刺入穴位有感应后，每穴中等刺激 1 min，留针 15 min。

（四）产后发热

产褥期内，出现发热持续不退，或突发高热寒战，并伴有其他病状者，称为产后发热。西医学的产褥感染、产褥中暑、产褥期上呼吸道感染等可参照本病辨证治疗。

【病因】

张景岳说，产后发热有风寒外感而热者，有邪火内盛而热者，有火旺阴虚而热者，有因产劳倦虚烦而热者，有失血过多头晕闷乱烦热者，诸证不同，治当辨察。王肯堂说："产后发热之故，非止一端。如食饮太过，胸满呕吐恶食者，则为伤食发热；若早起劳动，感受风寒，则为外感发热；若恶露不去，瘀血停留，则为瘀血发热；若去血过多，阴血不足，则为血虚发热。亦有因产时伤力，疲乏发热者……要在临证细细参考也"。

【病机】

常见产后发热可分为外感发热、火毒发热、血瘀发热、血虚发热等四类。产后发热，一般可归纳为体虚不足和虚中夹实两种类型。

【治疗原则】

产后发热的治疗原则有扶正、祛邪两个方面。外感发热应以祛邪为主；邪盛热极的患者，毒火炽盛，正邪相争剧烈，病势凶险，治疗上须中西医结合；阳虚的患者，必须大力扶正；解毒亦不可忽视"阳毒攻毒""阴毒扶正"；对于来势猛、病情重，应病重药重，病急治急，病轻药轻，病缓治缓。治疗产褥感染用药时，勿拘泥于"产后不宜凉"的陈规。王老认为本病可分为外感发热型、血瘀发热型、血虚发热型和火毒发热型四大证型，并建立了许多经验方。

【辨证施治】

1. 外感发热型

分娩过程中，由于孕妇抵抗力减弱，加之寒冷、饥饿、产程过长等原因，易发生上呼吸道感染。上呼吸道感染又可分为营虚风寒、气虚风寒、邪留少阳、温邪上犯等四型。

（1）营虚风寒型。

产后发热，恶风头痛，腰酸背楚，心悸少寐，舌质淡，苔薄白，脉细浮数。

治法：养营疏解。

方剂：加味四物汤。

药物：熟地黄12g　当归9g　白芍9g　川芎6g
　　　荆芥9g　防风9g　羌活9g　党参15g
　　　柴胡9g　金银花15g　大青叶15g

方义分析：方用四物汤（地、芍、归、芎）养血；党参健脾益气；荆芥、防风、柴胡、羌活发汗解表；金银花、大青叶清热解毒。

（2）气虚风寒型。

产后发热，恶寒头痛，鼻塞无汗，咳嗽多痰，精力疲乏，心悸气短，或有呕逆，舌白，脉象浮弦无力。

治法：益气解表。

方剂：加减参苏饮。

药物：党参12g　葛根12g　防风9g　陈皮6g
　　　前胡9g　法半夏9g　白术9g　桔梗16g
　　　茯苓9g　苏叶9g　金银花15g　大青叶15g
　　　甘草3g

方义分析：方用参、术、苓、草扶正益气；葛根、防风、苏叶解肌散寒；金银花、大青叶解毒祛邪；桔梗、前胡、法半夏化痰止咳。

（3）邪留少阳型。

产后发热，头晕头痛，胸闷口苦，泛恶不饮食，寒热起伏，午后为甚，身肌酸痛，舌质微红，苔黄，脉弦微数无力。

治法：和解少阳。

方剂：加减小柴胡汤。

药物：柴胡 9 g　　黄芩 12 g　　党参 12 g　　半夏 9 g
　　　甘草 9 g　　当归 9 g　　白芍 9 g　　川芎 6 g
　　　金银花 15 g　　连翘 12 g

方义分析：此证多因气血不足，不能抵抗外邪。方中柴胡、黄芩、半夏以解寒热；党参、甘草和胃补气；白芍、当归以和营养血；川芎以畅气机；黄芩配金银花、连翘以清热解毒。

（4）温邪上犯型。

产后发热，咽痛鼻塞，头晕头痛，咳嗽烦躁，口干渴，无汗或有汗不解，乳汁分泌减少，舌质偏红，苔黄，脉浮数无力。

治法：辛凉解表。

方剂：加减银翘散。

药物：金银花 15 g　　连翘 12 g　　荆芥 9 g　　桔梗 9 g
　　　防风 9 g　　牛蒡子 9 g　　栀子 9 g　　生地黄 15 g
　　　人参叶 6 g

方义分析：方中金银花对感冒病毒有抑制作用，连翘对大肠杆菌、葡萄球菌及溶血性链球菌等有较强的抑制作用；栀子、防风、荆芥解表祛热；牛蒡子、桔梗清咽而化痰；生地黄养阴清热；人参叶可代人参，益气又有清咽之效。

2. 血瘀发热型

此型多属产后宫缩不良，瘀血停留子宫内，或胎盘部分滞留，给细菌感染和繁殖创造了条件。其主要矛盾乃宫内停瘀，因而与一般产褥感染有别。在瘀去之后，热度多可下降。若体温超过 38 ℃，腹痛日渐加剧，为滞未尽，又并发感染所致，当参照感染发热处理。

症见产后数日，发热或寒热时作，恶露较多或不畅，色紫黯而有瘀块，少腹阵痛而拒按，腰酸而胀，胃纳差，身倦无力，苔薄而黄，舌质紫黯，脉数虚大而无力。

治法：活血化瘀，缩宫解毒。

方剂：加味生化汤或加减牛膝散。

药物：加味生化汤：

当归 15 g	益母草 15 g	川芎 6 g	炮姜 6 g
桃仁 9 g	红花 9 g	牡丹皮 18 g	千里光 30 g
金银花 15 g	党参 15 g	升麻 9 g	柴胡 9 g
贯众 9 g			

方义分析：方中川芎、当归、红花、桃仁活血化瘀；贯众、益母草缩宫排瘀；柴胡退热，合党参、升麻益气升陷，缩宫排瘀之力加强；炮姜温经散寒而止血；牡丹皮通经逐瘀，合千里光、金银花以解毒抗菌，预防和治疗感染。

加减牛膝散：

| 牛膝 30 g | 当归 30 g | 冬葵子 30 g | 贯众 12 g |
| 益母草 15 g | 瞿麦 15 g | 千里光 30 g | |

方义分析：方中贯众、益母草缩宫；瞿麦、冬葵子滑胎去瘀积；牛膝通经化瘀而缩宫；当归养血活血，兴奋子宫；牛膝合冬葵子，有治疗胎盘滞留之效；千里光解毒消炎。

3. 血虚发热型

产后低热，面色苍白或萎黄，头眩目花，耳鸣心悸，心烦寐少，腰酸乏力，大便燥结，产时出血过多，或分娩前即有显著贫血，舌淡无苔，脉大而扎数无力。

治法：补血益气，滋阴退热。

方剂：加减十全大补汤。

药物：党参 15 g	白术 6 g	茯苓 9 g	甘草 3 g
熟地黄 12 g	白芍 9 g	川芎 3 g	当归 9 g
阿胶^(化服) 9 g	黄芪 12 g	白薇 12 g	

方义分析：方中健脾益气汤（参、术、苓、草）加黄芪以补气；四物汤（地、芍、归、芎）加阿胶以养血；白薇退热。全方使气血充足，则低热可退。

4. 火毒发热型

此型系指孕妇在产前、产时或产后，因细菌侵入生殖器官造成局部或全身感染,以炎症和发热为主要表现的生殖系统感染,常见的有:外阴炎及阴道炎、宫颈炎、子宫内膜炎、输卵管炎、卵巢炎、血栓性静脉炎及脓毒血症、盆腔腹膜炎及全腹膜炎、败血症及菌血症,这些病症往往不单一出现,多数出现两种以上。此型又可分为以下几类。

(1) 胞宫火毒型。

常在产后48小时后恶寒发热,少腹疼痛及压痛,恶露量多而臭,口渴,乳汁分泌量减少,舌质偏红,苔黄,脉浮数。

治法:清热解毒,凉血缩宫。

方剂:清热凉血解毒汤。

药物:金银花30 g　连翘15 g　蒲公英15 g　赤芍12 g
　　　牡丹皮12 g　生地黄30 g　地骨皮12 g　白薇15 g
　　　益母草18 g

方义分析: 方用牡丹皮、赤芍凉血化瘀,又合金银花、连翘、蒲公英清热解毒;白薇、地骨皮凉血退热;生地黄养阴凉血;益母草缩宫排腐。

(2) 火毒瘀热型。

常于产后八九天发热,小腹一侧或双侧疼痛伴压痛及肿块,腰部酸胀,白带一般增多而腥秽,舌质红,脉数。多属于急性输卵管炎,正不胜邪,火毒瘀热为患。

治法:清热解毒,活血化瘀。

方剂:银翘红酱解毒汤(方见急性盆腔炎)或加减少腹逐瘀汤。

药物:加减少腹逐瘀汤:

　　　赤芍15 g　　当归9 g　　五灵脂9 g　　蒲黄9 g
　　　延胡索9 g　　川芎6 g　　败酱草24 g　　蒲公英30 g
　　　贯众12 g　　桃仁9 g

方义分析: 方中赤芍、当归、川芎、五灵脂、蒲黄、桃仁、延胡索活血化瘀,消肿止痛;败酱草、蒲公英清热解毒,排脓消肿;贯众以缩宫排出宫腔分泌物;桃仁不但有化瘀之效,现已证明其抗炎、抗渗出作用强并有镇静作用。

(3) 胎儿娩出,阴道有持续性流血,有产道损伤史,常于产后六七天发热,时有寒战,小腹痛,并有小腹双侧压痛,阴道检查有剧烈触痛,子宫呈固定状态,且有硬性包块附着，舌质红，脉急数。

此属毒邪入侵，形成子宫旁结缔组织炎。

治法：清热解毒，活血消肿。

方剂：加减消痈汤（方见急性盆腔炎）。

同时可联合中药灌肠法（方见急性盆腔炎）。

（4）若肿块变软，腐败成脓，形成盆腔脓肿，应作后穹窿切开引流，内服加味透脓散。

方剂：加味透脓散。

药物：炮山甲 6 g　　皂角刺 12 g　　黄芪 18 g　　川芎 6 g
　　　当归 9 g　　蒲公英 30 g　　千里光 30 g　　败酱草 30 g

方义分析：方中炮山甲、皂角刺为透脓要药；黄芪补气托毒；川芎活血通络，与黄芪同用，一方面益气养血，另一方面增加气血的运行，是本方扶正托毒的组成部分。气血不足，正虚内陷，以黄芪为主一般多用于痈疽未溃，内已成脓；而正气未大衰者，方以山甲、皂刺为主。

（5）络脉火毒型。

① 产后 10～20 天有低热，寒战亦轻，患侧腿部温度高于另一腿，常在左下肢股静脉、腘静脉及大隐静脉有压痛，疼痛常剧烈，有时大腿浮肿，皮肤高度紧张而呈白蜡样，脉数，苔白微黄，舌质红。

此型乃下肢血栓性静脉炎，由气滞血瘀，瘀热毒凝结，瘀重于热毒，故低热。

治法：活血化瘀，清热解毒。

方剂：加味桂枝茯苓丸。

药物：桂枝 9 g　　茯苓 9 g　　牡丹皮 12 g　　桃仁 12 g
　　　当归 9 g　　赤芍 12 g　　川芎 9 g　　甘草 3 g
　　　金银花 30 g　千里光 24 g　水蛭 6 g

方义分析：方中桂枝温化行血；茯苓淡渗利湿；牡丹皮、赤芍、桃仁、川芎、当归、水蛭活血化瘀；甘草、千里光、金银花清热解毒。

② 常于产后 1～2 周，常发生在子宫内膜炎后，寒战与高热交替，一天发作数次，体温高时可达 40 ℃以上，体温低时可降至 36 ℃，下腹部有抵抗压痛，

舌质红，脉数而有力或无力。

此乃盆腔血栓性静脉炎，瘀热毒互结，热毒重于瘀，可见高热寒战。

治法：清热解毒，活血化瘀。

方剂：加味四妙勇安汤。

药物：玄参 30 g　　当归 12 g　　金银花 30 g　　赤芍 12 g
　　　甘草 15 g　　桃仁 12 g　　牡丹皮 15 g　　川芎 9 g
　　　红花 9 g　　紫花地丁 30 g

方义分析：方中四妙勇安汤（参、归、银、草）是治疗血栓闭塞性脉管炎的有效方剂，有清热活血，解毒消炎作用。更增赤芍、红花、川芎、桃仁、牡丹皮活血化瘀。紫花地丁合金银花、牡丹皮、赤芍消炎解毒。

（6）火毒犯脾型。

若产后三四日，高热寒战，腹部胀硬，腹胀气，便秘，腹痛拒按，舌质红，苔干黄，脉数而无力。此型乃产后感染而发生的腹膜炎。若在小腹有压痛及反跳痛者，为盆腔腹膜炎多；若全腹压痛及反跳痛者，为弥漫性腹膜炎。由于腹膜炎患者大多腹部胀气，不能服用大量液体，因此应将方药煎为浓缩剂，多次服用，每次 20～30 mL 为宜。

本病宜中西医结合治疗，取长补短。患者如不能食，则宜采取输血、补液，腹胀可采用胃肠减压。腹膜炎是临床医疗工作中较为常见的疾患，在产褥感染中是极其严重的并发症，病死率约占产褥感染病死率的 1/3。诊断虽无困难，但以往治疗效果，难令人满意，特别是晚期患者，一般情况恶化，毒血的症状也已显著，多不能耐受任何复杂手术，同时腹膜炎病变也已确立，虽可消除其致病的病损部分，而终不能阻止其蔓延。适时切口引流，并配合中药治疗，更为适宜。

治法：清热解毒，化瘀通腑。

方剂：解毒Ⅰ号汤或药剂Ⅱ号汤或药剂Ⅰ号汤。

药物：解毒Ⅰ号汤：
　　　金银花 30 g　　连翘 24 g　　生地黄 15 g　　蒲公英 24 g
　　　麦冬 12 g　　知母 9 g　　紫花地丁 30 g　　甘草 9 g
　　　牡丹皮 12 g　　赤芍 12 g　　白芍 12 g

方义分析：方中金银花、连翘、紫花地丁、蒲公英、牡丹皮、赤芍、白芍等体外实验，对多种球菌、杆菌等有较强抑菌作用。麦冬、生地黄、知母清热养阴生津。甘草以和诸药。本方可单用或配合药剂Ⅰ号或药剂Ⅱ号使用。

处方加减：气虚者，加人参；阳虚者，去知母、麦冬、加附子、肉桂；腹胀者，加广木香、枳壳、厚朴；便秘者，加大黄、芒硝。

药剂Ⅱ号汤：

当归^(酒炒)6g　　赤芍^(酒炒)6g　　桃仁9g　　土鳖虫6g

延胡索^(酒炒)9g　　浙贝母9g　　牛膝^(酒炒)9g　　金银花24g

大黄^(醋炒)6~9g

方义分析：全方有活血化瘀、清热解毒、消肿散结、止痛通腑之功。适用于弥漫性腹膜炎。

药剂Ⅰ号汤：

大黄^(醋炒)3g　　土鳖虫5g　　桃仁9g　　五灵脂6g

延胡索^(酒炒)6g　　穿山甲^(炮)5g　　三棱6g　　莪术^(炒)9g

赤芍^(酒炒)6g　　当归^(酒炒)6g　　全瓜蒌15g　　浙贝母9g

方义分析：全方有活血化瘀、消肿散结、止痛通络之效。适用于盆腔腹膜炎。

（7）火毒入营型。

产后高热，神昏，谵妄狂躁，喘逆或咳吐锈色痰，或胸痛剧烈，或尿血腰剧痛，皮肤有出血点，舌质红绛，脉细数无力。

此属败血症或菌血症，系阳盛热极，邪入营分，热毒俱盛，为产后感染之严重者，可继发于全腹膜炎或血栓性静脉炎，亦可局部病变不明显，细菌迅速进入血液而形成。

治法：清热解毒，凉血养阴。

方剂：加味五味消毒饮（方见急性盆腔炎）。

处方加减：热盛痉厥，昏迷谵语者，加安宫牛黄丸或紫雪丹或加钩藤、地龙、水牛角；胸痛痰血者，加野荞麦、全瓜蒌、鱼腥草；尿血者，加石韦、千里光；便秘者，加大黄、芒硝；阴虚津伤者，加生地黄、玄参、麦冬；气虚者，加人参（或党参）、白术。

(8) 气阴两虚型。

精神萎靡，懒言气短，畏寒肢冷，厌食纳差，早凉暮热或无热，自汗盗汗，五心烦热，口干不欲饮，舌质红，苔薄白，脉细数而无力。

凡产褥感染已控制或未控制，而以气阴两虚，或气虚或阴虚为突出者，必以扶正为主，以提高机体抗病力。

治法：益气养阴，扶正祛邪。

方剂：人参当归汤或三合散。

药物：人参当归汤：

| 人参 9 g | 当归 9 g | 熟地黄 15 g | 肉桂 6 g |
| 麦冬 12 g | 白芍 12 g | | |

方义分析：方中人参、当归、肉桂益气养血，助益元阳。熟地黄、麦冬、白芍益血养阴，助益元阴。

三合散：

川芎 3 g	熟地黄 15 g	当归 9 g	白芍 9 g
白术 9 g	茯苓 9 g	黄芪 12 g	柴胡 9 g
人参 9 g	黄芩 9 g	半夏 6 g	甘草 3 g

方义分析：此方系四物汤、四君子汤与小柴胡汤合方加黄芪，故称三合，用于气阴两虚而有发热者。

处方加减：上二方可根据感染轻重而加适当解毒抗菌药物，如金银花、蒲公英、牡丹皮、千里光、紫花地丁、白花蛇舌草等；阴虚津伤甚者，加玄参、生地黄、玉竹、沙参、五味子、麦冬等；阳虚气弱者，加附子、肉桂、鹿角、菌灵芝、党参等，以增强免疫系统功能。

（五）缺 乳

乳汁生成不足，称为乳汁缺少。乳汁缺少不仅可出现于产褥期，在哺乳期亦可出现。祖国医学称乳少为"乳汁不行"。

【病 因】

《妇人良方》说："妇人乳汁不行，皆由气血虚弱，经络不调所致。"《儒门事亲》说："或因啼哭悲怒郁结，气溢闭塞，以致乳脉不行。"《景岳全书》

说："妇人乳汁，乃冲任气血所化，故下则为经，上则为乳。若产后乳迟乳少者，由气血之不足，而犹或无乳者，其为冲任之虚弱无疑也。"这说明产妇乳汁少可为气血不足，肝郁气滞，冲任不足等数种病因。

【治疗原则】

治以疏肝解郁、滋肾养肝法。王老将本病分为气血不足型、肝郁气滞型和冲任不足型，并创立了有效的经验方。

【辨证施治】

1. 气血不足型

产后乳汁缺乏，乳部无胀感，面色㿠白或萎黄，精力疲乏，心悸气短，大便或溏或秘，乳汁量少清稀，舌淡，脉虚细或虚大无力。

贫血、饥饿、过劳、身体衰弱、营养不良等因素，可致乳汁分泌不足，与上述原因而引起经量少、闭经的机理一致。

治法：益气养血，通络催乳。

方剂：通乳汤或加减通乳四物汤。

药物：通乳汤：

| 党参 12 g | 黄芪 15 g | 当归 12 g | 通草 9 g |
| 猪蹄一双 | 麦冬 9 g | 桔梗 6 g | |

方义分析：方中党参、黄芪益气；当归、麦冬养血滋阴；桔梗、通草利气通络；猪蹄补血通乳。

加减通乳四物汤：

熟地黄 15 g	当归 9 g	白芍 5 g	川芎 3 g
通草 6 g	王不留行 9 g	天花粉 9 g	猪蹄一双
黄芪 18 g			

方义分析：方中四物汤（地、芍、归、芎）补血活血；通草、王不留行通络下乳；天花粉滋液生津；黄芪益气；猪蹄补血通乳。

2. 肝郁气滞型

产后乳汁不行或哺乳期乳汁突少，乳房作胀，精神抑郁，胸闷嗳气，食量减少，或有时胁痛，有时腹胀，大便不畅，苔薄而黄，脉弦。

乳汁的生成和分泌是由中枢神经系统所调节的非条件和条件反射的过程。精神因素，情绪改变，都可以影响中枢神经系统功能，而致乳汁缺少。

治法：疏肝解郁，通络催乳。

方剂：加减逍遥散。

药物：柴胡 9 g　　白术 9 g　　当归 6 g　　白芍 12 g
　　　茯苓 9 g　　郁金 9 g　　青皮 9 g　　白芷 12 g
　　　炮山甲 9 g　　漏芦 9 g　　王不留行 9 g

方义分析：方中逍遥散（柴、术、芍、归、苓）疏肝解郁、肝脾同治；郁金、青皮解郁散结行气；白芷、山甲、王不留行、漏芦通络催乳。

3. 冲任不足型

产后乳少或无，乳房不丰，平塌不胀，乳部柔软，耳鸣腰酸，头晕乏力，舌薄白，脉弱。

此型系青春发育期乳腺发育不良，妊娠期内分泌对乳房的作用不足，产后垂体前叶对泌乳素的分泌不足。这涉及垂体、卵巢的功能健全与否。

治法：滋补肝肾，通络催乳。

方剂：右归饮。

药物：菟丝子 15 g　　枸杞子 12 g　　续断 15 g　　熟地黄 15 g
　　　鹿角胶（化服）3 g　　肉桂 3 g　　紫河车（冲服）9 g　　附子 6 g
　　　王不留行 9 g

方义分析：方中熟地黄、菟丝子、枸杞子、续断、鹿角胶、河车大补肝肾，且续断能催乳，紫河车有促进女性生殖器官及乳腺发育作用。附子、肉桂温肾助阳。

【单方验方】

（1）涌泉散（成品）：功能养血、活血、催乳。适用于产后乳汁不通或量少。每服 3 g，日服 3 次，温黄酒冲服。

（2）生乳糖浆（成品）：功能通经络，下乳汁。适用于气血不足的乳少症。日服 3 次，每次 40 mL。

（3）赤小豆 500 g 煮汤，去豆，饮浓汤，连服 3～5 天。适用于气血不足之乳少症。

【特色技术】

1. **体针疗法**

取穴：足三里、膻中、内关、少泽、合谷。

针灸法：中等刺激，留针15 min，灸膻中30 min，每日1次，5次为一疗程。

2. **面针疗法**

取穴：胸乳穴（位于双目内眦斜行上1.1 cm，攒竹下1.3 cm）。

针法：患者坐或卧位，局部常规消毒，用28～30号毫针以15°斜刺直达骨膜。用对刺法，如先针左胸乳穴，可将针刺方向对右肩，针右穴向左肩，勿提插，可捻转，每5 min一次，留针10～15 min，密切观察患者乳房是否胀满或乳汁溢出。如无胀满或乳汁溢出，加配体针膻中、合谷。

（六）乳腺炎

乳腺炎在产褥期及泌乳期颇为常见，祖国医学称为"乳痈"。常由于病菌侵入乳头裂感染所致，中医称为"外吹乳痈"；亦有因乳腺原有的细菌趁机暴发者，中医称为"内吹乳痈"。多数乳腺炎为金黄色葡萄球菌感染所致。乳腺炎大体可分为乳腺性及间质性两种。间质性乳腺炎，发生较早，常于产后一二日开始，轻者即于皮下发作，重者深入脂肪层。临床最常见者为乳腺性乳房炎，每发生于泌乳开始以后。此两种炎症可混合发生，均可形成脓肿。严重的乳腺感染，能侵入蜂窝组织，于胸壁与乳房之间化脓。

【病因与病机】

祖国医学认为，本病发生的内因有七情所伤，肝失条达；或初产乳络不畅；或乳头因先天缺陷，小儿不能吮吸乳汁。均可致乳管壅滞，气郁而成。其外因有乳头破裂、毒邪入侵等，皆致乳腺炎发生。虽然乳腺炎发生的原因可有不同，但无论内吹或外吹，均可使乳汁蓄积，壅塞乳管，乳汁不通，气机受阻，气滞血瘀，郁而化热，而致酿成乳痈，这在历代医家的认识是一致的。本病初产妇发病率高，初产乳络多不通畅，且年轻产妇乳汁旺，瘀乳机会较多，加之乳头皮肤娇嫩，而为婴儿吮破裂伤，以致外邪易侵，化热成脓。

【治疗原则】

王老认为，本病治疗愈早，效果愈好。早期以消为贵，以溃为畏。采用清热解毒、活血化瘀、理气通络、散结通乳等法则，以尽力使其消散。外用药物亦本着消炎解毒、行气活血，以促其吸收消散为目的。如治疗延误或消之不应，应积极托里透脓，使之炎症局限，勿使毒邪流窜。待脓已形成而且局部波动明显时，可采取小切口引流以排脓，使毒邪外出。切口引流应掌握以下几点原则：

（1）切口的时机应适时，过早过晚，均能影响疗效，以脓成熟，局部波动明显时最为适宜。过早则脓未成熟，施行手术，损伤乳络较多，不但达不到引流目的，反而可以导致毒邪流窜；过晚则伤口已自溃，创面较大，愈合亦慢。

（2）切口位置应在波动最明显部位，而且应选择局部脓腔的最低部位，以便切开后脓汁容易流出。切口切勿太靠近乳头（即乳晕部），以防损伤乳络，形成乳漏。

（3）切口的方向，应与乳络平行，切口大小约 1.5 cm 为适宜。

【辨证施治】

1. 硬结期

乳房肿胀疼痛，局部有硬块，乳汁不通，皮色不变或微红，恶寒低热，头晕口苦，胃纳不佳，精神抑郁，舌质红，苔薄而黄，脉弦稍数。

治法：解毒活血，理气通络。

1）内　治

（1）偏热者选用加味神效瓜蒌散或消乳痈饮。

药物：①加味神效瓜蒌散：

全瓜蒌 15 g　　当归 9 g　　　甘草 3 g　　　蒲公英 30 g
浙贝母 9 g　　　金银花 24 g　青橘叶 12 g　赤芍 9 g
乳香 6 g　　　　没药 6 g　　　王不留行 9 g　炮山甲 6 g
皂角刺 6 g。

方义分析： 方中王不留行、青橘叶、炮山甲、蒲公英以通阻塞之乳腺管；皂角刺攻坚化结消肿；乳香、没药止痛消肿；当归、赤芍活血化瘀；全瓜蒌、浙贝母化痰散结；金银花又合蒲公英清热解毒，抗菌消炎；甘草以和诸药；共收解热消炎、化结通乳、活血理气之效。

②消乳痈饮：

赤芍9g　　　当归9g　　　香附9g　　　连翘9g
金银花15g　　浙贝母9g　　天花粉9g　　鹿角霜15g
蒲公英15g　　炮山甲9g。

方义分析： 方中赤芍、当归活血化瘀；香附理气；炮山甲、鹿角霜、蒲公英、贝母、花粉、连翘通络消肿；金银花合蒲公英、连翘解毒消炎。

（2）偏肝郁者选用橘叶消毒汤或加味逍遥散。

药物：①橘叶消毒汤：

青橘叶15g　　蒲公英24g　　当归9g　　　浙贝母9g
金银花15g　　赤芍12g　　　香附9g　　　路路通9g
柴胡9g　　　黄芩9g　　　　甘草9g。

方义分析： 方中青橘叶、柴胡、香附疏肝理气；当归、赤芍活血化瘀；金银花、蒲公英、黄芩清热解毒，且蒲公英合路路通以疏通阻塞之乳腺管，贝母散结消肿，甘草以和诸药；合为疏肝理气，清热解毒，活血化瘀，散结通络之剂。

②加味逍遥散：

金银花24g　　柴胡9g　　　白术9g　　　当归9g
赤芍12g　　　茯苓9g　　　蒲公英30g　　王不留行9g
牡丹皮12g。

方义分析： 方中逍遥散疏肝解郁；王不留行、蒲公英通络而催乳；赤芍、当归、牡丹皮活血化瘀；蒲公英又合金银花、牡丹皮、赤芍等以解毒消炎。

2）外　治

（1）芙蓉膏：木芙蓉叶24g，生大黄24g，黄连18g，泽兰叶24g，黄柏24g，冰片0.6g，黄芩18g。以上诸药共研细末，过重箩，加入凡士林调成膏，外敷局部，纱布固定，每日一换。方中木芙蓉叶、大黄、黄芩、黄连以清热解毒；泽兰叶活血化瘀而消肿；冰片以刺激局部，使血液循环改善，而有利于炎症消退。

合为消炎解毒、活血消肿之剂。

（2）陈皮 30 g，煎沸后 3 min，陈皮煎液稍放冷后热敷患部，每日 2～3 次。陈皮含挥发油，有刺激局部血液循环，促进炎症消失吸收之效。

2. 红肿期

乳房焮肿，疼痛剧烈，皮肤发热，头晕欲呕，便秘溲黄，口渴发热，舌质红，苔黄，脉洪数。

1）内　治

方剂：加味神效瓜蒌散（方见硬结期的治疗）或加味消痈饮。

药物：加味消痈饮：

金银花 30 g	蒲公英 30 g	炮山甲 6 g	天花粉 12 g
生甘草 3 g	乳香 6 g	白芷 9 g	赤芍 12 g
浙贝母 9 g	防风 9 g	没药 6 g	皂角刺 9 g
当归 9 g	陈皮 9 g	牡丹皮 12 g。	

方义分析：方中金银花、蒲公英、牡丹皮、赤芍清热解毒；当归、赤芍活血和营；乳香、没药散瘀定痛；防风、白芷发散消肿；山甲、皂角刺攻坚化结；陈皮行气；且蒲公英、山甲有通络催乳作用，使气机通达，瘀滞消散。本方对疮疡初起属于阳证者，脓未成可消，脓已成能溃，但已溃之后，即不宜用本方。

2）外　治

铁箍散：生南星、生半夏、生草乌、白及、白蔹、白芷、浙贝母、薄荷、荆芥穗、黄柏、生大黄、姜黄、黄芩、猪牙皂各等分，共为细末，每次取 30 g，与蜂蜜 15 g、陈醋少许调成膏，外敷患处，每日一换。方中生半夏、生川乌、生草乌、白芷、白蔹、白及、猪牙皂、姜黄有化痰散结，消肿止痛之功。薄荷、荆芥穗理气活血。黄芩、黄柏、大黄解毒消炎。

3. 化脓期

乳部疼痛难忍，肿块焮赤，按之应指，高热逐降，周身乏力，纳食差，夜寐不安，舌质红，苔黄，脉虚数。

1）内　治

方剂：加味透脓散（方见产后发热）。

2）外 治

切开引流，排出脓液。

【单方验方】

（1）蒲公英酒：蒲公英 40 g，白酒 160 mL，浸泡 5～7 天，每次服 15 mL，日 3 次。

（2）露蜂房散：将蜂房捡净撕碎，放置铁锅中，以文火焙至焦黄（勿炒至焦黑），取出，碾为极细末。每次服 3 g，4 小时服一次，24 小时可服 5～6 次。每次服用时，以黄酒 30 mL 加热冲服。3 天为一疗程，若服 3 天有明显进步，而未全部消散者，可再服一疗程。若连服 3 天无明显进步，必有化脓倾向，应考虑手术治疗。

（3）远志 12 g，加 60 度白酒 15 mL 稍浸片刻，再加清水一碗，用砂锅煎沸 20 min，一次趁温顿服，每日一剂。

【特色技术】

1. 针刺治疗

（1）取穴：内关、曲池、肩井、乳根。

针法：肩井穴进针 0.5～1 寸，用捻针手法，体壮者用强刺激，体弱者用弱刺激。乳根穴宜沿乳房向上横刺。内关、曲池中等刺激。针刺有感应后，每穴连续刺激 2～3 min 拔针。

（2）取穴：肩井、膻中、足三里。

针法：先针肩井（双），深度 0.5～1 寸，待患者有针感后，继续行针加强刺激，约 3～5 min，以患者能耐受的最大强度为限。然后针刺膻中、足三里（双），待出现针感后，留针 15～30 min，每 5 min 捻转一次。每日治疗一次。

2. 辅助治疗

未化脓前，嘱患者热敷患侧乳房。授乳不完，应吸出奶汁，保持患乳排空，减少张力。

（七）阴道瘘

分娩所致的泌尿生殖器及肠管生殖器瘘管，是一种严重的分娩并发症。虽对妇女无直接生命威胁，但可造成严重身体缺陷以及肉体与精神上的痛苦。泌尿生殖瘘包括输尿管阴道瘘、尿道阴道瘘、膀胱阴道瘘及直肠阴道瘘等数种。在产科发生的瘘管中，多为膀胱阴道瘘，而直肠阴道瘘则少见。故本书仅述膀胱阴道瘘。其他直肠阴道瘘、尿道阴道瘘等在中药保守治疗方面亦基本相似。与阴道瘘类似的病名在祖国医学中早有记载。膀胱阴道瘘，古名"胞损"，系阴道前壁穿孔，故小便从阴道溢出。直肠阴道瘘，古名"交肠"，系阴道后壁穿孔，故大便从阴道漏出。

【病因与病机】

《诸病源候论》说："因产用气，伤于膀胱，而冷气入于胞囊，胞囊缺损，不禁小便故遗尿，多因难产所致。"《妇人大全良方》说："尿有失禁而不知自遗，亦有生产伤膀胱不时而遗者。"又说："妇人病愈后，小便出屎，此阴阳失于传送，名大小肠交也。"《宝产百问》说："曾见收生者不损慎，损破产妇尿脬，遂成废疾……"王老认为，从以上各家论述，可见古人早就明确提出其病因乃难产和助产不良，损伤膀胱，这与现代产科学上认为难产、产程过长及胎头压迫阴道壁过久，使局部血循环发生障碍，导致组织坏死脱落形成瘘孔，以及手术直接损伤膀胱的理论是相吻合的。本病发生机制属于分娩时的损伤。由于局部组织的破坏，组织必定修复以弥补其缺损，此为机体基本功能，但在这一过程中，由于产后气血双亏，冲任内虚，肾气不足，中气下陷等因素，修复的速度慢和再生力差，加之局部破损组织受膀胱内容物的刺激，缺损组织不易修复，因而成为瘘管。

【治疗原则】

早期的阴道瘘，由于产后全身机能状态是气血不足、肾气不固、冲任内虚、中气下陷，因而再生力相对减弱，所以治在生新。宜补气血、养冲任、固肾气、扶脾胃、解邪毒，促进组织修复，增强组织再生能力，改善神经营养状态，促进血液循环及新陈代谢。晚期陈旧性阴道瘘，局部瘢痕形成，生新困难，因而愈合不易，正所谓"瘀积不去，则新不能生"。由于瘀积的长期影响，使神经营养障碍，血液循环减弱，有关愈合的物质不能输布于患处，气血亦因瘀而不流畅，对于伤口的愈合存在极大障碍。所以，治宜化瘀，使瘀去新生，改善局部血液循环及营养状态，以有利于修复。若化瘀生新治疗无效，还应手术将瘘道周围瘢痕切除，行简单的创面缝合（非修补术），并同时服用生新药物，常可得到满意效果。

【辨证施治】

1. 新鲜阴道瘘

分娩难产或助产手术后，小便淋漓不尽，舌淡苔薄，脉虚弱。

治法：气血双补，固涩续损。

方剂：脬损饮或补脬膏。

药物：脬损饮：

炙黄芪 24 g	党参 24 g	白术 9 g	炙升麻 4.5 g
柴胡 4.5 g	当归 9 g	白芍 12 g	陈皮 9 g
煅牡蛎 30 g	炙龟板 30 g	黄丝炭（即蚕丝黄色者）6 g	
五倍子 9 g	五味子 4.5 g	桑螵蛸 12 g	
海螵蛸 12 g	大枣 7 枚	炙甘草 6 g	金银花 30 g

方义分析：方中补中益气汤益气升阳，健脾养血；白芍柔肝养阴；牡蛎、海螵蛸、五味子、五倍子固涩制淋；桑螵蛸、龟板益肾养阴；黄丝炭促进损伤的修复；金银花解毒消炎。

补脬膏：

党参 15 g	黄芪 18 g	当归 9 g	山药 30 g
牡丹皮 9 g	白及 15 g	蚕茧 9 g	阿胶（化服）9 g
杜仲 12 g	猪脬粉（吞服）6 g		

方义分析：方中党参、黄芪、当归益气养血；山药健脾益气；牡丹皮消脬损瘀血；阿胶养阴益血；杜仲补肝肾；白及、蚕茧续损愈瘘；用猪脬乃以脏补脏之意。

2. 陈旧阴道瘘

阴道瘘年久，局部瘢痕，历久不愈，小便淋漓，舌质淡、脉弱。

治法：益气养血，活血化瘀。

药物：党参 15 g　黄芪 24 g　当归 9 g　白术 9 g

丹参 24 g　白及 15 g　白蔹 12 g　三七粉（吞服）3 g

蚕茧 9g　　　合欢皮 15g　　　桑螵蛸 12g　　　益智仁 7g

赤芍 12g　　　红花 9g　　　　桃仁 9g　　　　阿胶（烊服）12g

方义分析：方中党参、黄芪、当归、阿胶、白术益气养血健脾；丹参、三七、赤芍、桃仁、红花化瘀去坚；益智仁、桑螵蛸补肾缩泉；蚕茧、白及、合欢皮、白蔹治损续伤，促进瘘管愈合。

（八）子宫脱垂

子宫从正常位置沿阴道下降到坐骨棘水平以下，甚至脱出于阴道口外者，称为子宫脱垂，多见于从事重体力劳动的妇女。祖国医学对子宫脱垂的记载，文献颇多，名称不一，《针灸甲乙经》等称为"阴挺出""阴下脱""胞落癞""阴癞"等；《丹溪心法》等称为"阴挺""阴𢑁""阴菌"等名称；而《女科准绳》则称"阴痔"；《竹林寺女科》称"鬼疾"；其他妇产科书籍又有"阴疝""阴蕈""癞葫芦""产肠不收"等名称。

【病因与病机】

其病因根据历代医籍记载，有如下几种认识：①临产用力过度及胞络损伤。《巢氏病源》认为系"胞络损伤"；《普济方》认为系"妇人产努力太过"。胞络是泛指子宫附近组织，包括骨盆底组织在内，胞络损伤是指这些组织损坏或破裂。分娩时产程过短（急产），或临产时用力过猛，均可导致会阴破裂，使阴道松弛，失去依托子宫的能力，从而引起子宫脱垂。其他如产后未很好休息，过早从事强体力劳动，或长途跋涉、负重等因，都可直接或间接地使子宫下垂不能恢复原状。②子脏虚冷及气虚下陷。《巢氏病源》认为系"子脏虚冷"；《外科全生集》认为系"气虚下陷"。子脏主要是指子宫，虚冷说明其虚弱不足；气虚下陷亦是指正气的衰退和亏损。体质衰弱妇女，由于盆腔组织萎缩，结缔组织与韧带失去弹力和支持力；或子宫发育不全的妇女，往往因腹腔内其他疾病，如大便秘结、腹部积水，或子宫及卵巢肿瘤的压迫，以及剧烈咳嗽、腹泻等因，而使子宫脱垂不能恢复原位。子宫脱垂的发病机制，主要因素在于气虚。如以上原因，皆可致气虚下陷，因此前人就有"挺出者责之虚冷，肿痛者责之湿热"的说法。此外，胞络系于肾，肾虚则不能维系胞络，子宫产后恢复的好坏，与肾气有密切关系。如原有肾气不足，或妊娠中营养缺乏及发生其他疾病，加之分娩后气血耗损，中气不足，脾虚不运，也可影响肾气失调，胞宫收摄无权，而致发生本病。

【治疗原则】

本病在临床中常采用综合治疗，并且要坚持治疗，方能收到满意疗效。《内经》说"虚则补之，损者益之""下陷者升而举之"。薛立斋更明确地说："当升补元气为主"。这些确是治疗本病的基本法则。补元气包括补气、益血、助阳、扶阴等内容，通过补益以充实体质及机能的不足，来消除一切衰弱现象，可促使骨盆底组织和子宫紧张度增加。所以，对本病的治疗原则以补中益气升提为主；同时又根据其不同临床表现，还有养血柔肝、滋肾固冲任等法则。子宫脱出日久，易于感染，带下增多，所谓"肿痛者责之湿热"，湿热下注，又须除湿清热。同时子宫重度脱垂，不但外邪易侵，且血液循环不良，形成瘀滞状态，妨碍宫体复位，又应适当配合活血化瘀法，以促进血液循环，改善局部营养及气滞血瘀局面，有助其功能恢复。本病为常见多发病，治疗方法较多，根据不同证型，可适当选用不同治法。

【辨证施治】

1. **气虚型**

子宫脱垂而少腹坠胀，精神疲惫，面色不华，心悸气短，小便频数或失禁，大便不畅或溏薄，月经不调，带下增多，舌质淡，苔薄，脉虚无力。

治法：补气升陷，缩宫复位。

方剂：加味补中益气汤（方见产力异常一节）。

2. **肾虚型**

子宫脱垂而少腹下坠，腰酸腿软，月经不调，带下清稀量多，尿频或失禁，畏寒肢冷，头晕耳鸣，舌质淡，苔薄白，脉沉细无力。

治法：益气养血，填补奇经。

方剂：加减大补元煎。

药物：党参 15 g　　熟地黄 12 g　　金樱子 18 g　　白术 9 g
　　　山药 30 g　　牡蛎 24 g　　　白芷 9 g　　　五味子 6 g

柴胡 4.5 g　　　山茱萸 9 g　　　升麻 9 g　　　续断 15 g

杜仲 15 g　　　桑寄生 15 g　　　当归 9 g　　　大枣 5 枚

方义分析：方中党参益气、补土生金而滋肾水；山药入肾脾二经，能健脾益肾；当归活血养血；白术、大枣健脾益气；杜仲、续断、桑寄生补肝肾而固冲任，健任督带脉；熟地黄填骨髓，生精血；柴胡、升麻提气升阳；金樱子、五味子、山茱萸固精收脱，其中五味子、山茱萸味酸敛肝；牡蛎固涩；白芷破宿血，有化瘀生新之效；总括本方有补脾肾、养肝升提之功。

处方加减：上述二型，均可采用下列加减：小腹坠胀者，加枳壳；血虚者，加熟地黄、当归、阿胶；腰酸脚软者，加续断、菟丝子、巴戟天、桑寄生、杜仲；白带多者，加海螵蛸、桑螵蛸、鹿角霜；阴虚舌红者，加麦冬、五味子；合并感染、水肿或有溃疡者，加金银花、蒲公英、千里光；合并瘀血，脱出子宫壁紫红色及充血水肿，还纳困难，疼痛，舌质紫黯者，加白芷、赤芍、当归、红花、桃仁。

【单方验方】

（1）生枳壳 60 g，煎水坐浴。

（2）枯矾 30 g，五倍子（炒）30 g，共研细末，每次 6 g，以消毒纱布紧裹，纳入阴道内，24 h 取出，间日再用。

（3）益母草 120 g，升麻 9 g，黄芪 30 g，水煎服。

（4）棉花根 180 g，生枳壳 12 g，水煎服。

（5）阴挺丸（成品）：功能收敛固涩。每 3 日一次，每次一丸，纳入阴道深部，绳头留外。8 丸为一疗程。

（6）加味苦参蛇床子汤：苦参 30 g，蛇床子 15 g，黄柏 15 g，黄连 12 g，白芷 24 g，枯矾 15 g，煎水熏洗。适用于子宫脱垂而有感染者。

【特色技术】

1. 针灸疗法

（1）取穴：环上穴，自尾骶骨至大转子取一连线，连线中点上 2 寸即环中穴，环中穴的外上 5 分处即环上穴。取穴体位采取侧卧位，下腿伸直，上腿屈曲，上身稍向前倾。

针法：用 26 号 6 寸长毫针，以 90° 直刺 4～6 寸深，针尖向子宫体方向，手法以提插为主，用雀啄式或点刺手法，可以产生触电样感，放射至前阴部和少腹部。一般点针 3～5 次，子宫脱垂即有上提感。每次针一侧，每天针一次，两侧穴交替使用。不留针，不捻转。注意事项：针前嘱患者排尽小便；进针后以提插为主，不留针，绝不能捻转；针刺深度，要视患者的体质胖瘦和针感情况灵活掌握为宜；不宜针刺过重，刺激过重时，会引起少腹疼痛的反应，一般以针至有感应为度。

（2）取穴：中极、子宫（中极旁 3 寸）、然谷、维胞（维道下 1 寸）、行间、三阴交、关元、气门（关元旁 3 寸）、足三里。

针灸法：以上三组穴位，每日交替使用针法，另于百会、肩井 2 穴，每日以艾条熏灸，以局部充血为度。均以补法为主。下肢穴行徐徐提插手法，腹部穴仍用补法，留针 20～30 min。10 日为一疗程，休息 7 日再针治。

2. 耳针疗法

取穴：用经络控测器或耳针控测器在耳廓腰骶椎部找出敏感点。

针法：在敏感点针刺 1～2 分深，强刺激后，留针 10～15 min，7～10 日为一疗程。

学术思想

川派中医药名家系列丛书　王祚久

一、强调肝脾肾同治

王老认为,在妇科疾病过程中,外因是变化的条件,内因是变化的依据,外因通过内因起作用,而肝、脾、肾功能失调,是内因致病的条件之一。因此,妇科疾病的发生与肝、脾、肾功能的失常密切相关。女子以肝为先天,以血为根本,故肝疏泄条达则气血运行和畅,肝疏泄失职则气血失调、血海失司,诸病蜂起。"冲脉隶于阳明",脾为后天之本,气血生化之源,主统血,藏意志。脾气健运,气血生化充足,则冲任脉盛,月事以时下;反之,则气血生化不足,冲任脉虚,或脾失统摄、脾虚气陷,而发为妇科诸病。肾藏精,司二阴,冲任隶于肝肾。肾寓真阴真阳,而真阴真阳之间协调平衡,即所谓"水火共济",即阴阳互根,故使机体保持正常。若肾的阴阳失调,即可引起本经和他经疾病。

(一)治肝之法

1. 疏 肝

因肝主疏泄,当肝气郁滞,出现各种肝郁症状时,通过疏肝法治疗,使肝经恢复其条达之性,以达到解郁目的。

疏肝理气药物的应用,应在早期肝气郁于本经,尚未达到化火、生风、酿湿、成痰的时候。常用的药物有香附、郁金、青皮、柴胡、川楝子、延胡索、木瓜、苏梗、路路通等;病日稍久,可用蒺藜、绿萼梅、香橼皮、玫瑰花、陈佛手等。

新病在经,久病入络,疏肝不效,可进一步用疏肝通络法。药物有旋覆花、红花、桃仁、当归须、丝瓜络、九香虫、土鳖虫、三七、赤芍等。

当脾气虚弱或肝郁过甚,横逆脾胃,出现"木克土"证时,又当扶脾疏肝同用,才能收到效果。

疏肝药物一般芳香辛散,对于阴亏较盛,应少用或不用,或适当配合滋阴药物同用,以免伤气耗阴,使病情加剧。

2. 养 肝

在肝气郁滞日久,病体日虚,阴液亏损的情况下,肝经必然失去柔养。肝因缺乏阴液的滋养，即所谓"水不涵木"时，即应用柔肝之药。柔肝便是滋养营血阴液，补养肝体，即古人所谓"养其肝体，则其用自柔"的治法。

当肝风扇动，兼有血虚阴亏证时，单用息风法，往往效果不显，又当滋肝育阴以潜阳；若肝风走窜经络，四肢抽搐或发麻，治宜养血息风，所谓"治风先治血，血行风自灭"。因肝藏血，养血也就是养肝。

用于养肝柔肝的药物有当归身、白芍、枸杞子、玄参、女贞子、生地黄、何首乌、龟板、鳖甲、阿胶、山茱萸、沙苑子等。这类药物，在归经上大多入肝肾二经，故其作用也在于补肝肾之阴。

本类药物特点：皆为滋阴补血药物，很显然，其作用是滋养营液，充实水源，若由血虚肝旺，水不涵木，而出现的肝经证候，不论是肝火、肝风，都可酌量应用，或配合应用，故就其应用范围来说，是很广泛的。

这类药物性味滋腻，对脾胃虚弱、胃纳不佳患者应慎用，用时可加健脾益气及助消化药物。

3. 平 肝

肝阳过旺，肝风内动，可用平肝法以息风潜阳。肝风有两类，有虚有实，在妇产科领域中，以虚证多见。阴虚血不养肝，水不涵木，肝燥生风。这时阴虚是因，而肝风是果，水亏是本，木旺是标，在治疗上除平肝外，还需加入育阴潜阳或养血息风类药物。

平肝药物有钩藤、天麻、桑叶、菊花、羚羊角、全蝎、地龙、石决明、牡蛎、龙骨、珍珠母等。

这类药物包括植物、动物、矿物，其中植物或动物性药物偏于息风潜阳，而矿物类药物则功在镇逆平肝。

平肝药物，一般与清肝、凉肝或养血滋阴类药物同用。根据临床经验，大抵肝风上冒巅顶，阳亢居多，治法以平肝为主；而走窜四肢，则以血虚为甚，兼以养血治疗。

4. 清 肝

肝经实火，非清不除，清之不效，又当泻肝。清肝火的药物有羚羊角、牡丹皮、山栀、黄芩、淡竹叶、菊花、桑叶、连翘、夏枯草等。若未达到泻肝效果时，则可加龙胆草、黄连、黄柏、大黄、生地黄、芦荟、赤茯苓等。在阴液不足，虚火上炎的情况下，清肝不宜用，而改用壮水制火法。

5. 滋水涵木法

肝肾在生理、病理上都是非常密切的。乙木属肝，癸水属肾，它们的互相关系，包括以下三个方面。

（1）水生木：肝肾为母子关系，肾水生肝木，肾水足则木得滋荣，则肝的功能正常。

（2）同司相火：肝为相火发源地，肝所寄的相火为胆火，肾所寄的相火为命火，均为生命活动机能之所在。肝有火，则血不寒，足以司气之升降和疏泄，任将军之官。肾有火方能助脾运化，助肺纳气，主司机能活动，又能调节水液，为胃之关。可见人之所以富有生命力，无不根源于相火之运动，但相火最易妄动，妄动的相火，就是邪火。

（3）同为先天：肝肾俱为先天之本。奇经八脉中的冲、任、督、带诸脉，特别是冲任二脉与妇科关系最为密切。冲任同起于会阴，内系于胞中，而肝肾之经脉与冲任二脉相关联，冲脉自气冲与肾的经脉相并，挟脐上行，肝的经脉上行自胸，其支上连目系，与任脉交会。因此说"奇经八脉隶于肝肾"，肝肾有病则影响冲任，故在治疗上养肝肾即可治冲任。

滋水涵木法是肝肾同病的肝肾同治法，是临床上治疗肝经疾病的重要且常用法则之一。一方面除了指肝阴本身外，更重要的是指肾的水亏，因肾为水脏，肝病日久，子病及母，治法上在于滋补肝肾。

滋肾的药物有熟地黄、何首乌、当归、白芍、枸杞子、阿胶、紫河车、女贞子、墨旱莲、柏子仁、桑葚、黑芝麻等。

6. 补土抑木法

肝木最易克土，当肝郁日久，横逆脾胃，可出现脘腹胀痛，中虚食少，嗳气腹胀，吐酸腹泻，经闭或月经失调等症，在治疗上应一方面泻肝平木，另一方面又要补土以实脾。

补脾药物有白术、茯苓、山药、党参、甘草、砂仁等。

（二）治脾之法

1. 补中健脾法

用于脾气虚弱，食少纳呆，肢软无力，化迟便溏等症。药物有党参、白术、山药、黄芪、砂仁、茯苓等。

2. 补中益气法

用于脾虚气弱，中气下陷，短气无力，食少腹胀，带下或崩漏日久，冲任亏损，带脉失固，中气下陷等症。药物有党参、升麻、柴胡、白术、黄芪、棉花根等。

3. 补养心脾法

心脾两损，统血无权，崩漏日久不止，宜心脾两补。此法一般包括健脾益气和养心安神两方面。药物有党参、白术、黄芪、酸枣仁、远志、茯神、柏子仁、夜交藤等。

4. 养阴扶脾法

脾胃津伤，阴液耗损，胃失和降，脾失健运，宜养阴扶脾。药物有石斛、麦冬、玉竹、天花粉、生地黄、北沙参、玄参等。

5. 补火培土法

该法适用于脾病及肾或肾病及脾，火不生土之脾肾两虚。此法包括两方面：一是补肾中真阳；二是培补脾土，得相辅相成之效。补肾药物有附子、肉桂、补骨脂、胡芦巴、仙茅等；健脾药物有党参、山药、白术、茯苓等。

6. 补土抑木法（参见治肝之法）

（三）治肾之法

1. 滋阴益肾法

滋补肝肾常配合潜阳、降火药同用。常用药物有熟地黄、何首乌、枸杞子、麦冬、五味子、玉竹、女贞子、墨旱莲、黑芝麻、桑葚、紫河车等。

因肾阴不足，肾阳（火）过亢宜降火潜阳，药物如生地黄、知母、黄柏、玄参、秋石、龟板、鳖甲之类。虚火应补，故降火必从滋阴着手，所谓"壮水之主，以制阳光"，阴足则火降，这是重要的一方面。但当肾阴不足，肾阳过亢，龙雷之火炽炎，滋阴效缓，必降火及潜阳以削其奔腾之势。

2. 助阳益肾法

本类药物，性较温热，肾阳不足而兼有肾阴不足者，应用中宜配滋阴之品；而对于肾阳衰惫甚者，又非此莫达。助阳益肾药物有附子、肉桂、巴戟天、肉苁蓉、鹿角胶、菟丝子、续断、补骨脂、覆盆子、艾叶、枸杞子、紫河车、蛇床子、淫羊藿等。

另外，在治疗肾阴虚或肾阳虚的同时，还要提两个不可少的辅助法则，即摄下与填精。当久带久漏，精血耗损，仅治其阴虚及阳虚，不塞其流，不复其旧，则阴虚或阳虚虽有一时的好转，但终因精血的耗损而恶化。此时即应采取摄下或填精之法。崩漏带下日久，肾虚内损，摄纳无权，滑脱不禁，宜用摄下固肾法以止血止带益肾。摄下药物如桑螵蛸、五味子、山茱萸、金樱子、芡实、海螵蛸、莲须、阿胶、墓头回等。填精即是补髓，所谓"形不足者，温之以气，精不足者，补之以味。"因下元虚惫，病久难愈，形瘦肌削，精血枯竭，除选用部分植物药外，还应选用厚味胶质、血肉有情之品，以填精补髓。填精药物如鹿茸、鹿角霜、龟胶、鳖甲、紫河车、阿胶、海参、淡菜、鱼鳔胶等动物药，以及熟地黄、沙苑子、巴戟天、山茱萸、肉苁蓉、枸杞子、菟丝子、覆盆子、仙茅、淫羊藿等植物药。

二、临证尤重湿、热、瘀

由于川蜀地区特有的气候特点及饮食因素，王老在妇科临证时尤重湿、热、瘀三个病因致病，认为这三者之间常交错缠绵，形成兼夹证。王老对于妇科疾病瘀血、湿热形成的病因病机有较深入的认识，且提出了相应的治则治法，临床行之有效。

（一）形成瘀血的病因病机及治则

王老认为在妇产科领域的疾病中瘀血为常见病因之一。究其成因，一为外界因素，如寒邪内侵，血得寒则凝。正如《医宗金鉴》曰："妇人产后经行之时，伤于风冷，则血室之内，必有瘀血停留"。又如湿热下注，影响气血的运行，血受湿热，久必凝浊。所以，寒与热太过，均可致气血运行障碍，出现气滞血瘀证。另一则为内在因素，与心、肝、脾关系密切。血生化于脾胃，藏于肝，统于心。所以，心阳不足，血运即滞；脾虚气弱，统摄无权，特别是情志因素所致肝失条达，疏泄失职，则可直接滞气伤血，而致瘀血发生。

王老认为气滞血瘀为不少妇产科疾病所共有的证候，但亦因体质、病程、病位等个体差异而治疗各殊。治疗瘀血，在审证求因的基础上，应分清寒、热、虚、实。病程较长者，多寒多虚，或虚中夹实及寒中夹热；病程较短者，多热多实，或实中夹虚及热中夹寒。非炎性（寒性）肿块，如卵巢囊肿、子宫肌瘤、乳房囊性增生症等，多寒多郁；炎性（热性）肿块，如炎性包块、子宫颈癌及子宫肌瘤合并感染等，多热多实。急性炎症期为热为实；慢性炎症期为寒为虚。气滞是因，血瘀是果。故《医宗金鉴》说："血之凝结，先必由于气聚。"所以治疗瘀血，还要注意到行气理气治法的配合应用。另外，还必须从整体观念出发，在辨证的基础上，既要掌握整体与局部、主证与兼证的情况，又要掌握邪正力量的对比和消长的变化，疾病的属性及发病的久暂，根据其病证适当配合理气、散瘀法的作用。根据病因而分别采取散寒、清热、解毒、养阴等法，只有这样，才能更有效地发挥活血化瘀法的作用。

（二）形成湿热的病因病机及治则

王老认为湿热的产生，可分两个方面：一方面是直接感染外界湿热湿毒之邪。由于阴道胞宫与外界相通，温暖湿润，是感染病邪和助邪生长的适当环境，易于细菌繁殖生长；胞宫阴道的邻近器官易被尿道、肛门的排泄物污染，若不注意经期、产后卫生及妇科检查消毒不严等，均易致胞宫损伤，湿热毒邪入侵。另一方面，"邪之所凑，其气必虚。"由于脏腑的功能失调，湿自内生。如脾气虚弱，运化失常，聚而为湿，流注下焦；或房事过度，多产忧思，以致肝肾暗伤，亦可导致湿热毒邪乘虚而入。

对妇产科湿热证的治疗，王老认为当首分虚实，大抵初病多实，久病多虚中夹实；病来之骤多实，病来之缓多虚或虚中夹实；再应分辨是湿重于热还是热重于湿。初病宜清宜泄，久病宜补宜涩。用药要有主次，才能收到良好效果。清利湿热法是治疗妇产科炎症的一大法，但临床上还必须注意，湿热是这类疾病的共性，由于个体差异及病程长短轻重等，又存在着不同的个性，如体质因素、病程、房事不节等常耗损肾阴，以致虚火妄动，"至虚之处，便是容病之所"，所以必须注意除湿与养阴并举。又如脾气本虚，湿已郁滞，再感邪毒，也非单一清利湿热法所能收功，必须健脾除湿，清热解毒，才能有相辅相成之效。

三、善用古方化裁，巧施药对加减

（一）化裁古方，创制新方

王老重视古方，但又不拘泥于古方，制方严谨，用药纯和，巧施药对，根据病证灵活选用或创制新方，切实可用，效力专宏。如闭经证属肝郁气滞者，治以加味逍遥散，在逍遥散基础上酌加合欢皮、夜交藤调节情绪，改善睡眠，共奏气血双调、肝脾同治之功；崩漏证属血瘀证者，治以加减血府逐瘀汤或加味桃红四物汤，其中三七、血竭合用以增强化瘀止血之功；慢性盆腔炎证属湿热瘀阻者，治以加减四逆散，在四逆散（柴、芍、枳、甘）的基础上加牡丹皮、桃仁等活血化瘀，加大血藤、蒲公英、败酱草等清热化湿；产后发热属邪留少阳者，治以加减小柴胡汤，在小柴胡汤基础上加党参、甘草补胃气，加金银花、连翘清热解毒。其他如归脾汤、柴胡疏肝散、一贯煎、二至丸、龙胆泻肝汤、六味地黄汤等均是其常用基础方。

（二）巧施药对，选药精炼

王老临证常巧施药对，选药颇具特色。如用当归、赤芍活血化瘀；丝瓜络、漏芦通乳行血；白花蛇舌草、蒲公英、金银花抗癌解毒；石菖蒲、枳壳芳香醒脾；荷叶、薏苡仁减肥去脂；桃仁、益母草化瘀缩宫；瞿麦、冬葵子滑胎去瘀积等。

四、重视内外合治及多途径给药

清代外治名医吴师机《理瀹骈文》论述："外治之理，即内治之理，外治之药，亦即内治之药；所异者法耳"，"须知外治者，气血流通即是补，不药补亦可"。王老不仅辨证详明，用药精到，为解病患疾苦，常注重多法同施，内外合治。

在针灸方面，根据患者病情及证候虚实，王老常采取针刺、艾灸、穴位注射、水针、耳针、头针等多种疗法。如闭经者，在给予汤药内服的同时，加以针刺关元、三阴交、中极、血海等穴位，或选中极、大赫、关元、血海等穴位，以己烯雌酚和黄体酮的混合液在这些穴位行穴位注射以增强疗效；痛经者，宜配合针刺疗法，以中极、三阴交为主穴，以关元、十七椎下（第五腰椎棘突下）为配穴，从月经前 2～3 天开始针治，月经后再针治 3～6 天，中间不间断；子宫肌瘤者，可配合针刺，以关元、子户、气海、中枢为主穴，三阴交、中脘、足三里、内关等为配穴，每次取主穴一个，配穴两个，予中强度刺激以增强破血消癥、理气散结之效；产后宫缩痛属血瘀痛者，王老喜用针刺三阴交、内关，属血虚痛者，常艾灸中极、关元，此外还配合耳针疗法，于子宫、神门、交感予中等刺激，留针 20～30 min。

除配合针灸疗法外，王老还善用中药熏洗坐浴、膏方外擦外涂、中药贴敷等外治法。王老认为阴道炎以外治为主，重在杀虫灭菌，如感染严重，侵及泌尿系统者，可酌情配合内服药。外治方法则根据阴道分泌物病原菌的不同而选用不同的治疗方药，如滴虫性阴道炎常选用苦参蛇床合剂，霉菌性阴道炎（现病名为外阴阴道假丝酵母菌病）常选用马鞭草煎煮后去渣，温液坐浴；老年性阴道炎常用野菊花、紫花地丁、半枝莲、蛇床子、苦参，煎煮液先熏后洗。又如外阴白斑者，王老自制中药外熏洗坐浴方，以苦参、白鲜皮、蛇床子、何首乌、淫羊藿、补骨脂各 30～50 g，水煎后趁热熏洗，待药液温后，病灶区浸泡药液中，每日 2 次；宫颈癌者，王老自制黑倍膏外用方，制法：将鸡蛋黄加黑头发熬炼至冒烟，取油，加五倍子面、苦参、冰片等，调匀即得，此方供涂擦于癌灶创面，适用于癌灶出血并有继发感染者；面部黄褐斑者，在服汤药的同时，可配合外擦法：将柿树叶 30 g 晒干研末，用凡士林 30 g 调匀，每晚睡前擦于患处，早晨洗净。对于盆腔炎，在辨证内服的基础上常配合中药保留灌肠法、外敷中药疗法、药物注射疗法、水针疗法及针刺疗法等外治法。凡此种种，足见王老医技之精湛，经验之丰富。

学术传承

川派中医药名家系列丛书　王祚久

陈中宁

陈中宁，女，教授，中西医结合主任医师，1961年毕业于四川医学院医学系。从事中西医结合妇科临床工作22年，熟练掌握及使用中西医方法诊断和处理妇产科相关疾病如异常子宫出血、不孕症、子宫内膜异位症、子嗽、产后恶露不绝和妇科疑难杂症如眼－口－生殖器综合征、闭经泌乳综合征等，临床疗效颇佳。参编"全国中医大专院校教科书第五版"《中医妇科学》中的女性生理部分、1981年四川人民出版社出版的《中医妇科学》中的流产部分。作为王祚久的学生及助手在随师临床学习的过程中，坚持认真记录王祚久的辨证诊疗、处方用药规律，收集就诊患者的病历资料并从中观察疗效和王祚久老师的临床经验，参与《成都中医学院老中医医案选》第二集中王祚久医案的编写。

何玉芬

何玉芬，女，教授，四川省中西医结合妇科名家，享受国务院特殊津贴。曾任成都市计划生育技术指导组顾问、专家组成员。1951年毕业于华西医科大学七年制医学系，后师从川派中医妇科名家、成都中医药大学附属医院妇科王祚久先生。将中西医精粹融会贯通于妇科教学、诊疗实践，形成具有特色的中西医结合诊疗方法，运用中西医结合技术治疗多种妇科疾病，特别是对不孕症、老年性阴道炎、慢性盆腔炎、月经不调等疾病的治疗更具特色。

论著提要

川派中医药名家系列丛书

王祚久

一、论文

《治疗慢性附件炎 190 例的疗效观察》，王祚久发表于《新医药学杂志》1976 年第 12 期。

论文主要报告了中医药治疗 190 例慢性附件炎的疗效观察，王老将观察的患者分两型，即气滞血瘀夹湿热型和气滞血瘀兼寒湿型，前者运用四逆散为主方化裁治疗，后者运用桂枝茯苓丸化裁治疗，随症加减，结果显示 190 例患者，痊愈 69 例，占 36.3%；好转 115 例，占 60.5%；无效 0 例，占 3.2%，总有效率为 96.8%。

论文主要观点：

（1）王老体会，临证时需注意局部与整体的关系，运用中西医结合思想，注意辨证与辨病结合。

（2）注重治未病思想，强调在妇科手术过程中必须严格无菌操作，注意经期卫生，若发现病变应及时予以治疗。

（3）认为慢性附件炎进一步发展可致不孕，指出应及时治疗，鼓励患者坚持服药。

二、著 作

王老一生淡于著书立说，仅著有《中医妇科临床精华》一书，于 1989 年 7 月由四川科学技术出版社出版。该书主要内容如下：

（1）从女性生殖系统、生长发育衰老、冲任二脉的重要性及其生理功能等方面阐述了妇女生理特点。强调肾气、冲任二脉对女子生长发育衰老及经孕产乳产生的关键作用。

（2）王老认为，妇产科疾病外因主要归于六淫、直中、精神因素以及生活习惯等。六淫中寒湿热是常见致病因素，且易损伤气血。直中主要指房劳多产或邪毒直接损伤胞宫；精神过度刺激损伤肝脾二经，导致气血失调而发病；生活习惯不良主要指饮食劳倦、不良卫生等致病。内因首先提到先天不足，其次是脏腑功能失调，主要责之于肝脾肾。同时，提醒我们注意妇女不同年龄的生理特点及好发疾病。青春期多责之于肾，生育年龄多责之于肝，老年妇女肾气渐衰，全赖后天，多责之于脾。

另外，王老专门论述了胎前产后疾病的病因病机，胎前疾病多由阴阳气血失衡引起；产后疾病多由于亡血伤精，瘀血不去引起。

（3）在书中第三部分王老阐述了妇产科疾病的主要治疗原则，强调辨证与辨病的结合。由于肝脾肾失调，湿热、瘀血等病理表现，治疗时以调节和增强肝脾肾功能、消除疾病为目的。治肝以疏肝、平肝、养肝、清肝直接治疗为主，辅以滋水涵木、补土抑木法间接治疗；治脾以补中健脾、补中益气、补养心脾、养阴扶脾直接治疗为主，辅以补火培土、补土抑木法间接治疗；治肾以滋阴益肾、助阳益肾直接治疗为主，辅以摄下、填精之法。治瘀血根据引起瘀血的病机提出止血化瘀、理气化瘀、淡渗化瘀、散寒化瘀、通便化瘀、消肿化瘀、扶正化瘀、通经化瘀及软坚化瘀治瘀血九法；治湿热总结出健脾除湿、清热除湿、养阴除湿、温阳除湿及消瘀利湿五法。

（4）疾病方面，主要论述了妇产科常见疾病的概述、中医病因、病机、治疗原则及辨证论治和单方验方内服外敷，针刺及穴位埋线等外治法。月经病论述了闭经、痛经、功能性子宫出血、经前期紧张综合征、更年期综合征的诊治；女性生殖器官炎症论述了阴道炎、前庭大腺炎、子宫颈炎、急性盆腔炎、慢性盆腔炎、结核性盆腔炎的诊治；女性生殖器官肿瘤论述了卵巢肿瘤、子宫肌瘤、子宫颈癌、女阴癌的诊治；外阴皮肤黏膜疾病论述了外阴营养不良、外阴瘙痒、眼－口－生殖器综合征的诊治；乳腺疾病论述了乳腺纤维瘤、乳腺囊性增生病、乳腺癌的诊治，也论述了对不孕症的认识和治疗经验；妇科杂病论述了面部黄褐斑、多毛症、肥胖病的诊治及计划生育并发症的处理；妊娠期疾病论述了妊娠中毒症、流产、异位妊娠、葡萄胎、绒毛膜上皮癌、羊水过多、产力异常、胎位异常的诊治；产后病论述了产后出血、产科休克、产后小便异常、产后便秘、产后宫缩痛、乳汁缺少、乳腺炎、阴道瘘、子宫脱垂等疾病的诊治。

学术年谱

川派中医药名家系列丛书　王祚久

● 1914年，出生于四川省丰都县（今重庆市丰都县）。

● 1931年，在重庆德华布厂做学徒，学习织布手艺。

● 1934年，至丰都县李家坝村，跟随当地名医学习中医，精读《伤寒论》《金匮要略》等经典医学著作，受益匪浅，由此奠定了坚实的中医学理论基础。

● 1936年，于丰都县虎威镇独立行医，在扎实的理论基础的指导下，经过长期的临床实践，形成了独特的治疗经验。

● 1939年，考入四川国医学院，深造三载，学识渐丰。

● 1942年，自四川国医学院毕业后，任丰都中学校医，从事中医内科、妇科的教学和科研工作。

● 1945年，至丰都城关镇行医，主治内、妇、儿等科疾病。

● 1950年，参与发起成立丰都县卫生协会、丰都县城关镇联合诊所，并先后任执行委员、主任委员及诊所主任等职。

● 1952年，先后被选为丰都县城关镇人民代表、丰都县各界人民代表会议常务委员。

● 1955年，任丰都人民委员会卫生科科长一职。

● 1956年，调入成都中医学院附属医院（现成都中医药大学附属医院）妇科，从事临床、教学及科研工作。积累多年临证经验，著成《崩漏分型论治》一文，其认为崩漏的发生多与肝失疏泄、脾气亏虚、肾气不固有关，治疗当以疏肝、健脾、固肾之法以恢复肝脾肾的功能；治疗男女不孕症，肾为生殖之本，治疗以补肾为主，每获良效；自制方（黄芪、党参、阿胶、白术、续断、杜仲、菟丝子、熟地黄、桑寄生）治疗先兆流产，效果甚佳。

● 1962年，发表《中医中药治疗附件炎191例临床观察》（《新医药学杂志》）。

● 1978年，发表《备金散治疗经行腹痛》（《成都中医学院学报》）。

● 1980~1995年，先后任第五、六、七届成都市政协常委。

● 1980年，晋升副主任医师。

● 1987年，晋升主任医师。从事临床工作50多年，擅长中医内、妇科疾病的诊治。特别是对妇科经、带、胎、产诸病的诊治，善于将辨病与辨证相结合以指导临床遣方用药，并取得较好的临床疗效。经过长期的实践，形成了独特的治疗经验。

● 1989 年，发表《七味白术散治经行口渴》（《成都中医学院学报》）。

● 1989 年，出版《中医妇科临床精华》，获西南西北地区优秀图书三等奖。先后撰写的《崩漏分型论治》《慢性肾炎治验》《论调理脾胃是妇科治疗的一个重要方法》等学术论文刊载于成都中医药大学附属医院《资料汇编》。

● 1998 年，因病辞世，享年 84 岁。

川派中医药名家系列丛书　王祚久

附录　王祚久自拟方

新拟阿胶四物汤

组成：阿胶　　熟地黄　　白芍　　当归　　川芎　　党参　　香附
　　　黄芪　　茺蔚子　　菟丝子　　丹参　　鸡血藤

治法：益气扶脾，养血调经。

主治：闭经属气血不足型。

加味八珍汤

组成：熟地黄　　白芍　　当归　　川芎　　白术　　党参　　茯苓　　甘草
　　　枸杞子　　菟丝子

治法：益气扶脾，养血调经。

主治：闭经属气血不足型。

舒肝散

组成：香附　　郁金　　合欢皮　　白术　　枳壳　　乌药　　赤芍
　　　柴胡　　路路通　　青橘叶

治法：疏肝健脾，活血行气。

主治：闭经属肝郁气滞型。

痛经散

组成：当归　　川芎　　丹参　　五灵脂　　香附　　蒲黄　　白芍
　　　桃仁　　九香虫

治法：行气活血，祛瘀止痛。

主治：痛经属气滞血瘀型。

温化汤

组成：红花　　广木香　　吴茱萸　　当归　　乌药　　延胡索
　　　川牛膝　　香附　　蒲黄　　五灵脂　　丹参　　肉桂

治法：温经散寒，化瘀止痛。

主治：痛经属寒凝血瘀型。

脱膜散

组成：三七粉　　　莪术粉　　　五灵脂粉　　　肉桂粉
治法：活血化瘀，止痛。
主治：膜样痛经者。亦可用于子宫内膜异位症痛经。

九炭方
组成：当归炭　　牡丹皮炭　　地榆炭　　艾叶炭　　藕节炭　　制香附
　　　阿胶珠　　陈皮炭　　　续断　　　陈棕炭　　蒲黄炭　　生地黄炭
　　　贯众炭
治法：止血。
主治：崩漏出血阶段。

活血排卵滋肾汤
组成：淫羊藿　　仙茅　　沙苑子　　杭巴戟　　菟丝子　　枸杞子　　山茱萸
　　　熟地黄　　杜仲　　广木香　　黄芪　　　制何首乌　丹参　　　牡丹皮
　　　当归
治法：温补肾阳，固益冲任。
主治：崩漏血止阶段。

温下清上汤
组成：淫羊藿　　当归　　紫草　　山栀　　珍珠母
治法：温肾壮阳，清热凉血，养血平肝。
主治：绝经前后诸症。

清湿解毒汤
组成：金银花　　甘草　　土茯苓　　黄柏　　白头翁　　马鞭草　　千里光
功能：清热除湿，解毒消炎。
主治：阴道炎属湿毒型。

消痈饮
组成：炙山甲　　天花粉　　甘草　　乳香　　象贝母　　白芷　　赤芍

　　　　防风　　皂角刺　　没药　　当归　　陈皮　　金银花

治法：清热解毒，活血消肿。

主治：前庭大腺炎属火毒炽盛型。

活血透脓汤

组成：当归　　薏苡仁　　桃仁　　炙山甲　　白芷　　败酱草　　白蔹
　　　桔梗　　王不留行

治法：活血化瘀，透络排脓。

主治：前庭大腺炎属瘀滞火毒型。

银翘红酱解毒汤

组成：金银花　　连翘　　大血藤　　败酱草　　牡丹皮　　山栀　　赤芍
　　　薏苡仁　　桃仁　　延胡索　　制乳香　　制没药　　川楝子

治法：清热解毒，活血化瘀。

主治：急性盆腔炎发热期。

加减消痈汤

组成：炮山甲　　皂角刺　　当归尾　　牡丹皮　　赤芍　　金银花
　　　败酱草　　薏苡仁　　白芷　　白蔹　　冬瓜仁　　千里光

治法：清热解毒，活血排脓。

主治：急性盆腔炎蕴毒期。

香棱通经汤

组成：丹参　　当归　　赤芍　　川芎　　桃仁　　红花　　三棱
　　　莪术　　香附　　牛膝　　柴胡　　延胡索

治法：理气活血，软坚散结。

主治：慢性盆腔炎属癥瘕瘀结型。

盆腔炎方

组成：蒲公英　　重楼　　当归　　延胡索　　川芎　　赤芍

治法：清热解毒，活血化瘀止痛。
主治：慢性盆腔炎。

血竭香珠丸
组成：血竭　　大黄　　广木香　　刘寄奴　　炮山甲　　三棱
　　　艾叶　　荔枝核　橘核　　　莪术
治法：行气活血，软坚消积。
主治：卵巢肿瘤属气血瘀滞型。

化瘀消坚汤
组成：胡芦巴　　三棱　　莪术　　王不留行　刘寄奴　　广木香
　　　艾叶　　䗪虫　　皂角刺　炮山甲　　香附　　　郁金
　　　赤芍　　牡丹皮　马鞭草　陈皮　　　柴胡
治法：温中行水，理气化瘀。
主治：卵巢肿瘤属寒湿凝滞型。

行气化瘀汤
组成：延胡索　　三棱　　橘核　　小茴香　　香附　　莪术　　水蛭
　　　荔枝核　　丹参　　枳壳　　川芎　　　柴胡　　当归　　白术
　　　泽泻
治法：调肝活血，利湿清热。
主治：卵巢肿瘤属气郁化热型。

软坚化瘀消瘤方
组成：丹参　　海藻　　夏枯草　莪术　　三棱　　昆布　　海蛤壳
　　　象贝母　当归　　鸡血藤膏　牡丹皮　乳香　　没药　　橘核　白薇
治法：软坚散结，行气活血。
主治：子宫肌瘤属气滞血瘀型。

加减见睍丹
组成：附子　　紫石英　丹参　　肉桂　　延胡索　广木香　血竭

水蛭　　槟榔　　桃仁　　三棱　　甲珠　　党参　　当归
鸡血藤膏

治法：温经散寒，活血化瘀。

主治：子宫肌瘤属寒凝血瘀型。

加味丁丹土木消癌汤

组成：皂角刺　　滑石　　土茯苓　　牡丹皮　　乳香　　制没药
甘草　　木通　　金银花　　紫花地丁

治法：清热祛湿，抗癌化瘀。

主治：子宫颈癌属瘀毒郁滞型。

解毒抗癌汤

组成：薏苡仁　　土茯苓　　牡丹皮　　赤芍　　丹参　　金银花
白花蛇舌草　　重楼　　半枝莲

治法：清热祛湿，抗癌化瘀。

主治：子宫颈癌属瘀毒郁滞型。

抗癌扶正丹

组成：黄芪　　菌灵芝　　海螵蛸　　炒茜草根　　紫河车　　鱼鳔胶　　阿胶
鹿角霜　　血余炭　　生牡蛎　　桑螵蛸

治法：补肾健脾，固涩止带。

主治：子宫颈癌属脾肾阳虚型。

抗癌片

组成：黄芪　　当归　　香附　　莪术　　知母　　水蛭　　鸡内金
三棱　　山豆根　　桃仁　　党参　　炮山甲　　重楼

治法：软坚散结，活血化瘀。

主治：子宫颈癌属气滞血瘀型。

活血抗癌汤

组成：当归　　泽兰　　八月札　　虎杖　　乌药　　白芍　　赤芍

　　　　香附　　　丹参　　　茯苓　　　泽泻　　　白毛藤　　　白花蛇舌草

治法：软坚散结，活血化瘀。

主治：子宫颈癌属气滞血瘀型。

疏肝消瘤汤

组成：郁金　　　青皮　　　陈皮　　　柴胡　　　薏苡仁　　　白术　　　香附
　　　半枝莲　　　白花蛇舌草　　　刺蒺藜

治法：疏肝解郁，抗癌消瘤。

主治：子宫颈癌属肝郁气滞型。

补肾扶元汤

治法：淫羊藿　　　补骨脂　　　赤芍　　　当归　　　何首乌　　　益母草
　　　川芎　　　白术　　　巴戟天　　　菟丝子　　　肉苁蓉

治法：补肾扶脾，活血化瘀。

主治：外阴白色病变属脾肾阳虚型。

乳核内消汤

组成：柴胡（或青皮）　　　郁金（或三棱）　　　当归　　　橘核　　　山慈菇
　　　夏枯草　　　赤芍　　　香附　　　漏芦　　　丝瓜络　　　甘草

治法：疏肝活血，通络化结。

主治：乳腺囊性增生病属肝郁气滞型。

鹿蒲汤

组成：蒲公英　　　鹿角　　　山慈菇

治法：调摄冲任，温通乳络。

主治：乳腺囊性增生病属冲任不调型。

抗乳癌方

组成：柴胡　　　青皮　　　当归　　　莪术　　　橘核　　　山慈菇　　　香附
　　　漏芦　　　夏枯草　　　紫草　　　茜草　　　赤芍　　　丝瓜络　　　甘草

治法：疏肝解郁，抗癌化结。
主治：乳腺癌属肝郁气滞型。

解毒清肝汤
组成：夏枯草　　蒲公英　　金银花　　漏芦　　橘叶　　浙贝母
　　　山慈菇　　连翘　　　白芷　　　瓜蒌　　枸橘李
治法：清热化痰，抗癌软坚。
主治：乳腺癌属火毒炽盛型。

清热凉血解毒汤
组成：金银花　　连翘　　　蒲公英　　赤芍　　牡丹皮
　　　生地黄　　地骨皮　　益母草　　白薇
治法：清热解毒，凉血缩宫。
主治：产褥感染属火毒发热型中的胞宫火毒型。

解毒Ⅰ号汤
组成：金银花　　连翘　　　生地黄　　蒲公英　　麦冬　　知母
　　　紫花地丁　甘草　　　牡丹皮　　赤芍　　　白芍
治法：清热解毒，化瘀通腑。
主治：产褥感染属火毒犯脾型。

药剂Ⅱ号汤
组成：当归　　　赤芍　　　桃仁　　　土鳖虫　　延胡索　　浙贝母
　　　金银花　　牛膝　　　大黄
治法：清热解毒，化瘀通腑。
主治：产褥感染属火毒犯脾型。适用于弥漫性腹膜炎。

药剂Ⅰ号汤
组成：大黄　　　土鳖虫　　桃仁　　　五灵脂　　延胡索　　炮山甲　　三棱
　　　莪术　　　赤芍　　　当归　　　全瓜蒌　　浙贝母

治法：清热解毒，化瘀通腑。
主治：产褥感染属火毒犯脾型。适用于盆腔腹膜炎。

三合散
组成：川芎　　熟地黄　　当归　　白芍　　白术　　茯苓　　黄芪
　　　柴胡　　人参　　黄芩　　半夏　　甘草
治法：益气养阴，扶正祛邪。
主治：产褥感染属气阴两虚型。

脬损饮
组成：炙黄芪　　党参　　白术　　炙升麻　　柴胡　　当归　　白芍
　　　陈皮　　煅牡蛎　　炙龟板　　黄丝炭　　五倍子　　五味子　　桑螵蛸
　　　海螵蛸　　大枣
治法：气血双补，固涩续损。
主治：阴道瘘中的新鲜阴道瘘。

补脬膏
组成：党参　　黄芪　　当归　　山药　　牡丹皮　　白及　　蚕茧　　阿胶
　　　杜仲　　猪脬粉
治法：气血双补，固涩续损。
主治：阴道瘘中的新鲜阴道瘘。

加味胎漏方
组成：熟地黄　　白术　　三七　　杜仲　　狗脊　　续断　　苎麻根
治法：固益冲任，化瘀安胎。
主治：先兆流产属直损冲任型。

坠胎化瘀汤
组成：当归　　川芎　　赤芍　　三棱　　莪术　　水蛭　　虻虫　　生大黄
　　　桃仁　　牛膝　　苏木　　甘草

治法：活血化瘀，攻下死胎。
主治：稽留流产属血瘀型。

所以载丸
组成：人参　　茯苓　　杜仲　　白术　　桑寄生　　大枣
治法：健脾益气，滋补冲任。
主治：复发性流产属脾虚型。

调气安胎饮
组成：制香附　　菟丝子　　熟地黄　　白芍　　杜仲　　枳壳　　贝母
　　　鲜姜　　川芎　　黄芩　　艾叶　　当归　　阿胶
治法：疏肝理气，养血固任。
主治：复发性流产属肝郁型。

加味活络效灵丹方一
组成：丹参　　赤芍　　乳香　　没药　　牛膝　　桃仁　　冬葵子
　　　莪术　　三棱　　蜈蚣　　土鳖虫
治法：活血化瘀，杀死胚胎。
主治：异位妊娠未破溃型。

加味活络效灵丹方二
组成：丹参　　赤芍　　桃仁　　没药　　乳香　　三七粉　　延胡索
　　　炒蒲黄　　五灵脂　　阿胶
治法：破血行气，消散结块。
主治：异位妊娠包块型。

加味活络效灵丹方三
组成：丹参　　乳香　　没药　　赤芍　　桃仁　　当归　　三棱
　　　莪术　　三七粉　　延胡索　　蜈蚣　　土鳖虫
治法：活血化瘀，止痛止血，制死胚胎。

主治：异位妊娠不稳定型。

加减束胞饮
组成：白术　　黄芩　　苏叶　　枳壳　　大腹皮　　砂仁　　佛手
　　　柴胡　　泽泻
治法：疏肝解郁，理气化湿。
主治：羊水过多属肝郁胎水型。

养血催生汤
组成：黄芪　　当归　　茯苓　　白术　　苎麻根　　白芍　　党参
　　　菟丝子　续断　　杜仲　　升麻　　阿胶珠
治法：养血益气，固冲催生。
主治：产力异常属血虚难产型。

催生如意散
组成：人参　　辰砂　　乳香
治法：理气催生，养心安神。
主治：产力异常属气郁难产型。

转胎方
组成：当归　　川芎　　熟地黄　　白芍　　党参　　白术
　　　炙甘草　黄芪　　续断
治法：益气养血、补肝肾。
主治：胎位异常。

参考文献

[1] 王祚久，王启明．中医妇科临床精华［M］．成都：四川科学技术出版社，1989．

[2] 成都中医学院老中医经验整理组．成都中医学院老中医医案选（第二集）［M］．四川，1980．

[3] 王祚久．治疗慢性附件炎 190 例的疗效观察［J］．新医药学杂志，1976（12）：18-19．

[4] 褚成炎，赵华栋．小柴胡汤合白虎汤治睾丸痛［J］．四川中医，1985（3）：49．